U0479554

秦风汉韵
盛世长安

西安新出土文物精品展

西安市文物保护考古研究院　编著

科学出版社

北　京

图书在版编目（CIP）数据

秦风汉韵　盛世长安：西安新出土文物精品展／西安市文物保护考古研究院编著. -- 北京：科学出版社，2024.9. -- ISBN 978-7-03-079474-1

Ⅰ．K873.411.2

中国国家版本馆CIP数据核字第2024K1J433号

责任编辑：张亚娜／责任校对：张亚丹
责任印制：张　伟／书籍设计：李猛工作室

科学出版社 出版
北京东黄城根北街16号
邮政编码：100717
http://www.sciencep.com

北京汇瑞嘉合文化发展有限公司印刷
科学出版社发行　各地新华书店经销

*

2024年9月第　一　版　开本：889×1194　1/16
2024年9月第一次印刷　印张：19 3/4
字数：320 000

定价：328.00元
（如有印装质量问题，我社负责调换）

编 委 会

主　编

冯　健　陈　斌

副主编

张翔宇　冯　滨　赵凤燕　陶　亮

撰　稿

张小丽　郭　昕　丁兰兰

摄　影

无锡阖闾城遗址博物馆

线　图

马志敬

拓　片

刘聪娥　姚卫群

序　一

在巍峨耸立的秦岭和莽莽北塬永寿梁之间，黄河最大的支流渭河自西向东流经，长期的泛滥与冲积，形成有名的八百里秦川。肥沃的土地，勤劳的人民，在这片黄壤之地发展了中国早期的农耕文明。优越的自然环境和天然的地形优势，使得渭水盆地的中南部城市——西安，成为古代建都的理想之地。自西周至唐代，先后有十三个朝代或建都于此，或迁都于斯，正如唐代诗圣杜甫所赞"秦中自古帝王州"！

自西汉张骞带领使团从京畿长安出发，奉命出使西域，开通东西政治、经济、文化交流，这座城市就成为"陆上丝绸之路"的东方起点，并开始为世界所了解。中国的西安，与意大利的罗马、希腊的雅典、埃及的开罗（一说为土耳其的伊斯坦布尔），一起被人们称之为"世界四大古都"。久远的历史长河为这片土地积淀了深厚的文化底蕴，滋养着生生不息的中华民族。

五代以后，随着王朝政权的更迭和都城选址的东移、北移，西安不再作为都城，而是先后成为后梁的大安府，后唐的京兆府，北宋的京兆府、永兴军路，金代的京兆府，元代的安西府、奉元路，明清的西安府，成为我国西部的地域性重镇，逐渐失去了她在中国历史上的引领性地位。

改革开放以后，东部沿海地区发展迅速，西部城市发展相对落后。为了落实中央"两个大局"的发展战略，促进全国经济、社会健康发展，2000年，中共十五届五中全会通过了《中共中央关于制定国民经济和社会发展第十个五年计划的建议》，把实施西部大开发、促进地区协调发展作为一项战略任务，发挥中心城市作用，以线串点，以点带面，有步骤、有重点地推进西部大开发。

在国家这一战略布局下，西安作为中国中西部的重要中心城市，作为西部大开发的桥头堡，迎来了加速发展的新契机。全面快速的城市建设，将西安市文物保护考古研究院推向了建设生产的前沿阵地。地处这个历史文化堆积丰厚的城市，所有建设项目的首要任务，无一例外都是文物勘探和考古发掘工作。值此情形，全院职工齐心协力，攻坚克难，连续作战，至今一干就是二十多年，从未有所喘息和懈怠。面对如火如荼的城市建设，面对地下堆积丰富的文化遗存，我们的同志奔赴田野第一线，不分严寒酷暑、不畏条件艰苦，用他们的汗水和担当完成了不可能完成的大量而又艰巨的任务，在保护好地下文化遗产的同时，也为城市建设作出了应有的贡献。

在文物工作中，我们始终坚持"保护为主、抢救第一、合理利用、加强管理"的文物工作方针，忠于我们的职守，恪守我们的底线，保持大局观念。面对田野考古发掘，我们从不惜力，对于文物保护利用，我们也从不吝啬。

2004—2007年间，考古院全力以赴，投入大量人力、物力协助西安博物院的建设与陈列，为了保证博物馆的展览质量，给观众奉献一场有良心的基本陈列，我们将许多刚刚出土的、尚未整理的重要文物提前借调给西安博物院，包括北周史君墓石椁和墓志，北周康业墓围屏石榻、墓志和金币，北周李诞（罽宾人陀娑）墓石棺和墓志，以及大量精美的唐三彩、阎识微（阎立德孙）夫妇墓的金背海兽葡萄镜等。2011年以来，我们又先后将已经完成整理出版的《西安南郊秦墓》《长安汉墓》《西安东汉墓》等考古发掘报告中的文物移交给西安博物院，其数量7500余件。与此同时，在2012年西安博物院调整基本陈列需要补充展品时，我院又移交了张家堡新莽时期九鼎墓的文物及其他文物300余件。我们用实际行动践行着文物工作者的初心和担当！

党的十八大以来，习近平总书记高度重视传承和发展中华优秀传统文化，对文物工作也多次作出指示。他指出"中华民族在几千年历史中创造和延续的中华优秀传统文化，是中华民族的根和魂"[1]，"文化自信，是更基础、更广泛、更深厚的自信，是更基本、更深沉、更持久的力量"[2]，"要系统梳理传统文化资源，让收藏在禁宫里的文物、陈列在广阔大地上的遗产、书写在古籍里的文字都活起来"[3]。对于博物馆建设，他要求"博物馆建设不要'千馆一面'，不要追求形式上的大而全，展出的内容要突出特色"[4]。对于文物保护与利用，他强调"切实加大文物保护力度，推进文物合理适度利用，使文物保护成果更多惠及人民群众"[5]。

在这一思想的指引下，西安市文物保护考古研究院始终不忘初心，牢记使命，做好西安市的文物考古和保护工作。同时积极配合省、市举办的各种外展和临展，将具有较高历史价值、艺术价值、科学价值的文物及时呈献给观众。

[1] 2014年12月20日，习近平在庆祝澳门回归祖国15周年大会暨澳门特别行政区第四届政府就职典礼上的讲话。
[2] 2016年11月30日，习近平在中国文联十大、中国作协九大开幕式上的讲话。
[3] 2013年12月30日，习近平在十八届中央政治局第十二次集体学习时的讲话。
[4] 2017年4月19日，习近平在北海市合浦汉代文化博物馆参观海上丝绸之路文物精品展览时的指示。
[5] 2016年4月12日，习近平对文物工作作出重要指示。

这次在省、市文物局的大力支持下，在无锡吴都阖闾城遗址管理委员会（无锡阖闾城遗址管理处）的邀约下，经过数次考察与充分沟通，我们与无锡阖闾城遗址博物馆达成长期合作意向。合作的第一件事，就是依托我院的文物藏品优势和无锡阖闾城遗址博物馆的场馆优势，寻找一个交叉点，联合举办"秦风汉韵　盛世长安"为期三年的展览，为无锡市民近距离了解秦汉时期国都长安的文化生活提供便利条件。展览以西安市文物保护考古研究院近年发掘出土的秦汉时期文物精品为主题，从铜器到玉器，从礼器到日用模型明器，从贵族墓葬到平民墓葬，有重点地展示了秦汉时期长安的政治、经济、文化、社会、习俗等方方面面。

经过双方的努力，该展于2018年4月正式与观众见面。这次展览是我院在做好田野考古发掘和文物保护的同时，积极开展对外合作的结果，让存放在库房的文物走出去、活起来，发挥文物最大的价值。如果无锡的市民能够通过这次展览对西安这座城市产生兴趣、对西安的历史和秦汉时期的社会生活有所了解，我想就达到了我们合作举办这次展览的初衷。

我们希望通过这次合作，推动我院的文物保护与利用工作走向创造性转化、创新性发展的道路，为西安国际化大都市建设，为文物事业，为实现中华民族的伟大复兴贡献一份力量！

冯　健

西安市文物保护考古研究院院长

2022年12月

序 二

3000年前,在陕西周原的周部落发生了一件可歌可泣的事件,部落长古公亶父的长子泰伯为了实现父亲的心愿,自愿让位于三弟,携二弟仲雍一路爬山涉水、披荆斩棘来到了千里外的太湖之滨——无锡,在这里,他义服荆蛮,"归之千余家",由此开始了吴国600多年的基业。

3000年后,吴国第24任王阖闾的都城在无锡与常州交界处被确认,阖闾城遗址管理处和博物馆因之成立。在博物馆事业的初创阶段,感念泰伯当初的义举,阖闾城遗址博物馆全体同仁亦不敢有丝毫懈怠,于是决定沿着泰伯、仲雍的来时路,重温吴国先祖筚路蓝缕的创业过程,为博物馆事业的发展开拓道路。

正如当初泰伯甫到江南便受到当地百姓的欢迎一样,我们一踏入泰伯故土就感受了陕西省和西安市文物部门的浓浓热情,于是就有了跟西安市文物保护考古研究院的这一次碰撞。

西安有着3000多年的建城史,是十三朝古都,文物资源极其丰富。西安市文物保护考古研究院负责对这一地区文物古迹的调查、勘探、发掘与研究工作,所藏同样惊人。阖闾城遗址博物馆立足于一座2500年的古城,是一个新兴单位,藏品数量不多,文物征集也才刚起步,所以与西安市文物保护考古研究院的相遇可谓是久旱逢甘露,实乃人生一大乐事。学习泰伯当年扎根无锡的精神,我们也希望能与西安市文物保护考古研究院达成一个长期合作的计划,双方可以优势互补,包括但不限于联合办展,而在学术交流、人员互动、业务培训等方面同样能展开友好协作,并以此推进西安、无锡两市之间的文化交流与共享。我们的想法得到了西安考古院领导的积极回应,合作计划立马开启,很快便确定了"秦风汉韵 盛世长安"展览的制作。

感谢西安市文物局和西安市文物保护考古研究院的大力支持,感谢展览策划小组成员的辛苦努力,使得"秦风汉韵 盛世长安"展在短短一年多时间后就能顺利与观众见面,使远在太湖之滨的人们也可以领略到秦汉时期长安的风华绝伦。衷心祝愿阖闾城遗址博物馆与西安市文物保护考古研究院的合作可以长盛不衰,可以在今后为公众提供更多的文化服务和考古分享,共同推动文博事业的永恒发展。

陈立新

无锡阖闾城遗址博物馆馆长

2019年6月

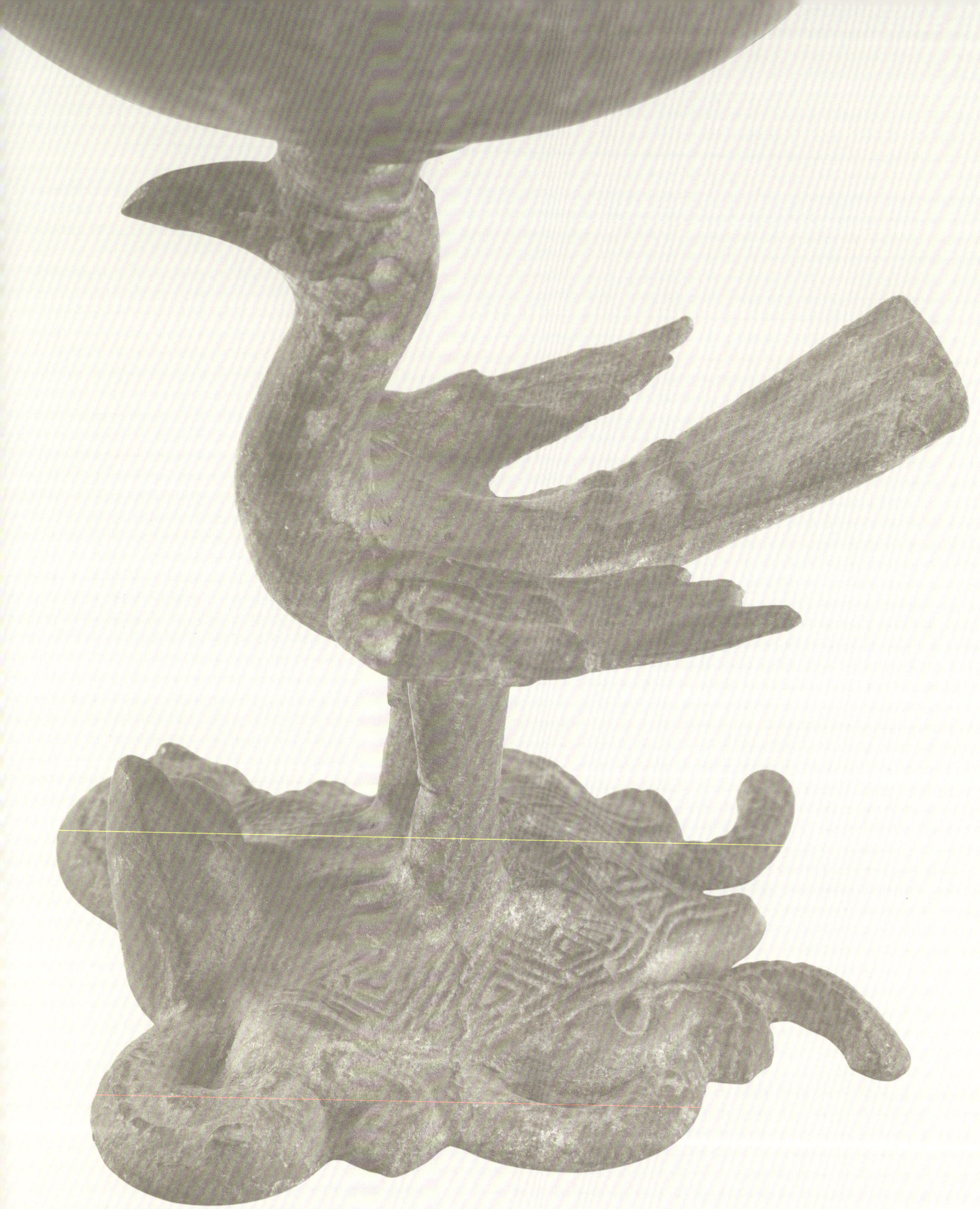

目 录

序一	i
序二	v
前言	1

第一单元	**青铜余韵**	11
第二单元	**烧陶制瓷**	63
第三单元	**秦雕汉刻**	141
第四单元	**整衣鉴容**	197
第五单元	**如琢如磨**	227

附 录	255
附录1	秦汉历史年表	256
附录2	"秦风汉韵　盛世长安"展览历程	258
附录3	展览文物清单	272
附录4	部分展览文物出土情况	294
附录5	西安市文物保护考古研究院简介	298
附录6	无锡阖闾城遗址博物馆简介	300

| 后 记 | 301 |

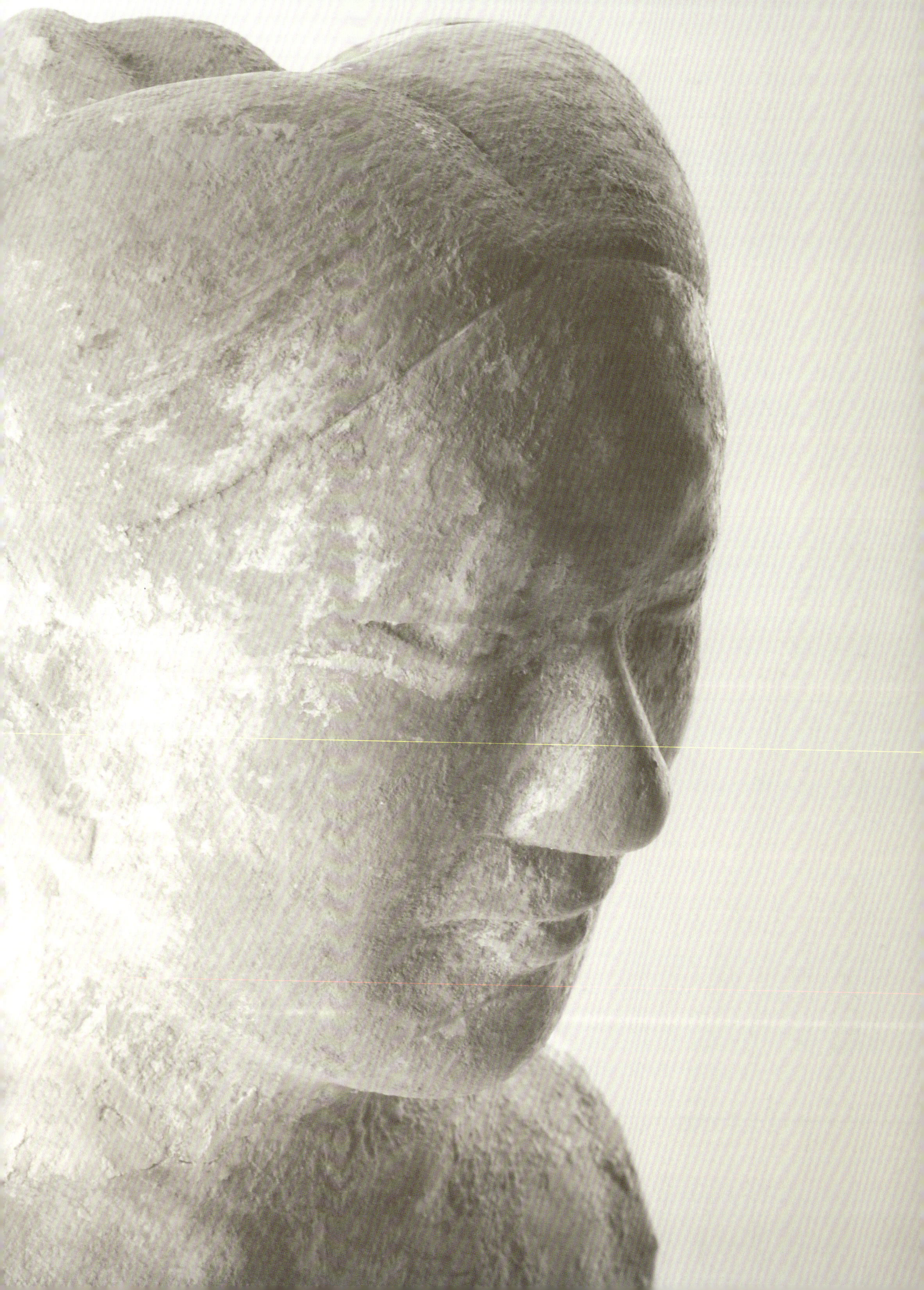

前 言

一

西安古称长安，位于黄河流域中部的关中平原，是中华民族和古老东方文明的发源地之一。早在100万年前，蓝田猿人就在这里繁衍生息；7000年前的仰韶文化时期，先民在这里生活并出现了城垣的雏形。西安有3100多年的建城史和1100多年的国都史，先后有西周、秦、西汉、东汉、新、西晋、前赵、前秦、后秦、西魏、北周、隋、唐13个封建王朝在此建都，又为赤眉、绿林、大齐（黄巢）、大顺（李自成）等农民起义政权都城。自西汉起，西安就成为中国与世界各国进行经济、文化交流和友好往来的重要城市。古老的"丝绸之路"就是以长安为起点，西至古罗马。西安是闻名世界的历史名城，与罗马、雅典、开罗等古城齐名，也是中国六大古都中建都历史最长的一个，长安文化是中华文化的主要组成部分。"西安"之名称，始于明代。元至元九年（1272年），元世祖封三子忙哥剌为安西王，镇守这里，至元十六年（1279年）改京兆府为安西路。元皇庆元年（1312年），改安西路为奉元路。明洪武二年（1369年），改奉元路为西安府，府城简称西安，名称一直沿用至今[1]。

无锡位于江苏南部，地处长江三角洲平原，北倚长江，南滨太湖，京杭大运河从城内穿过。根据考古发掘资料，无锡的历史最早可以追溯到距今6000多年的马家浜文化时期，后历经崧泽文化、良渚文化，绵延几千年。无锡被认为是江南文明的发源地之一。商朝末年，公元前11世纪末，古公亶父长子泰伯为让位于三弟季历，偕二弟仲雍，东奔江南，定居梅里（今无锡梅村），筑城立国，吴国雏形由此形成。公元前585年，寿梦继位并称王，开始与中原相通，学习周礼，开启文字纪元，国力日益强盛，吴国由偏居东南一隅的蛮夷之国开始登上华夏政治舞台。公元前515年，阖闾成为吴国第24任王，他胸怀抱负，富国强民，招贤纳士，强兵利器，使吴国在政治、经济、军事等各方面的实力大大加强，成为春秋霸主之一。阖闾在位期间令伍子胥选址建造了吴都阖闾城，城址位于今无锡市西南，与常州交界处。周元王三年（前473年），吴王夫差败于越，无锡属越国。周显王十四年（前355年），楚灭越，无锡属楚国。秦王政二十四年（前223年），秦灭楚，次年置会稽郡，无锡属之。西汉时始置无锡县，属会稽郡，无锡一名由此始用。

---

[1] 引自西安市人民政府网 https://www.xa.gov.cn/sq/csgk/lsyg/646f2359f8fd1c1a702eb759.html

二

西安与无锡相距1000多公里。3000多年前，身处陕西岐山的周部落的泰伯"三让王位"，从三秦大地来到江南梅里，给这里带来了先进的农业技术，与本地人一同创造了辉煌灿烂的吴地文明。3000年后，泰伯后代吴王阖闾所建之吴国都城在无锡与常州交界处被发现和确认，因其意义重大而相继荣获"十大考古新发现""国家重点文保护单位"等殊荣，阖闾城遗址管理处及阖闾城遗址博物馆旋即成立，并着手打造阖闾城国家考古遗址公园。

无锡阖闾城遗址博物馆位于无锡十八湾风光带中景色最美的月白湾，是马山太湖国家旅游度假区的重要组成部分，其西依阖闾城遗址，背靠龙山山脉，面朝浩渺太湖，为无锡主城区到马山景区的必经之点，地理位置优越。作为吴文化的传承、展示、研究、体验中心，阖闾城遗址博物馆自开馆以来，一直秉承着开放包容的办馆态度，以春秋吴国的历史文化展示为核心，以传承辉煌灿烂的吴地文明为己任，并始终保持着与周边文化的热切互动。

周原是泰伯奔吴的起始地，所以与陕西及其周边地区的合作成为阖闾城遗址博物馆对外交流的重点。

西安市文物保护考古研究院承担着对西安地区的古遗址、陵墓等进行考古调查、勘探、发掘和保护研究的重任。研究院下设第一研究室、第二研究室、业务办公室、文物库房、技术资料室等业务部门，具有相当优越的科研条件和技术设施，科研实力十分雄厚，所藏文物也非常丰富。

2016年，在两地上级主管部门的大力支持下，通过其他相关人士的穿针引线，无锡阖闾城遗址管理处与西安市文物保护考古研究院取得了联系。2017年初，双方领导层在西安数次会面，就合作事宜进行了深入沟通。阖闾城遗址博物馆和西安市文物保护考古研究院同属文旅系统，一个有场所，一个有资源，两地在历史上又有着血浓于水的关系，于是一拍即合，迅速确定了长期的合作交流计划。交流计划的第一个项目就是合作办一次展览。

此计划一确定，后续工作便随即展开。首先成立了展览策划小组，成员由两地工作人员组成，大家领取各自任务：双方共同负责借展所涉及的相关手续的办理及展览的内容设计与布展工作，西安方面主要负责提供文物的基础资料，无锡方面主要负责展览的形式设计以及文物运输工作等。任务落实后，阖闾城遗址博物馆工作人员即赴西安挑选文物，在掌握文物概况后，决定以近年来西安市文物保护考古研究院新发掘出土的春秋至秦汉时期文物精品为展览主题，重点展示秦汉时期长安地区的物质文化。随后，西安市文物保护考古研究院的工作人员来无锡考察展览场地，并提供了初选文物清单。初选文物共248件，从质地分共有铜器、陶器、玉器三大类，从器物上来看，铜器有17种64件，陶器46种156件，玉器10种28件，时代涵盖西周到东汉，其中70%以上文物为西汉时期。经过策展小组多次讨论、反复斟酌，最终确定了展览名称为"秦风汉韵　盛世长安——西安新出土文物精品展"。"秦风汉韵"，主要指此次展览的展品风貌。本展览选用的展品多为秦汉时期文物，使用者从普通平民到列侯、皇家级别不等，观众可以从中管窥秦的敦厚古朴、汉的生动活泼，以及当时社会的政治、经济、文化特点。"盛世长安"，首先点出了此次文物的出土地，即古长安地区，同时通过这批文物的展示，希望能带领观众从更宏观的角度来回眸秦汉时期长安地区的繁荣、富庶和生机盎然的景象。副标题"西安新出土文物精品展"则说明了这批文物的面世时间和保存状况。

三

"秦风汉韵　盛世长安——西安新出土文物精品展"展览位于阖闾城遗址博物馆一楼的原"礼乐春秋"展厅，展厅面积670平方米，展线长150米，主要由7个长通柜、4个独立柜组成，因该厅的性质为临时展厅，通柜及墙体的位置固定，一般不做更改，所以展览大纲的撰写在考虑文物内容的同时也要兼顾展厅的既有布局。

根据已有文物实际，并结合展厅结构，策展小组从中选择了154件（套）文物，从文物质地及其功用出发，将展览分成了五个单元：青铜器中的酒器、杂器等划为一个单元，以讲述青铜器时代的没落和它最后的闪光点，并简单介绍了其替代品漆器；铜镜因其特殊性，单独成为一个单元，与服饰场景一起作为秦汉时期的服饰妆容类来进行展示；陶器分为两个单元，其中陶俑是秦汉时期比较特殊且有影响力的一类陶器，所以单独成为一个单元，以展示秦汉时期的雕刻艺术；陶俑以外的其他陶器，诸如素陶、彩陶、釉陶等划为一个单元，以此介绍陶瓷的烧造情况；玉器单独划作一个单元；加上序言和结语，整个展览共分为7个部分。

第一单元　青铜余韵

青铜器在先秦时期地位极为尊贵，通常被作为使用者的身份、等级和权力的象征，主要用于礼器，同时在兵器、生产工具等领域也得到广泛使用。但到了秦汉时期，随着传统礼制的名存实亡以及铁器的异军突起，青铜器的地位逐渐被替代，但作为中国古代青铜艺术发展历程中最后的闪光点，此时也创作出了大量被誉为中国雕塑史和工艺史上的经典之作。

本单元共由29件（套）青铜器组成。展品来自世家星城墓地、临潼新丰汉墓、长安十二中墓地以及清凉山墓地，时代为西周晚期至西汉中期。根据青铜器的使用性质，本单元又将其分为礼器和日常用品两大类来展示。

（一）礼器

秦汉时期，随着宗法社会结构的解体，传统礼制渐趋式微。此时的礼器使用已不再严格遵守礼制规定，器物形制也以简素为主，与商周之浑厚凝重风格大为不同。"器以藏礼"的象征性含义，自西汉建国伊始，已若存若亡。

本部分展出文物有铜鼎、铜盂、铜壶等，重点展示了临潼新丰汉墓出土的青铜酒器。2007年西安市文物保护考古研究所在西安临潼新丰街道发掘了两座长斜坡墓道土洞室汉墓，未经盗扰，推测墓主身份可能为汉初列侯或中高级官吏。展板同时延伸介绍了新丰地名的由来。

另外，本单元还通过图版展示了秦汉时期的漆器。秦汉时，贵族使用酒器的材料不再以青铜为主，使用最多的是漆器和陶瓷。整个社会不再以拥有酒器的大小来区别社会等级，而是以拥有漆酒器的精美程度来衡量贵族社会等级的高低。

（二）日常用品

秦汉时期的青铜器虽然已经不再像青铜时代那样在社会历史文化的总体中占据主导地位，但是它并没有衰落，此时的铜产品种类丰富，广泛用于社会诸多方面，尤以日常生活用具为主。此时的青铜器形制简素，轻便实用。

该部分展品有铜灯、铜釜、铜盆等，突出介绍了染器、熏炉的使用，另外，铜卮豆组合灯和铜甗的功能也作重点展示。

第二单元　烧陶制瓷

秦汉时期，陶瓷烧造业是社会生产的重要部门，陶瓷产量大、用途广，取得诸多重要成就。该时期的陶器按质地可分泥质陶、硬陶、釉陶和少量的夹砂陶。汉代釉陶的成功烧制为后来各种不同色调低温釉的烧制奠定了基础。原始瓷在秦代有所使用，至汉代达到生产的高峰，东汉时期走向衰落。与此同时，瓷器在我国南方烧制成功，逐渐成为人们日常生活中的主要用具。

本单元共由53件（套）文物组成，出土自世家星城墓地、清凉山墓地、邮电学院墓地、光华胶鞋厂墓地和张家堡墓地，时代为战国晚期至东汉晚期。根据陶瓷器的质地不同，本单元分为了三个展示部分。

（一）陶器

秦汉时期的陶器以实用器为主，器表或素面或饰篮纹、绳纹、弦纹等。陪葬陶器的品种和数量较以前大为增加，仿铜陶礼器流行，多有彩绘，施绿、粉绿、朱红、粉红、蓝紫、中黄、灰白等。模型明器亦得到较大发展，西汉时有仓、灶、井、磨、猪圈；东汉时，仓楼普及。

具体展示分为素面、彩绘、釉陶三大类。素面陶主要有水器、存储器、炊器和模型等，展示实物的同时还通过图文介绍了南北方的陶窑情况：馒头窑和连体窑流行于北方，而龙窑在南方地区的使用则为瓷器的烧成准备了条件。彩陶均为明器，主要是礼器和粮仓模型。釉陶为本部分的展示重点，展品来自张家堡墓地的一座中型墓葬，墓主生前推测为具有一定地位的高级贵族。汉代釉陶器的烧制成功，是汉代陶器的一大成就和特点，开创了我国低温釉陶大量生产之先河，对我国汉以后陶器的生产影响深远，唐代的三彩陶，宋明的琉璃釉陶均从中发展而来。

（二）原始瓷器

秦汉时期的原始瓷胎质坚硬，叩之有金石之声，烧成温度在1200℃左右。因烧制方法不同，原始瓷或呈淡灰、灰、青灰色，或呈砖红、土黄色，多为陪葬品，在一定程度上起到了仿铜器的作用。东汉时期，原始瓷器的烧造总体走向衰落，但在浙江地区成功转型，逐渐烧制出了成熟的瓷器。

（三）瓷器成功烧制

至迟在东汉晚期，瓷器在浙江上虞、绍兴一带烧制成功。瓷器在我国南方的烧制成功，一方面与这一带早已存在且较为成熟的原始瓷器、印纹硬陶烧造业有关，另一方面也与南方盛产瓷石有密切关系。经测试，东汉黑瓷的烧成温度达1240℃，瓷胎基本上不吸水。瓷器的出现，逐渐改变了人们的日常生活。

囿于展厅规模和文物实际，（二）、（三）部分仅以图文展示，一来为了充实汉代的陶瓷烧造内容，二来也可以填补展厅大量的墙面空白。

第三单元　秦雕汉刻

中国的雕刻技艺源远流长，从史前的陶塑人像到商周的青铜作品，无不体现出当时人的审美情趣和艺术造诣。至秦汉时期，统治阶级或出于政治目的，或为了满足个人享乐的需要，都十分重视运用雕塑手段来彰显王权威严、显示社会地位，于是雕塑作品以空前的规模和数量涌现出来，在艺术上也达到了前所未有的水平，其主要成就体现在陶俑上。

本单元共展出文物27件（套），展品来自西安财经学院行知学院废井、南郊长延堡西汉墓、曲江雁湖小区墓地和世家星城墓地，时代为西汉。本单元具体展示共分为两部分，主要以图文与实物结合的方式展示秦汉时期的泥塑、雕刻技艺。

（一）秦俑

秦俑以著名的秦陵兵马俑坑出土陶俑为代表，其陶俑以写实的手法，形象地展示出秦始皇统率千军、吞并六国、威震四海的雄武神威。秦俑展示以图文为主，并通过设置一些诸如"与兵马俑合影"等互动内容来增强该部分的趣味性。

（二）汉俑

相对于秦俑的高大威武，恢宏庄重，汉俑则明显身形娇小，生动有趣。汉代的艺人工匠们在塑造陶俑时十分注重人物精神的刻画，着力表现对象的内在心理、气质、精神、性格等特征，强调人物的动态和神情。

该部分展示为本单元的重点，也是整个展览的精华部分，展出文物主要出土自西安财经学院行知学院的一口废井。西安财经学院行知学院位于西安市灞桥区，2013年8月，在配合该学院的基本建设过程中，意外在一座废弃的机井中发掘出土了一批汉代陶俑。这批陶俑个体高大、制作精细，是近年来发现的汉代陶俑中不可多得之精品。根据出土地点的地理位置及陶俑的类型推测，这批陶俑可能与薄太后的南陵为同一时期。考古学家因而推断这批陶俑是南陵陪葬坑内的陪葬品，后来因故被挖出后抛入废弃机井内堆积填埋。

另有部分陶俑出自南郊长延堡西汉墓、世家星城墓地及曲江雁湖小区墓地。

本单元通过对着衣式陶俑和塑衣式陶俑的展示，有助于观众了解汉代的人物形象、服饰、发型、官职以及当时的社会面貌。

第四单元 整衣鉴容

秦汉时期，社会上层人士和正式场合以袍式服装为典型服饰，袍服沿袭了战国时深衣的基本特征，其衣裳相连，被体深邃，适合各种场合穿着。至东汉时，直裾的襜褕逐渐普及，深衣仅见于祭祀朝会时。

古人讲求着装合仪，亦注重面容修饰。铜镜，作为古代妆奁照容的用具，深受秦汉先民的喜爱和重视。与铜容器多转以简素为尚不同，汉代青铜镜上花纹争妍竞秀，蔚为大观。

本单元共展出文物21件（套），它们来自雅荷城市花园墓地、国棉五厂墓地、世家星城墓地、移动墓地、华杰健身体育中心墓地、电信二长工地墓地、陕西交通学校墓地、西北医疗设备厂墓地、中国机械进出口公司墓地、西航墓地、乡镇企业局墓地和荣海小区墓地，时代为两汉。本单元主要以图文与实物结合的方式，通过对古代服饰、铜镜等的介绍向大家展现秦汉时期人们世俗生活和精神世界。

（一）服饰

秦汉时期的服饰主要由领、襟、袖、衽、带、裾等部分组成。领为质地较厚的棉帛。襟为领的下延部分，左右交合可掩住前胸。袖由袂、祛等部分组成，袂指袖身，祛指袖口。衽是在衣裳的一侧续接一块布，用以叠压另一侧。带用以系住衣裳，以防松开。裾指前后襟，有直裾、曲裾。

该部分通过图文展示，详细介绍了汉代的各类服饰，并通过对西安理工大学壁画墓中一处壁画的复原展示以及服饰穿戴这一互动项目帮助观众们进一步了解汉代的衣着、妆容。

（二）铜镜

秦汉时期，作为日用青铜器具的铜镜得到空前的发展与进步，进入了它自己历史的繁荣阶段。加铸铭文是汉镜的一大特色，铜镜铭文作为镜背的装饰纹样，内容丰富，体裁多元，鲜明地反映出了两汉时期人们的思想欲求、生活习俗和思考方式，真实地揭示了当时社会的价值取向。

在该部分，我们仿制了一面西汉铜镜，置于铜镜展柜外，供观众们触摸、把玩及照容。

第五单元　如琢如磨

我国是古代世界三大玉作中心之一，在很长的时间内，玉器一直是我国特有的工艺品。秦汉时期，玉器的使用步入新的阶段，流行于商周时期的"灵玉"和"礼玉"生存空间被压缩，"葬玉"的使用明显增多，玉笄、玉带钩等日常装身具及铁剑柄端和鞘上的玉具相当普遍。此外，玉印、玉刚卯等亦为前代少见或未见。

本单元展示了24件（套）玉器，包括玉璧、玉环、玉圭、玉蝉、玉杯、玉剑具等。它们出土自邮电1号大汉墓、世纪星城墓地、邮电南区墓地、临潼新丰墓地和张家堡墓地。本单元主要介绍了汉代玉器的雕刻技艺和使用性质。

秦汉时期的玉雕技艺十分精湛，著名的"汉八刀"就是一个实例。"汉八刀"的代表作品为八刀蝉，其分为佩蝉、冠蝉和"琀蝉"。八刀蝉通常用简洁的直线，粗犷的刀法表现其形态特征，每条线都平直有力，像用刀切出来似的，俗称"汉八刀"，表示用寥寥几刀，即可给玉蝉注入饱满的生命力。观众们可以通过欣赏展出的"玉蝉"了解这一工艺。

礼玉是古代用于宗教祭祀及国家大典上的玉器，《周礼》曰："以玉作六器，以礼天地四方，以苍璧礼天，以黄琮礼地，以青圭礼东方，以赤璋礼南方，以白琥礼西方，以玄璜礼北方"。到了汉代，礼仪用玉仅为璧和圭。

整个展览共分为以上五个单元。为了增加展览的趣味性，我们不仅在展览中穿插了诸如与秦俑合影、穿汉服、照汉镜等互动项目，另外作为展览的有机组成部分，还专门开辟了一个空间供观众们体验古代的文体活动，内容有投壶、射箭、木射、解智力环等，旨在寓教于乐，拉近观众与历史的距离，希冀更多的人爱上博物馆。

长安是秦汉时期的都城所在，同时也是国际贸易的中心，天下财富与能工巧匠汇聚于此，使者往来不断，商贩不绝于旅，是世界上最大、最繁华的城市之一。通过本展览，我们希望可以为观众们开启一扇通往秦汉长安的大门，一起畅游我国悠久灿烂的华夏文明。

四

展览内容设计初稿成形后，同步进入形式设计阶段，经过一年多的反复调整、修改，展览最终于2018年4月13日顺利开幕。由于前期我们已经做了展览预告，所以开展当日迎来了大批观众，《无锡日报》、《新滨湖》、网易无锡、新浪江苏等媒体均进行了详细报道。开展至今，"秦风汉韵　盛世长安"展多次迎接全国及省市级领导和兄弟单位前来调研、参观，同时为海峡两岸交流（我馆为海峡两岸交流基地）、青少年游学、冬/夏令营活动等提供了更加丰富的内容，展览迄今累计接待企事业单位、学校等参观者10余万人次（截至2019.4），受到社会各界一致好评。

无锡阖闾城遗址博物馆与西安市文物保护考古研究院合作的此次展览的成功举办是践行习近平总书记"让文物活起来"的指示的最好展现，是无锡阖闾城遗址博物馆与跨区域考古所合作的有益尝试，也为今后双方的进一步合作打下了坚实的基础，我们期待着两地在未来会擦出更多的火花。

[特别鸣谢：甘肃省博物馆、秦始皇帝陵博物院、长兴县博物馆、安吉县博物馆、汉景帝阳陵博物院（汉阳陵博物馆）、宜兴市文物管理委员会（原宜兴文管所）为此次展览提供相关文物的高清图片]

"秦风汉韵　盛世长安"展览组
2019年4月

参考书目：

1. 韩国河、赵海洲、刘尊志、朱津：《中国古代物质文化史·秦汉》，开明出版社，2014年。
2. 西安市文物保护考古所：《西安文物精华·青铜器》，世界图书出版西安公司，2005年。
3. 孙机：《汉代物质文化资料图说》，上海古籍出版社，2011年。
4. 程林泉、韩国河：《长安汉镜》，陕西人民出版社，2001年。
5. 程林泉、韩国河、张翔宇：《长安汉墓》，陕西人民出版社，2004年。
6. 沈从文：《中国古代服饰研究》，商务印书馆，2016年。
7. 翦伯赞：《秦汉史十五讲》，中华书局，2015年。
8. 钱穆：《秦汉史》，九州出版社，2017年。
9. 吕思勉：《秦汉史·政治卷》，华中科技大学出版社，2017年。
10. 吕思勉：《秦汉史·文明卷》，华中科技大学出版社，2017年。
11. 西安市文物保护考古所：《西安南郊秦墓》，西安人民出版社，2004年。
12. 西安市文物保护考古研究院：《西安西汉壁画墓》，文物出版社，2017年。
13. 中国大百科全书总编辑委员会《考古学》编辑委员会、中国大百科全书出版社编辑部：《中国大百科全书·考古卷》，中国大百科全书出版社，1986年。
14. 北京市文物研究所：《北京南苑汉代窑址发掘简报》，《文物春秋》2005年第5期。
15. 老河口市博物馆：《老河口市柴店岗砖厂汉代窑址清理简报》，《江汉考古》2004年第4期。
16. 焦作市文物工作队、河南省文物局南水北调办公室：《南水北调中线工程焦作苏蔺段汉代窑址发掘简报》，《中原文物》2014年第4期。
17. 朱伯谦：《试论我国古代的龙窑》，《文物》1984年第3期。
18. 无锡市博物馆：《无锡马迹山牛塘东汉窑址发掘简报》，《东南文化》1998年第3期。
19. 叶宏明、曹鹤鸣：《浙江古代龙窑》，《河北陶瓷》1979年第3期。
20. 方啸等：《秦汉陶俑风格浅析》，《中国陶瓷》2010年第46卷第9期。
21. 肖长生：《浅析浪漫写意的汉陶俑艺术》，《景德镇陶瓷》2007年第17卷第1期。
22. 长谷部乐尔：《中国陶俑的历史》，《陶瓷研究》1991年第6卷第3期。
23. 梁云：《从秦墓葬俗看秦文化的形成》，《考古与文物》2008年第1期。
24. 杨哲峰：《茧形壶的类型、分布与分期试探》，《文物》2000年第8期。
25. 滕铭予：《论秦釜》，《考古》1995年第8期。
26. 姚君、刘志斌：《汉代酒器造型式样研究》，《美苑》2014年第3期。
27. 范志军：《汉代丧礼研究》，郑州大学博士学位论文，2005年。
28. 刘芳芳：《战国秦汉漆奁内盛物品探析》，《文物世界》2013年第2期。
29. 张柏：《中国出土瓷器全集·浙江》，科学出版社，2008年。
30. 田敏：《汉代出土铜镜铭文研究》，河北师范大学硕士学位论文，2012年。
31. 窦葳：《两汉镜铭与社会研究》，上海师范大学硕士学位论文，2013年。
32. 朱启新：《张张绿叶扶红花》，《中华文化画报》2009年第4期。
33. 林泊：《陕西临潼汉新丰遗址调查》，《考古》1993年第10期。

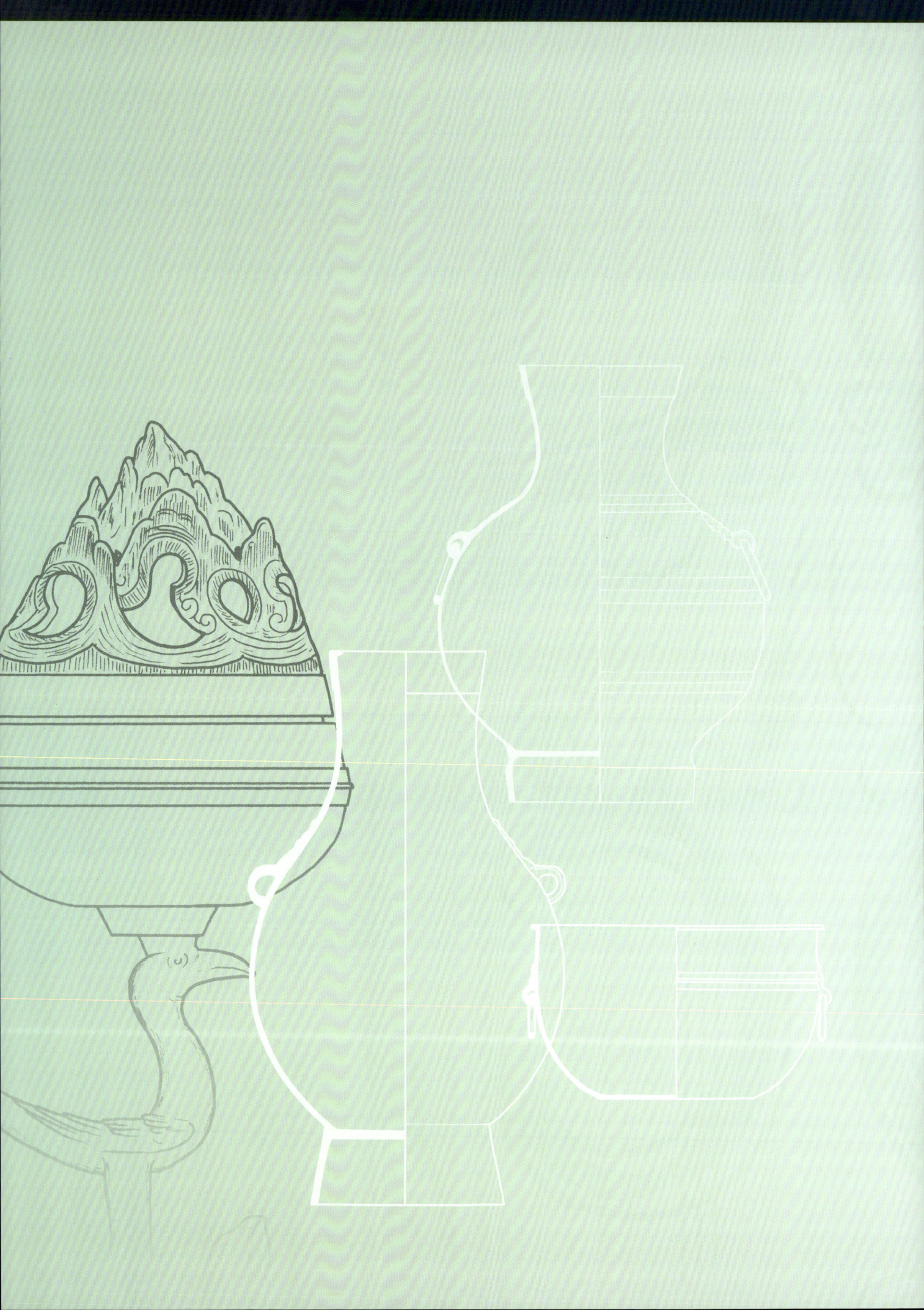

第一单元

青铜余韵

　　铜是人类最早认识和利用的金属之一,人类使用铜及其合金已经有数千年的历史。青铜是一种铜和其他金属的合金,主要是铜、锡合金,此外,也有铜、铅合金和铜、锡、铅合金,青铜由于其熔点低、硬度高、适宜于铸造等优点,克服了纯铜熔点高、质软、铸造性不良的弱点。一般认为,人类步入文明社会的标志主要有文字、城市、铜器三要素,青铜器的出现在人类历史上具有划时代的重要意义。

　　中国使用铜的历史相当久远,目前已发现的早期铜器主要分布于黄河流域。1973 年陕西临潼姜寨遗址 F29 出土一件半圆形残铜片,经鉴定为含铅黄铜,^{14}C 测年距今约 6100—5600 年[1]。1975 年甘肃东乡林家马家窑类型遗址 F20 出土一把铜刀,经鉴定为青铜,双范铸造,距今约 5000 年,是中国目前已知最早的青铜器[2]。

　　二里头文化时期出土了种类较多的青铜器,包括武器和青铜容器,证明当时的青铜冶铸技术已经发展到了较高程度,且有一定的规模。从这一时期开始,至战国中期铁器的兴起,长达 1500 多年的阶段被称为中国的青铜时代。考古发现表明,商代晚期至西周中期无疑是中国青铜时代发展最为辉煌的阶段,这一阶段,青铜器的重要性不仅仅体现在物质文化层面,更突出地体现在国家政治层面。

　　三代时期出土的青铜器主要集中于礼器和兵器,这与当时的社会政治密切相关。《左传·成公十三年》云:"国之大事,在祀与戎",祀用于敬天祭祖,以制度维护政权统治,戎用于攘外安内,以武力维护国土安全,两者之间,又以祀最为重要,这是保证国家内部安定团结有序的重要制度。《礼记·曲礼上》:"夫礼者,所以定亲疏,决嫌疑,别同异,明是非也",《荀子·王制篇》:"制礼义以分之,使有贫富贵贱之等",青铜礼器作为礼制的象征物,西周早期已形成严格的制度规定,周礼明确鼎的使用为王九鼎,诸侯七鼎,卿大夫五鼎,士三鼎。

　　春秋以降,随着周王室衰微和诸侯雄起,"周礼"出现了礼崩乐坏。秦汉大一统之后,社会基本组织由封国转化为帝国,各项制度都发生了巨大变化,青铜器的礼制功用大为削弱,器类也逐渐向生活日用器转变。

---

1 西安半坡博物馆、陕西省考古研究所、临潼县博物馆:《姜寨——新石器时代遗址发掘报告》,文物出版社,1988 年,第 346、544 页。
2 甘肃省文物工作队、临夏回族自治州文化局、东乡族自治县文化馆:《甘肃东乡林家遗址发掘报告》,《考古学集刊》第 4 集,中国社会科学出版社,1984 年。

秦风汉韵 盛世长安
西安新出土文物精品展

铜鼎

西周晚期夷王、厉王时期

口径 21.4、沿宽 1.2、腹径 22.6、
腹深 10、足高 8.1、通高 21.2 厘米

重 1.847 千克

2008 年，西安市长安区大原村长安十二中 M2 出土（M2:4）

圆形，口微敛，沿外卷，沿上有对称双环形立耳，腹略深，腹壁较直，圜底，三足略呈蹄形，内侧平直，横截面呈半环形，内空。上腹两周凸棱内饰六个 S 形双首变体简化夔龙纹，两两之间以纵向凸棱间隔，下腹饰一周凸棱。底部可见三角形铸缝，三角形铸缝内为弧线三角形加强筋，三足外侧可见范铸扉棱。

0   4cm

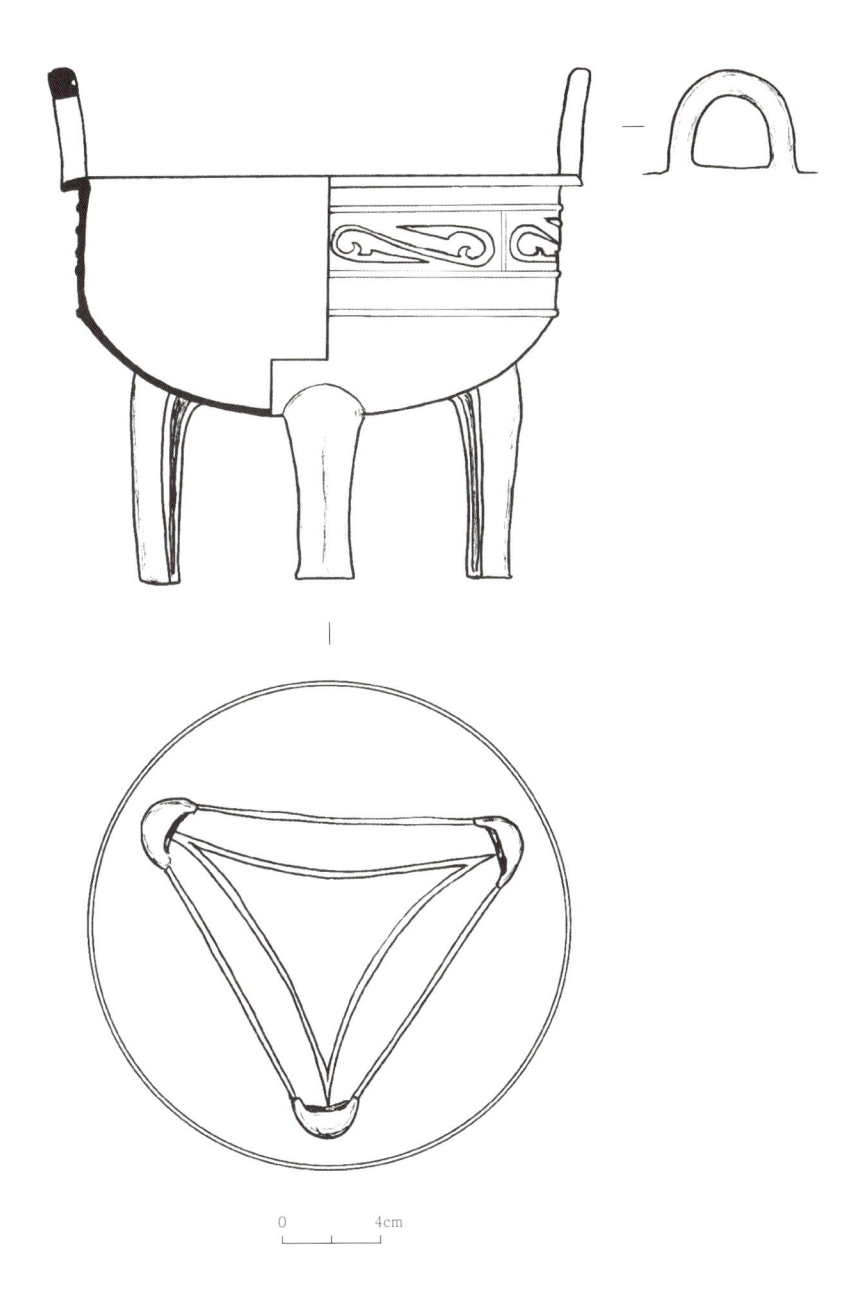

　　出土此鼎的墓葬位于长安区大原村长安十二中，地处丰镐遗址的西南部，北邻张家坡，在大范围内应属张家坡墓地边缘地带。出土铜鼎的 M2 为竖穴土坑墓，规模不大，现存长 3.9、宽 2.25 米，面积 8.78 平方米。墓葬虽被盗扰，但随葬器物保存基本完好，共出土铜鼎、铜盂、陶簋、陶鬲、蚌鱼、骨贝等 27 件组。特别是出土的 5 件铜鼎，4 件形制相同，纹饰相近，属于两周时期的列鼎。综合墓葬形制和出土器物特征，M2 时代应为西周晚期，具体约在夷王、厉王时期，墓主身份应为卿大夫一级。

　　鼎是商周青铜器中出土数量最多、地位最重要的器类，除了作为礼器承担宴饮和祭祀的功用以外，还作为王权和国家的象征，因此有夏禹铸九鼎之传说。《左传·宣公三年》载："楚子伐陆浑之戎，遂至于雒，观兵于周疆。定王使王孙满劳楚子。楚子问鼎之大小轻重焉。对曰：'在德不在鼎。昔夏之方有德也，远方图物，贡金九牧，铸鼎象物，百物而为之备，使民知神奸……桀有昏德，鼎迁于商，载祀六百。商纣暴虐，鼎迁于周。'"此即"问鼎中原"之典故。

著录：西安市文物保护考古研究院：《陕西西安长安区大原村西周墓发掘简报》，《考古与文物》2023 年第 3 期。

铜鼎

西周晚期

口径 22、沿宽 1.4、腹径 22.9、腹深 10.8、

足高 9.5、通高 22.6 厘米

重 2.303 千克

2008 年，西安市长安区大原村长安十二中 M2 出土（M2:2）

圆形，口微敞，折沿，沿上有对称双环形立耳，浅腹，腹壁较直，圆底近平，三足略呈蹄形，内侧平直，横截面呈半环形，内空。上腹两周凸棱内饰六个 S 形变体简化夔龙纹，两两一组，每组间以纵向凸棱间隔。底部可见三角形铸缝，三足外侧可见范铸扉棱。

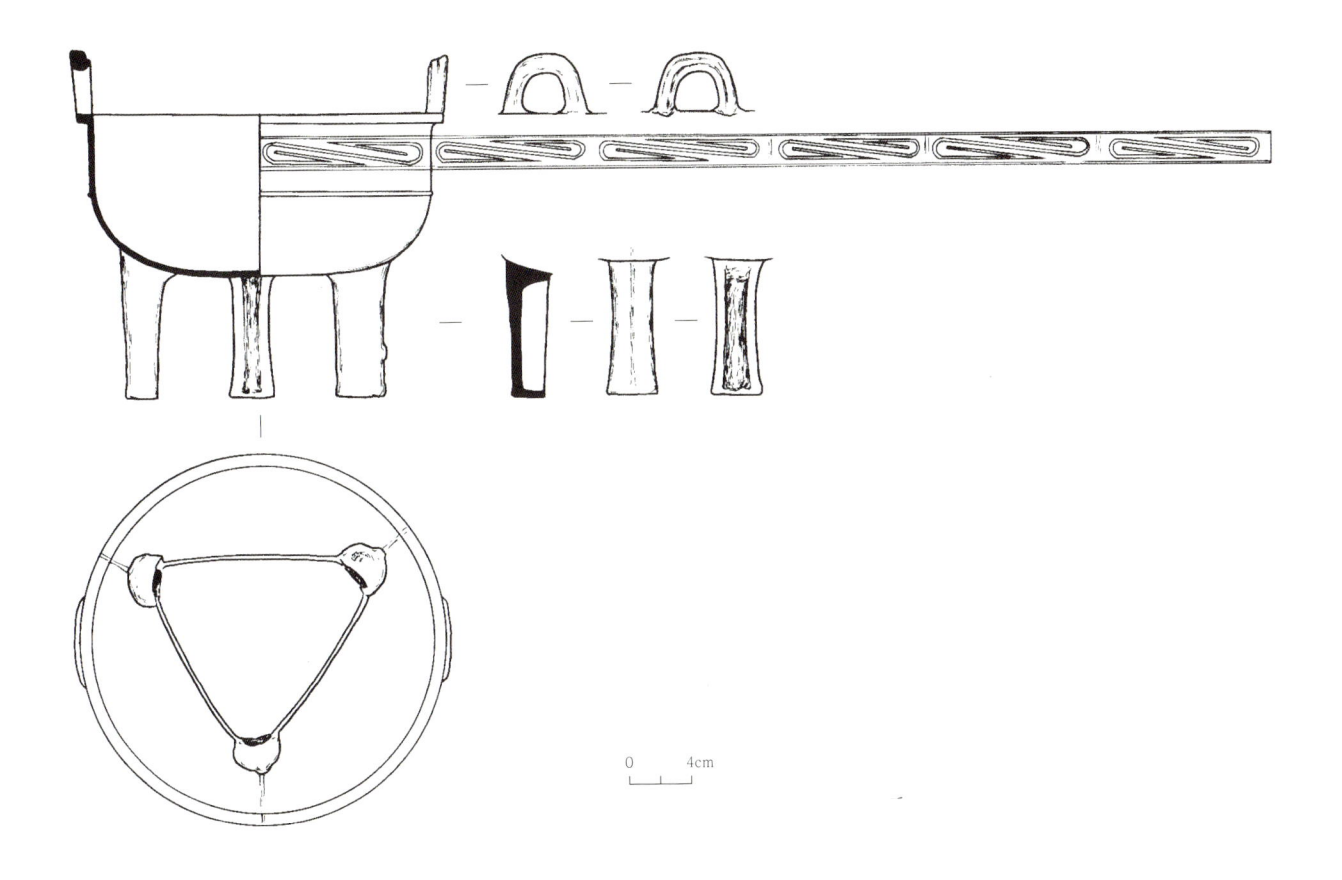

鼎是青铜礼器中的烹煮器和盛食器。许慎《说文解字》云："鼎，三足两耳，和五味之宝器也……《易》卦：巽木于[火]下者为鼎，象析木以炊也"，学者以为鼎乃象形字，然许慎将鼎字足部之象形释为"象析木以炊"不妥。《玉篇》云鼎"所以熟食器也"，此即鼎之用途之一，与《周礼·天官冢宰·亨人》"亨人，掌共鼎镬，以给水火之齐"的记载相合。

鼎有大鼎和小鼎之分。大鼎因质量太大，使用时须以它物来抬移。抬移大鼎之物有铉和扃，《说文解字》："铉，举鼎也"，《释文》云："扃，鼎扛也"。《仪礼·士冠礼》"设扃鼏"下郑玄注："扃，今文为'铉'。"小鼎因加热致使不能用手直接提取时，可以用鼎钩提取，鼎钩又被称为銚，《说文解字》："銚，可以句鼎耳及炉炭"，湖北随州曾侯乙墓就曾出土有鼎钩[1]。

两周时期，用鼎制度形成，周礼明确"王九鼎，诸侯七鼎，卿大夫五鼎，士三鼎"。王九鼎中，第一鼎盛牛，称为太牢，以下依次盛放羊、豕、鱼、腊、肠胃、肤、鲜鱼、鲜腊。诸侯七鼎也称大牢，但减少了鲜鱼和鲜腊。迄今为止，尚未发现出土九鼎的西周墓葬，七鼎有传出扶风法门寺任村的西周晚期的同铭克鼎[2]和三门峡上村岭虢国太子墓出土的一组列鼎[3]。

著录：西安市文物保护考古研究院：《陕西西安长安区大原村西周墓发掘简报》，《考古与文物》2023年第3期。

1　湖北省博物馆：《曾侯乙墓》，文物出版社，1989年，第192页；张光裕：《曾侯乙墓出土鼎钩的启示》，《江汉考古》1985年第3期。
2　1890年陕西省扶风县法门寺任家村出土，现分别藏于故宫博物院、天津博物馆、上海博物馆、南京大学考古与艺术博物馆、日本书道博物馆、日本黑川古文化研究所、美国芝加哥美术馆。
3　中国科学院考古研究所：《上村岭虢国墓地》，科学出版社，1959年，第28页。

铜盆

西周晚期夷王、厉王时期

口径 21、沿宽 2.2、腹径 25、底径 13.5、高 16.5 厘米

重 2.143 千克

2008 年，西安市长安区大原村长安十二中 M2 出土（M2:7）

腹部近底有小孔洞。敛口，斜折沿，方唇，束颈，斜肩，肩附对称桥形耳，深折腹，平底内凹。肩饰两周凸棱。

0　4cm

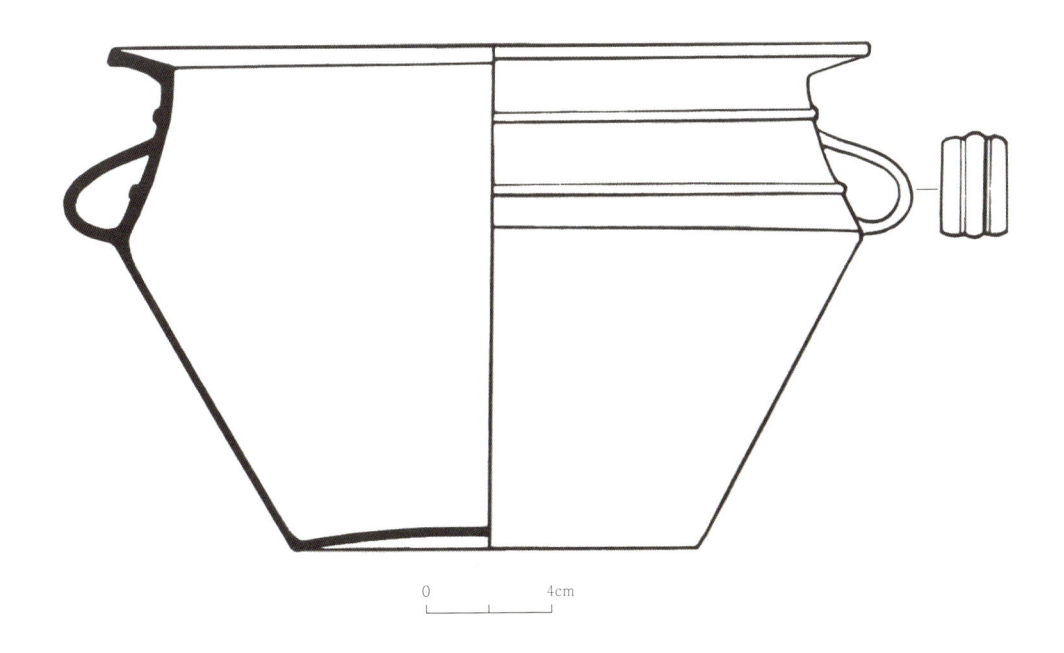

盆，《说文解字》："盎也。从皿分声。步奔切"。有学者认为一种敛口、折沿、束颈、折肩、平底、肩部附对称双耳的器物类形似盆，自名为"盠"，应即盆的同器异称。盆主要是作为盛水器使用，《仪礼·士丧礼》云："新盆、槃、瓶、废敦、重鬲，皆濯，造于西阶下"，郑玄注："盆以盛水"。盆在祭祀活动中也用于盛血，《周礼·地官司徒·牛人》："凡祭祀，共其牛牲之互与其盆簝，以待事"，郑司农（郑众）注："盆所以盛血。"出土的青铜盆，有自名为"飤盆""飧盆""行盆""旅盆"，可见其既作为实用器，也作为祭祀礼器，其功用既可盛水，也可盛食。

目前所见春秋青铜器中有铭文的盆，多在春秋早期。如曾大保盆和子叔嬴内君盆，均为春秋早期器，自名为盆。

长安十二中的这件铜器是盆无疑，惜无铭文。同出还有一件铜盆，残碎，形制与此相近，肩部双耳有衔环，颈下装饰一周S形垂冠回首卷体夔龙纹。

著录：西安市文物保护考古研究院：《陕西西安长安区大原村西周墓发掘简报》，《考古与文物》2023年第3期。

铜鍪

战国晚期—秦代

口径 12、腹径 16、高 16 厘米

重 1.012 千克

2003 年,西安市雁塔区潘家庄世家星城 M107 出土（M107:1）

器壁较薄,侈口,方唇,束颈,溜肩,扁鼓腹,圆底,肩附一瓣索状环耳,外底为灰黑色,残存使用痕迹,应当为一件实用器。

鍪为古代炊器，《说文解字》："鍪，鍑属。"形制为侈口，束颈，鼓腹，圜底，腹侧多有环耳。鍪与釜关系密切，《急就篇》颜师古注："鍪似釜而反唇。一曰：鍪者，小釜类。"

学者研究认为铜鍪源自于巴蜀地区，最早出现在战国早期或春秋战国之际，是巴蜀文化特有器形[1]，战国中晚期随着秦灭巴蜀进入关中地区，因其方便携带的优势而为秦人所青睐。鍪有铜质鍪，也有陶质鍪，铜鍪有单环耳和双环耳两型，陶鍪有无耳鍪和单耳鍪两型。目前所见有铭铜鍪很少，长沙伍家岭西汉墓M270出土的铜鍪上刻铭为"时文仲铜鍪一容二斗重六斤二两黄龙元年十月甲辰治"[2]，传出洛阳北邙山西汉墓的铜鍪刻铭为"今元年长信私官""左厨四"[3]。铜鍪进入关中地区以后，与釜并行使用，后来逐渐代替了釜成为主要炊器。西汉初期，关中地区灶流行起来以后，鍪逐渐减少，至西汉早期后段基本趋于消亡。铜鍪之所以在战国晚期秦国快速盛行起来，可能与这一时期秦统一六国、频繁战争，而铜鍪附有环耳，便于行军征战携带有关。西安潘家庄62座秦墓中，有4座出土有铜鍪，其中2件为双耳鍪，2件为单耳鍪[4]。

关中地区中小型墓葬中除了铜鍪以外，绝大多数为陶鍪，质地以夹砂红陶为主，有的带单耳，还有的不带耳，类似于陶釜，但颈明显偏长。陶鍪装饰纹样比较简单，或为横向篮纹，或为竖向篮纹。陶鍪在关中地区的流行与蒜头壶基本同步，二者常与鼎、盒形成比较稳定的组合，出现在关中地区墓葬中，成为战国末期至西汉初期的典型器类。在战国末期，红陶鍪替代了红陶釜成为随葬主要器类之一，二者也出现过少量的共存现象，至西汉初陶灶流行起来以后，陶鍪快速衰落，但也有少量陶鍪与陶灶共存的现象。如潘家庄62座秦墓中共出土陶釜7件、陶鍪40件、陶灶13件，其中陶釜和陶鍪共存的墓葬有1座，陶鍪与陶灶共存的墓葬有4座，陶釜与陶灶共存的墓葬有2座，三者共存的墓葬有1座[5]，基本体现了鍪与釜、灶的发展替代关系。

著录：西安市文物保护考古所：《西安南郊秦墓》，陕西人民出版社，2004年，第464页；图一七，1；图版九七，3。

---

1 陈文领博：《铜鍪研究》，《考古与文物》1994年第1期。

2 中国科学院考古研究所：《长沙发掘报告》，科学出版社，1957年，第110页，图版陆贰。

3 赵晓军：《洛阳发现西汉有铭铜鍪》，《文物》2007年第6期。

4 西安市文物保护考古所：《西安南郊秦墓》，陕西人民出版社，2004年，第464页。

5 西安市文物保护考古所：《西安南郊秦墓》，陕西人民出版社，2004年，第721页。

秦风汉韵 盛世长安 西安新出土文物精品展

铜鼎

西汉早期

盖径 19.6、盖高 6.8、口径 16、沿宽 1.3、腹径 19.5、腹深 9.9、足高 7.6、通高 17.5 厘米

重 2.226 千克（内有残留物）

2014 年，西安市雁塔区上塔坡村北清凉山居 M69 出土（M69:1）

残，鼎盖有裂缝。器盖浅覆钵形，圜顶，顶面等距离分布三个半环形钮，钮上带短柱。器身子口内敛，扁鼓腹，圜底近平，口沿两侧附对称鋬耳，耳上部稍外撇，耳面尖斜，腹底边有三蹄形足，足跟较粗，中下部细束，足内侧平直，横截面呈半圆形。腹上部有一周凸棱，通体光素无纹。

0　　4cm

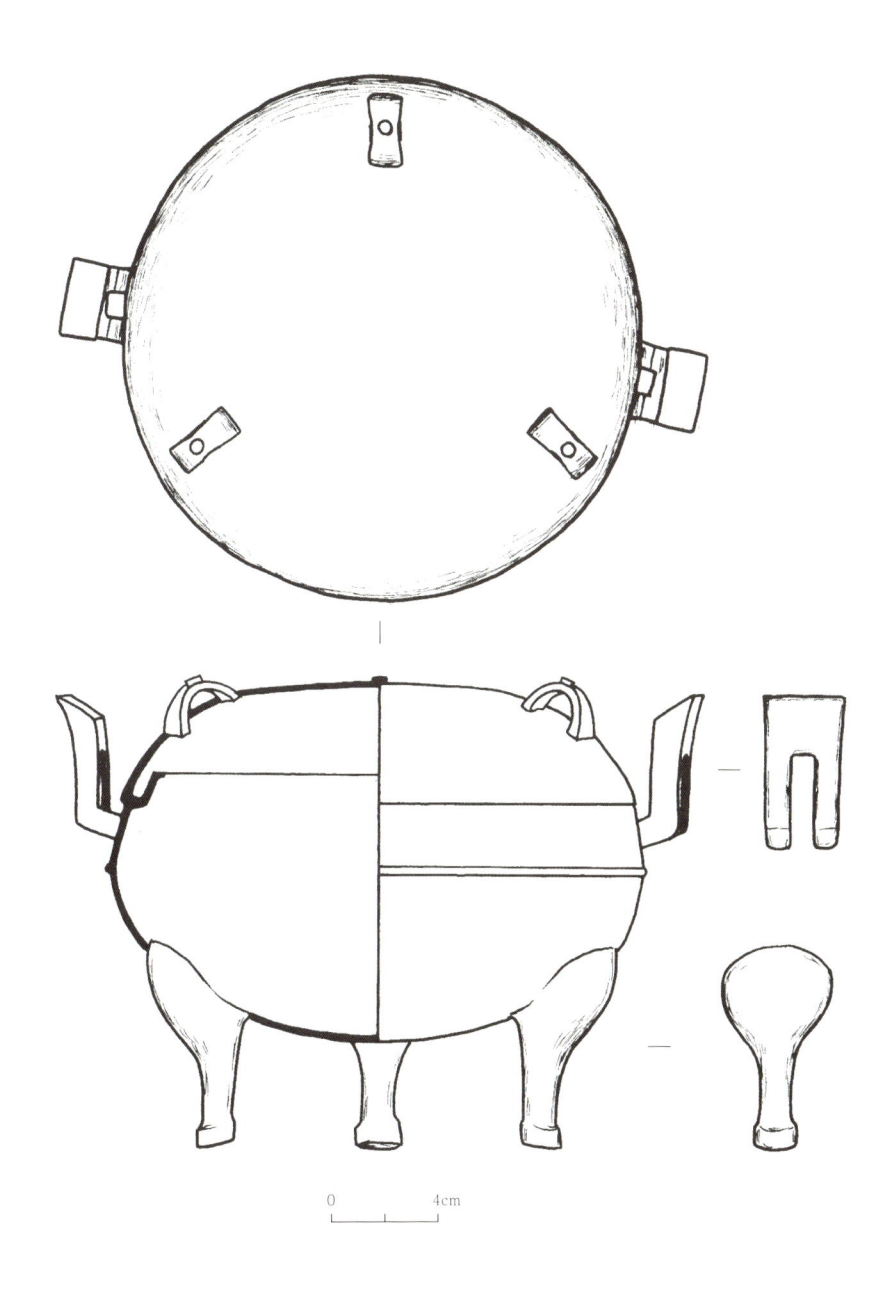

出土此鼎的墓葬坐东朝西，形制为竖穴墓道土洞墓，共出土器物24件。其中铜器有盆、勺、镜、带钩、印章等，墓葬时代为西汉早期。

两周的列鼎，指陈列的一组盛馔的鼎器。《孔子家语·致思》："从车百乘，积粟万锺，累茵而坐，列鼎而食。"在"礼不下庶人"的周代丧葬制度中，珍贵的青铜礼器是贵族的专利品，一般平民则是用陶器随葬。古代贵族一般按爵品配置鼎数。这种以青铜礼器组合来"辨等列、明尊卑"的制度，在西周的考古发掘中得到证实。《左传·成公二年》载："器以藏礼"，意即青铜器与周代礼制密切相关，青铜器是礼制的一种实物载体。如湖北京山周墓随葬九鼎七簋[1]；陕西韩城梁带村 M27 出土有七鼎六簋[2]；上村岭虢国墓地中，有随葬七鼎六簋、五鼎四簋、三鼎二簋或一鼎一簋墓[3]。

1　湖北省博物馆：《湖北京山发现曾国铜器》，《文物》1972年第2期。
2　陕西省考古研究院等：《陕西韩城梁带村遗址 M27 发掘简报》，《考古与文物》2007年第6期。
3　中国科学院考古研究所：《上村岭虢国墓地》，科学出版社，1959年。

铜鼎

西汉中期

盖径 17.2、盖高 3.8、口径 14.4、沿宽 1.2、腹径 18.8、腹深 8.9、足高 6、通高 16.5 厘米

重 2.43 千克

2007 年，西安市临潼区新丰街道长条村取土场 M11 出土（M11:35）

器盖浅覆钵形，圆顶，顶面等距离分布三个半环形钮，钮上带短圆柱；器身子口内敛，扁鼓腹，圆底近平，口沿两侧附对称圆环形耳，下承三矮蹄形足，足跟略粗，足内侧平直，横截面呈半圆形。通体光素无纹。

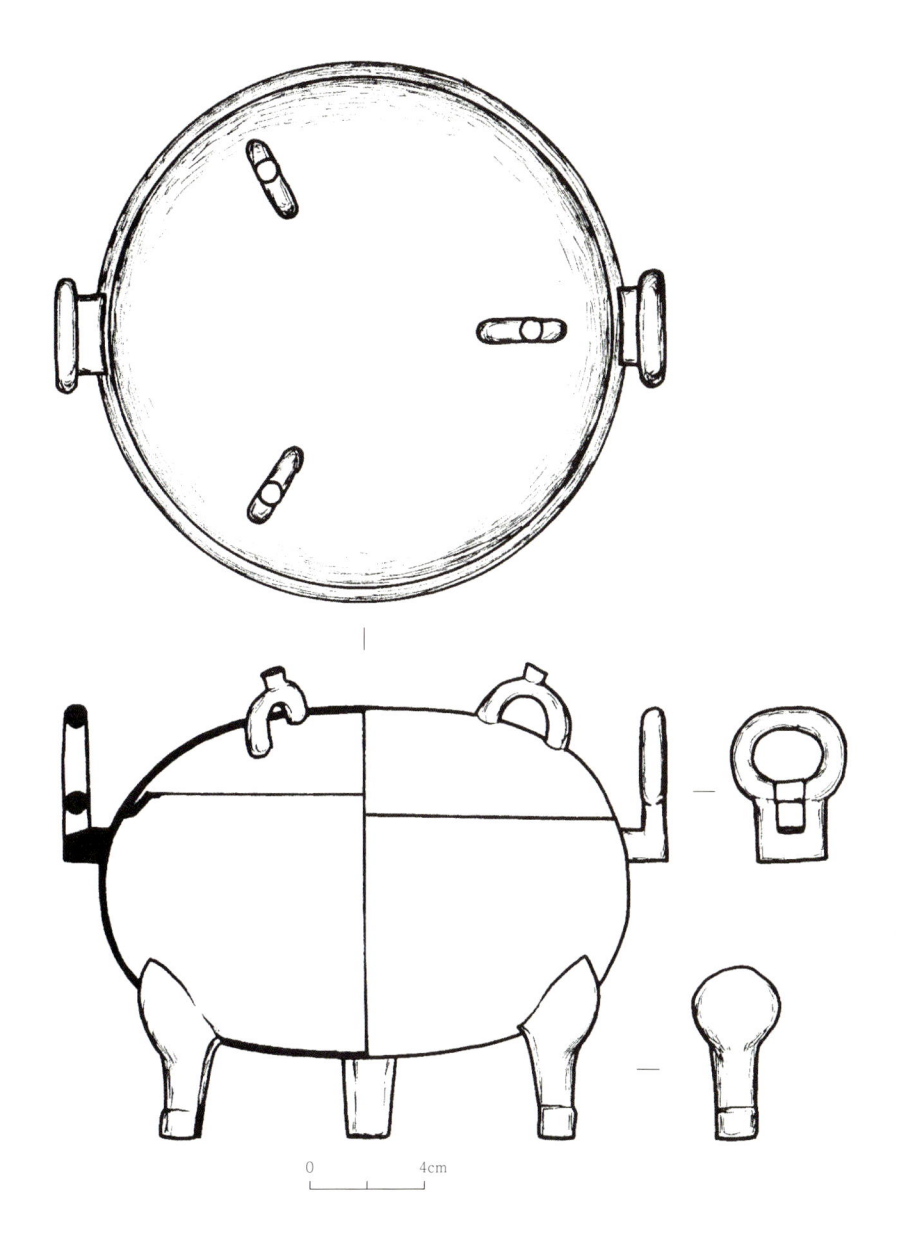

此鼎2007年出土于临潼区新丰街道长条村取土场M11，墓葬坐西朝东，为斜坡墓道土洞墓，共出土器物80多件（组），其中铜器有鼎、钫、锺、甗、釜、熏炉、盘、铜、染炉、耳杯、勺、杯形器、铺首、灯、镜、印章、铃、带钩、车马器、五铢钱等。铜日用器中，灯置于墓室内，其余置于甬道北侧耳室内。墓葬年代为西汉中期。

从西周到西汉，在青铜器发展历程上，春秋和战国是重要的一环，自春秋中期伊始，诸侯雄起，列国争霸，周王室对诸侯国的统治力逐渐丧失，形成了分裂割据的局面。但因这些诸侯国大多为西周时期分封形成的诸侯国，根植于他们精神层面的依然是周礼所规定的种种礼仪制度，因此这一时期青铜器的主要器类也沿用西周晚期。但以周王室为中心的政治格局被打破以后，逐渐形成了以各诸侯国为中心的多元的、区域性的政治、经济、文化发展中心，表现在青铜器方面就是器物的区域特征更加突出。春秋时期的青铜器主要发现于各诸侯国，而周王、王卿士、畿内贵族的青铜器却几乎不见，这一点与西周时期恰恰相反。

目前出土青铜器比较明确的春秋诸侯国有秦国、晋国、虢国、蔡国、楚国、芮国、鲁国、齐国、薛国、邾国、莒国、鄀国、纪国、曾国、黄国、吴国等。

铜鼎

西汉中期

盖径 18、盖高 3.1、口径 15.8、沿宽 1、腹径 19.6、腹深 9.1、足高 5.9、通高 17 厘米

重 1.874 千克

2007 年，西安市临潼区新丰街道长条村取土场 M13 出土（M13:43）

残，腹部有孔洞。器盖浅覆钵形，圆顶，顶面等距离分布三个半环形钮，钮上带短圆柱。器身子口内敛，扁鼓腹，圜底近平，口沿两侧附对称圆环形耳，下承三矮蹄形足，足跟略粗，足内侧平直，横截面呈半圆形。通体光素无纹。

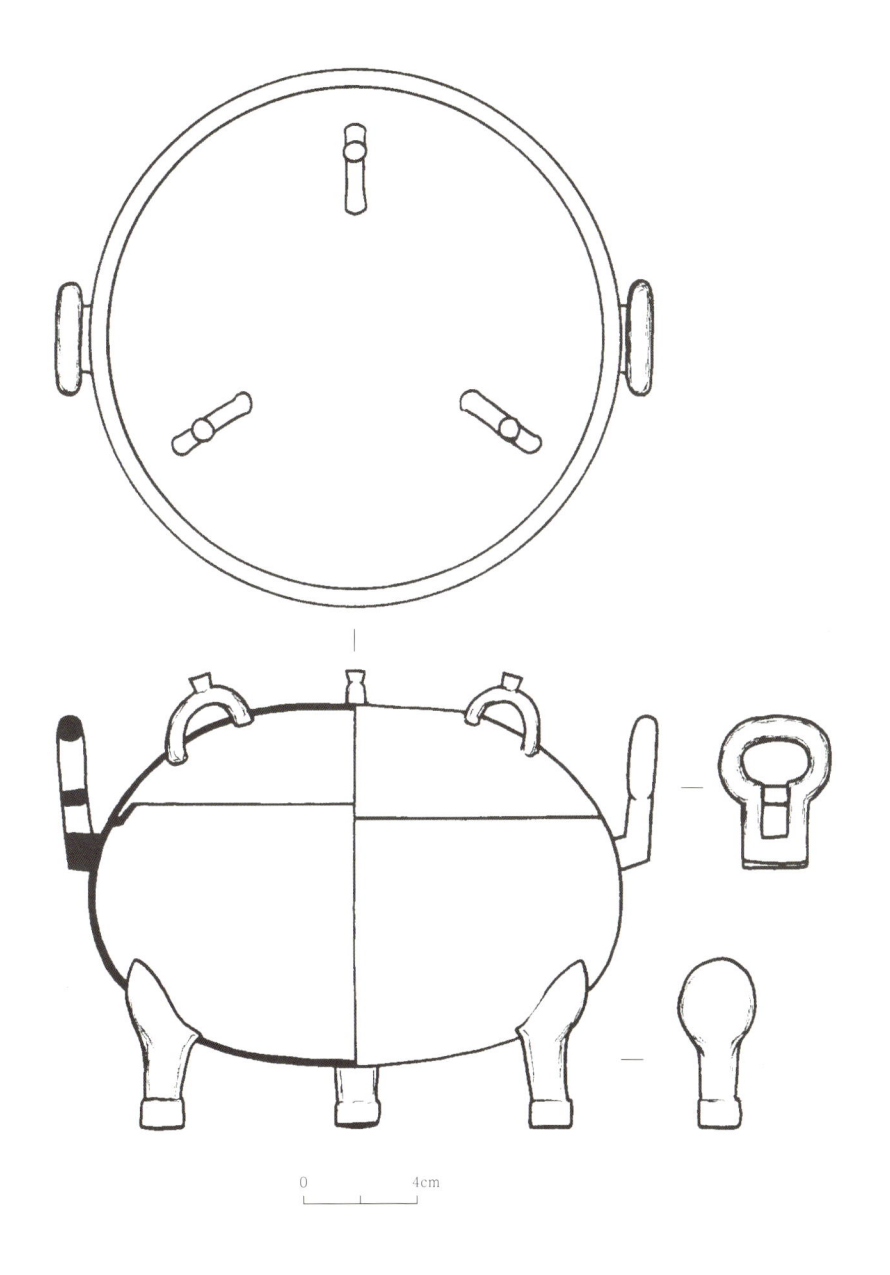

此鼎 2007 年出土于临潼区新丰街道长条村取土场 M13，墓葬坐西朝东，为斜坡墓道土洞墓，共出土器物 80 多件（组），其中铜器有锺、钫、釜、灯、盆、杯形器、带钩、镜、铺首、箭镞、印章、五铢钱等，墓葬年代为西汉中期。

　　自春秋早期后段始，随着周王室的衰微，部分封国在青铜礼器使用方面已不再严格遵循周礼规定，出现了"僭越"。这一现象在春秋早期尚不明显，但自中期开始，超过九鼎的墓已很常见。时代为春秋早期中叶至春秋中期初段的河南上村岭虢国墓地 M2001 出土有 10 件铜鼎，其中 7 件形制相同，另外 3 件则为明器[1]；时代为春秋晚期中叶末至春秋晚期的河南辉县琉璃阁甲墓、乙墓、M55、M60 分别有 15 件、10 件、14 件、28 件铜鼎[2]；时代为春秋中期晚段至春秋晚期早段的新郑李家楼大墓出土铜鼎 22 件[3]；时代为春秋晚期的安徽寿县蔡侯墓出土 18 件铜鼎[4]；淅川下寺 M2 出土 19 件铜鼎[5]。这些都体现着春秋中期周王室衰微后的礼崩乐坏。

1　河南省文物研究所、三门峡市文物工作队：《三门峡上村岭虢国墓地M2001发掘简报》，《华夏考古》1992年第3期。
2　郭宝钧：《山彪镇与琉璃阁》，科学出版社，1959年，第69、71、57、58页。
3　高明：《中原地区东周时代青铜礼器研究》，《考古与文物》1981年第2期。
4　安徽省文物管理委员会、安徽省博物馆：《寿县蔡侯墓出土遗物》，科学出版社，1956年，第6页。
5　河南省文物研究所、河南省丹江库区考古发掘队、淅川县博物馆：《淅川下寺春秋楚墓》，文物出版社，1991年，第104页。

铜鼎

西汉中期

盖径17.4、盖高5、口径15、沿宽1.2、腹径18.5、腹深9.5、足高6、通高15.5厘米

重1.273千克（内有碳化物）

2007年，西安市临潼区新丰街道长条村取土场M13出土（M13:44）

残，腹部有孔洞。器盖浅覆钵形，圜顶，顶面等距离分布三个半环形钮，钮上带短圆柱。器身子口内敛，扁鼓腹，圜底近平，口沿两侧附对称圆环形耳，下承三矮蹄形足，足跟略粗，足内侧平直，横截面呈半圆形。通体光素无纹。

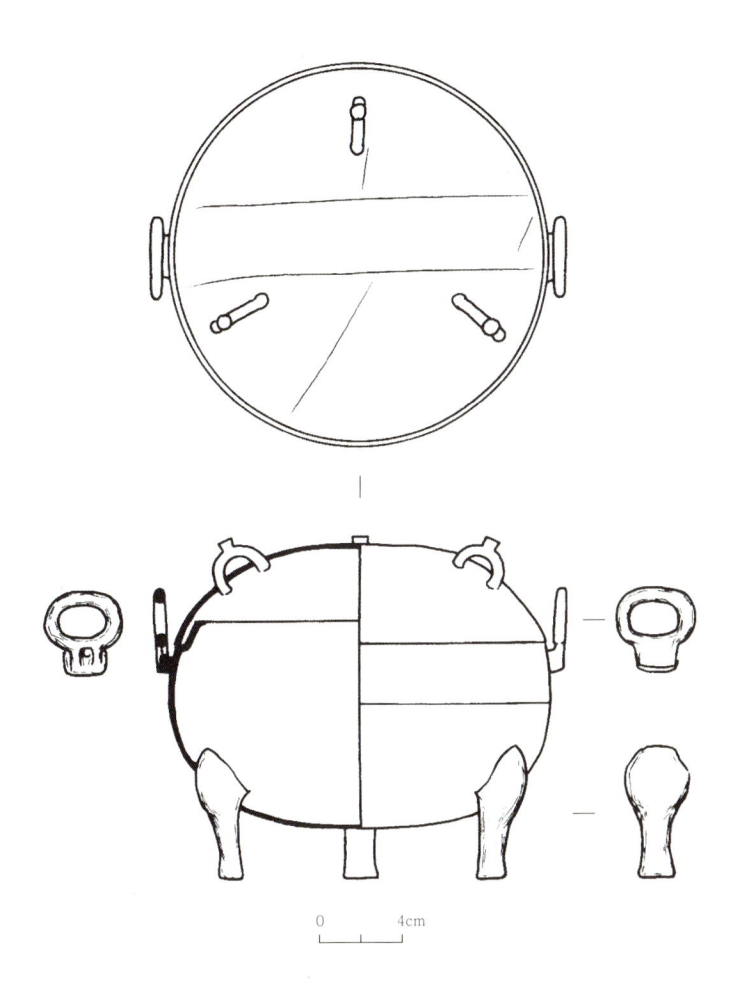

西汉青铜器不再具有商周时期浑厚、凝重、神秘的风格，越来越日用化，这与社会变革、传统礼制受到冲击有密切关系。《汉书·霍光传》"（昌邑王）发长安厨三太牢具祀阁室中，祀已，与从官饮啖"，说明这些铜鼎兼具礼器与实用器之功能。

关中地区西汉青铜器基本上承袭了战国晚期秦国青铜器的风格，造型质朴，纹饰简约。就铜鼎而言，关中地区常见的西汉时期铜鼎，器盖呈浅腹圜顶形，顶面多有三半环形钮，器身椭球形，口两侧有稍外撇的方形附耳，腹部常有一道凸棱，圜底，下附三蹄足，二者以子母口相扣合，基本上都是素面，在形制、纹饰方面与战国同类器不易区分。

青铜器铭文又称金文，最早见于商代晚期，铭文多为先祖日名，字数很少，到商代末期，字数开始增多，内容逐渐丰富。西周长篇铭文比较多见，特别是一些长篇记事铭文涉及当时的政治制度、战争、封赐、土地交换等史实，是研究西周历史的重要文字资料。春秋时期的金文内容多与诸侯国的社会活动和典章制度相关联。战国时期金文发生了重大变化，开始盛行"物勒工名"。汉代金文继承了战国金文风格，但更为详细规范，内容一般包括年号、制作地点、机构、器物名称、置用场所、容积、重量、批量、序号及监造者、制造者等，字体多篆书和汉隶。

从汉代青铜器铭文可知，青铜器在汉代已经进入商品行列，可以在市场进行买卖，这也是青铜器日益生活化的特征之一。河北满城汉墓的诸多青铜器[1]，即是采购自洛阳或河东市场。

1 中国社会科学院考古研究所、河北省文物管理处：《满城汉墓发掘报告（上）》，文物出版社，1980年。

铜鼎

西汉中期

口径 23、通高 20.5 厘米

重 2.848 千克

2007 年,西安市临潼区新丰街道长条村取土场 M13 出土（M13:42）

    器盖浅覆钵形,圆顶,顶面等距离分布三个半环形钮,钮上带短圆柱。器身子口内敛,扁鼓腹,圆底近平,口沿两侧附对称圆环形耳,下承三矮蹄形足,足跟略粗,足内侧平直,横截面呈半圆形。通体光素无纹。其形制与1961年西安市未央区三桥镇高窑村出土的"昆阳乘舆鼎""上林鼎"[1]形制相近。

---

[1] 西安市文物保护考古所:《西安文物精华·青铜器》,世界图书出版西安公司,2005年,第17、21页。

西汉用鼎制度的式微也得到了考古材料证实，在西汉诸侯王墓葬中，很少有体现传统礼制的成套青铜鼎出土。马王堆一号汉墓内出土的遣册详细记载了随葬用鼎情况：醢羹九鼎、白羹七鼎、□羹七鼎、巾羹三鼎、逢羹三鼎、苦羹三鼎[1]。孙机先生认为，墓主可能使用了九、七三牢和三套陪鼎，其九鼎中所盛的醢羹有"牛首醢羹""羊醢羹""狗醢羹"等，与周礼规定的鼎实比较接近，盛白羹的大牢七鼎中出现了"鹿肉鲍鱼笋白羹"之类异味，与礼制规定的七羹须盛"牛、羊、豕、鱼、腊、肠胃、肤"之制不合，说明"通过随葬品反映墓主生前的豪奢生活，从而在其本阶级中引起艳羡与景慕；较之遵循那过时的礼制，能使营葬者得到更大的满足"[2]。

西汉末年，王莽执政，实行了一系列托古改制，试图恢复周代礼制，以达治国安天下之目的。西安北郊张家堡 M115 出土的 9 件窃曲纹大鼎（包括 5 件铜鼎、4 件釉陶鼎）[3]，就是这一复古改制的考古实例。目前这 9 件大鼎陈列于西安博物院展厅。

1 湖南省博物馆、中国科学院考古研究所：《长沙马王堆一号汉墓》，文物出版社，1973年，第130-133 页。
2 孙机：《汉代物质文化资料图说》，上海古籍出版社，2011 年，第 349 页。
3 西安市文物保护考古研究院：《西安张家堡新莽墓发掘简报》，《文物》2009 年第 5 期。

铜锺（壶）

西汉中期

口径 13.4、腹径 27.5、底径 15、足径 15.1、

足高 4.2、通高 35.4 厘米

重 3.8 千克

2007 年，西安市临潼区新丰街道长条村取土场 M11 出土（M11:38）

无盖，口微侈，颈微束，溜肩，圆鼓腹，下腹弧收，上腹两侧置对称铺首衔环，圈足上部有一周台棱，在肩上、中腹、下腹部各饰两周凸面宽带纹。

0   4cm

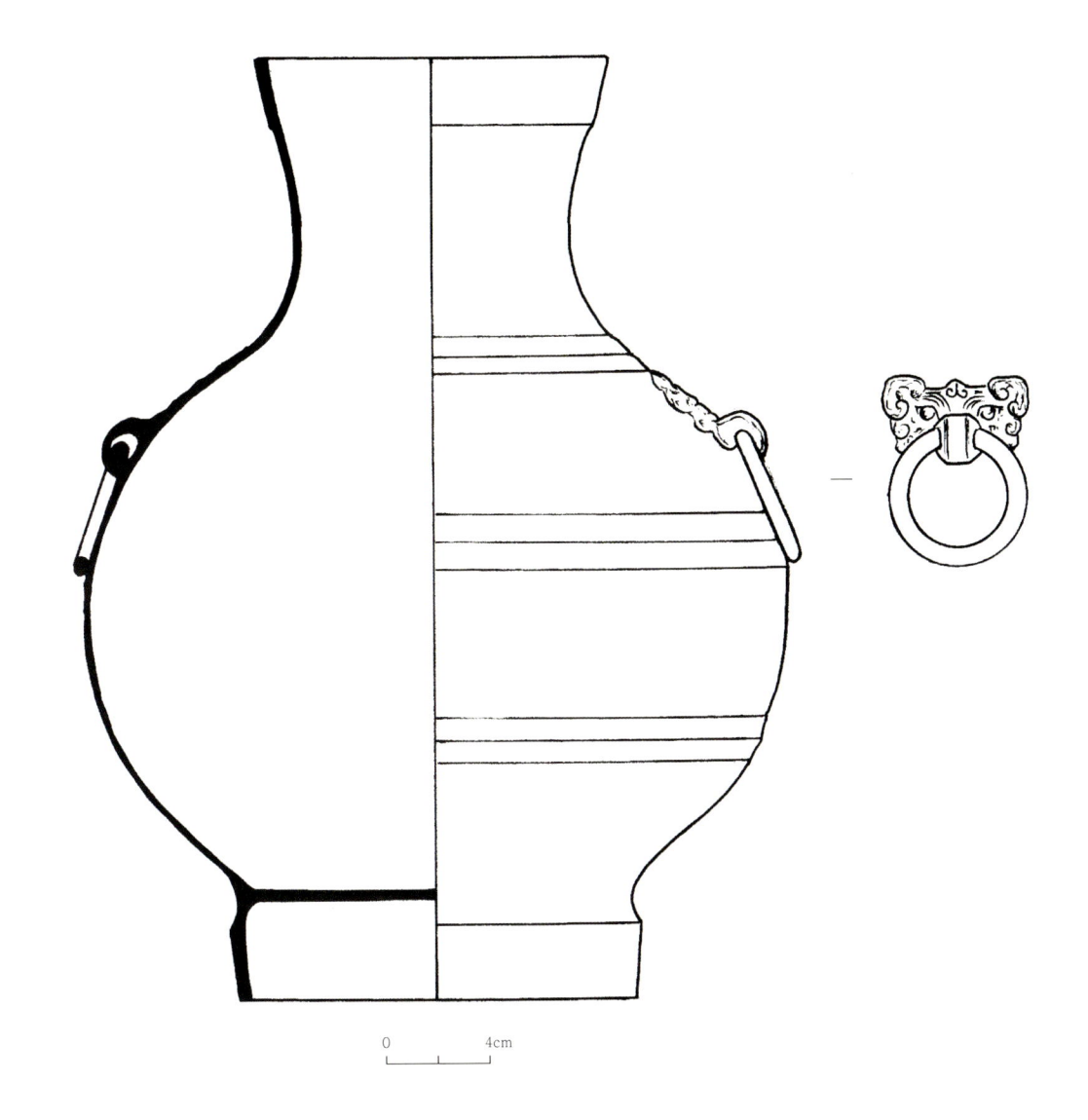

　　锺，古代酒器、水器。《说文解字·金部》："锺，酒器也。"段玉裁注："古者此器盖用以宁（贮）酒，故大其下、小其颈，自锺倾之而入于尊。"河北满城汉墓M1出土同类器1件，其上刻铭"中山内府锺一，容十斗，重□□，卅六年，工充国造"[1]。该器与同墓出土的其他3件铜壶形制大小相若，唯缺盖。可见锺和壶确实难以区分，二者有可能是同器异名。

　　锺主要流行于战国至汉代时期，质地以铜、陶为主，除了作为酒器和水器外，也有学者认为可用作量器。自名的铜锺还有1961年西安市未央区三桥镇高窑村出土的"南宫锺"和"河间食官锺"，前者肩部刻铭为"南宫锺，容十斗，重五十一斤，天汉四年造"。后者一铺首衔环下刻铭为"酒，河间食官锺，容十斗，重一钧四斤四两"[2]。以上铜锺高度基本都在45厘米左右，容量基本一致，均为十斗。

　　2003年西安市未央区文景路枣园西汉墓中侧室出土2件铜锺，形制大小相同，表面通体鎏金，有盖，盖上站立一凤鸟，昂首翘尾，口中含珠，栩栩如生，计盖通高78厘米，其中一件出土时内有26公斤酒，酒色翠绿，清亮透明，香气浓郁[3]。这2件铜锺是目前国内考古出土的西汉时期最大的鎏金铜锺。

[1] 中国社会科学院考古研究所、河北省文物管理处：《满城汉墓发掘报告（上）》，文物出版社，1980年，第43-48页。
[2] 西安市文物保护考古所：《西安文物精华·青铜器》，世界图书出版西安公司，2005年，第74页。
[3] 西安市文物保护考古所：《西安北郊枣园大型西汉墓发掘简报》，《文物》2003年第12期。

铜锺（壶）

西汉中期

口径 14.5、腹径 28.2、底径 15.4、足径 18.2、
足高 4.5、通高 39.5 厘米

重 5.429 千克

2007 年，西安市临潼区新丰街道长条村取土场 M13 出土（M13:37）

腹、底微残。口微侈，长颈微束，溜肩，圆鼓腹，下腹弧收，上腹两侧置对称铺首衔环，圈足较高，足跟有一周台棱，肩上、中腹、下腹部各饰一周凸面宽带纹。

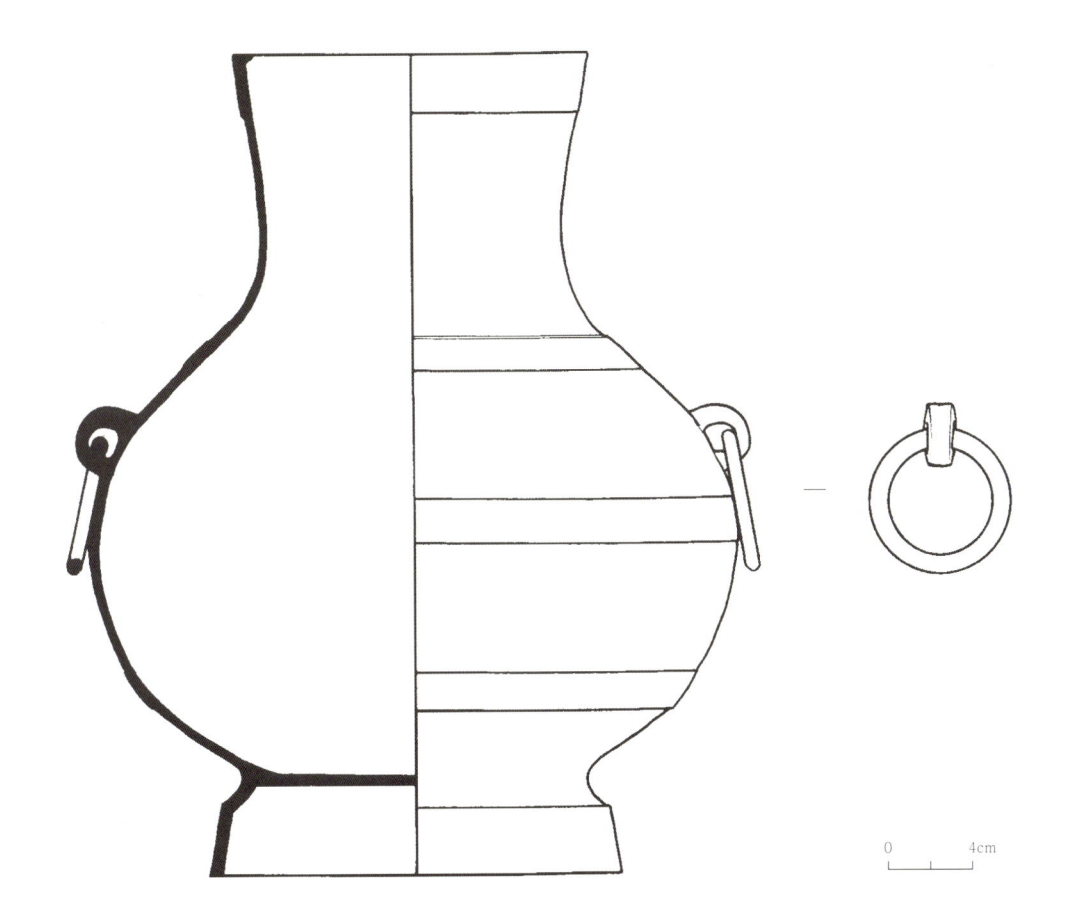

锺作为容器量具见于《孟子·告子上》赵岐注："锺，量器也"，孙机先生曾考察古代文献及注疏，认为锺的容积"或谓 2 缶，或谓 4 釜，或谓 10 釜，更多之处谓是 6 斛 4 斗"[1]，但目前自名铜锺多标注为"容十斗"或"容一石"。

容十斗的铜锺除前文所述自名锺外，还有茂陵一号冢一号丛葬坑出土的铜锺（刻铭"阳信家铜锺，容十斗，重卌九斤"）[2]、河北行唐出土的铜锺（刻铭"常山食官锺，容十斗，重一钧十八斤"）[3]、山东平度出土的铜锺[刻铭"平望子家锺，容十升（斗）"][4]、河北鹿泉出土的铜锺（刻铭"常山食官锺容十斗重□钧□斤"）[5]。

除了容十斗的铜锺，其他容量的铜锺以"五斗"较为多见，包括"清河大后中府铜锺""平都主家铜锺""闵翁主铜锺""新中尚方铜锺""阳朔四年铜锺"等。也有一些容量特殊的铜锺，比五斗小的如"三斗一升半铜锺"、容二斗的"利成家铜锺"，介于五斗和十斗之间的有"梁锺"容九斗七升半、"右糟锺"容八斗，也有略微超过一石的锺，如"家官锺"容一石四升十三籥（合）。目前所见最大的铜锺是汉武帝元封二年（前109 年）的"雒阳武库铜锺"，容十六斗八升，重六十八斤，比一般铜锺大了许多[6]。

从以上自名锺来看，似乎锺也作为量器，因为他们大多具有统一的容积，但是汉代铜器刻铭标注容量和重量是常制，但凡用作容器的器类大多都标注容量大小，包括鼎、甗、甑、釜、鋞、镂、镬、豆、鐎斗、钫、壶、锏、盆、勺等器类，因此以上刻铭铜锺的容积数据只是标明器物的容量，铜锺并非作为量器使用。

1 孙机：《汉代物质文化资料图说》，上海古籍出版社，2011 年，第 81 页。
2 咸阳地区文管会、茂陵博物馆：《陕西茂陵一号无名冢一号丛葬坑的发掘》，《文物》1982 年第 9 期。
3 郑绍宗：《河北行唐发现的两件汉代容器》，《文物》1976 年第 12 期。
4 青岛市文物局、平度市博物馆：《山东青岛市平度界山汉墓的发掘》，《考古》2005 年第 6 期。
5 河北省文物研究所、鹿泉市文物保管所：《高庄汉墓》，科学出版社，2006 年，第 34 页。
6 以上铜锺刻铭皆见于徐正考：《汉代铜器铭文综合研究》，作家出版社，2007 年，第 336-344 页。

铜锺（壶）

西汉中期

盖径9.5、盖高2.8、口径9、腹径15、底径8.8、足径9.3、足高2、通高19.5厘米

重1.1千克

2007年，西安市临潼区新丰街道长条村取土场M13出土（M13:34）

器盖覆盘形，子口，顶面中部有小钮衔环。器身敞口，长束颈，溜肩，圆鼓腹，下腹弧收，圈足较矮，上腹两侧置对称铺首衔环，肩、下腹部各饰一周凸面宽带纹。

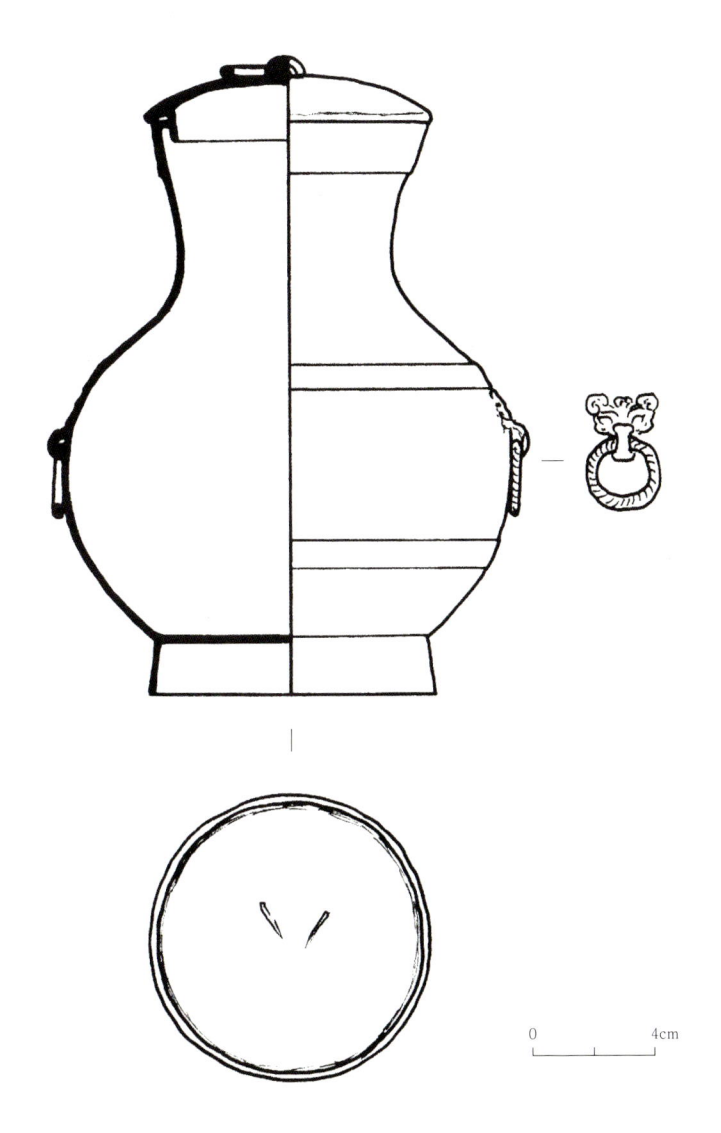

在考古学上，锺和壶形制相同，很难区分。《说文解字·壶部》："壶，昆吾圜器也，象形。从大，象其盖也。"《说文解字·缶部》："古者昆吾作匋。"说明最初的壶为陶质，因器形似瓠而得名。《周礼·秋官司寇·掌客》郑玄注："壶，酒器也。"汉代有自名为壶者，如汉武帝太初二年（前103年）骀荡宫铜壶刻铭"骀荡宫铜壶，太初二年，中尚方造，铸工广"，形制不详。永始元年（前16年）杜陵东园铜壶刻铭为"杜陵东园铜壶，容三斗，重十五斤"，形制为扁壶。平阳子家壶刻铭为"平阳子家壶一，容二斗，重十四斤四两"，形制不详。关邑家壶刻铭为"关邑家银黄涂壶，容二斗，及盖并重十斤四两"，形制不详[1]。出土器有徐州铜山小龟山汉墓的丙长翁主壶，刻铭为"丙长翁主壶，重六斤四两。"[2]

关于锺和壶，黄盛璋先生认为："圆壶自铭为壶，更多自名为钟（锺），壶、钟（锺）皆圆，从形制上今已难别，唯壶不限于圆，而钟（锺）只限于圆，壶较钟（锺）包括为广，此其大别。"[3] 杨哲峰先生经过对比研究，认为锺具备四个特征：侈口、鼓腹、器形规整，且尚未发现带盖现象；圈足多曲折，极少数圈足呈直筒状，但基本不见圈足明显外侈呈喇叭状的；器表均饰以宽带纹，通常是口沿外侧一周，肩腹部两到三周，但别无其他纹饰；均有铺首衔环，多位于肩部和腹部的宽带纹之间，但没有发现环上连接提链的情况[4]。不过就龟山汉墓出土的自名铜壶和其他自名铜锺来看，二者几乎没有区别，壶极有可能是锺的一种称呼，但在当时并不常用。我们以为此类铜器自名以锺多见，还是称锺为宜。

1 以上并引自徐正考：《汉代铜器铭文综合研究》，作家出版社，2007年，第347-352页。
2 南京博物院：《铜山小龟山西汉崖洞墓》，《文物》1973年第4期。
3 黄盛璋：《关于壶的形制发展与名称演变考略》，《中原文物》1983年第2期。
4 杨哲峰：《汉代铜锺略说》，《中国历史文物》2002年第2期。

铜钫

西汉中期

口径 10.7、腹径 21.4、底径 11.3、足径 13、
足高 5.3、通高 39.5 厘米
重 3.694 千克
2007 年，西安市临潼区新丰街道长条村取土场 M11 出土（M11:37）

底部微残，略变形。无盖，方口微侈，方唇，颈微束，溜肩，方腹外鼓，圈足较高，底部外撇。肩部设一对铺首鼻耳，无衔环。

0   4cm

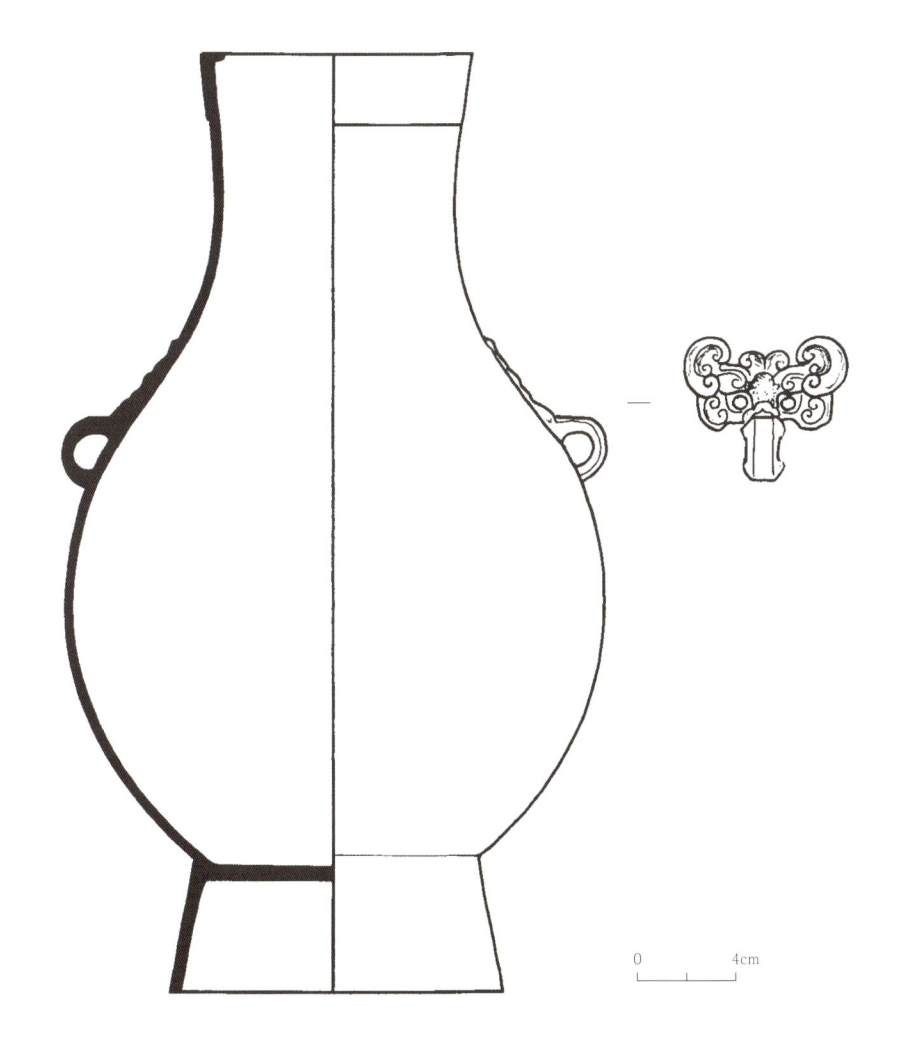

钫，《说文解字·金部》："钫，方锺（锺）也。"古方形壶，又称为鉴。器身任一处横断面均呈方形，制有盖和钮、环，始于战国中期而盛于西汉，其集中流行时段为西汉早期至西汉中期前段，西汉中期以后渐趋消亡。此类器西汉时自名为钫，如满城汉墓M1出土铜钫2件，刻铭分别为"中山内府铜钫一，容四斗，重十五斤八两，第一，卅四年，中郎柳市雒阳"，"中山内府铜钫一，容四斗，重十五斤十两，第十一，卅四年，中郎柳市雒阳"[1]。

钫的形制自出现至消亡基本无大的变化，其演变主要体现在装饰方面。目前所见战国中期的带铭铜钫有陈璋钫[2]、河北平山中山王墓出土铜钫[3]。

钫作为盛器一般用于盛酒，有铜质、漆木质、陶质，其中漆木质钫又写作"枋"。江苏徐州九里山二号汉墓出土的陶钫盖上墨书"酒，上尊"[4]。马王堆一号汉墓出土漆钫4件，墓中遣册记录："髹（漆）画枋（钫）二，有盖，盛白酒"、"髹（漆）画枋（钫）一，有盖，盛米酒"及"髹（漆）画枋（钫）一，有盖，盛米酒"[5]。可见，钫主要用于盛酒，而一座墓出土5件陶钫也可能意味盛有五种不同种类的酒。

关中地区考古出土有铜钫和陶钫，铜钫一般为实用器，墓葬中的陶钫则作为随葬明器。不过北方地区的一些墓葬可能也随葬漆钫，只不过因环境原因没有保存下来，但有的墓室口会有朱红色漆皮，其中一部分很可能就是漆木钫。

1961年西安市未央区三桥镇高窑村出土1件铜钫与此形制相近，其口沿外侧刻铭："上林共府，初元三年受东郡东阿宫钫，容四斗，重廿一斤，神爵三年卒史舍人，工光造，第一。"[6]

[1] 中国社会科学院考古研究所、河北省文物管理处：《满城汉墓发掘报告（上）》，文物出版社，1980年，第49页。
[2] 容希白：《商周彝器通考（下）》，台湾大通书局，1973年，第409页。
[3] 河北省文物管理处：《河北省平山县战国时期中山国墓葬发掘简报》，《文物》1979年第1期。
[4] 徐州博物馆：《江苏徐州市九里山二号汉墓》，《考古》2004年第9期。
[5] 湖南省博物馆、中国科学院考古研究所：《长沙马王堆一号汉墓》，文物出版社，1973年，第143、144页。
[6] 西安市文物保护考古所：《西安文物精华·青铜器》，世界图书出版西安公司，2005年，第78页。

铜钫

西汉中期

盖径 7.8、盖高 1.4、口径 7.9、腹径 11.8、底径 7.5、足径 8.3、足高 1.9、通高 21 厘米

重 1.333 千克

2007 年，西安市临潼区新丰街道长条村取土场 M13 出土（M13:35）

器盖覆斗形，顶面中部有小钮衔环。器身方口微侈，方唇，束颈，溜肩，方腹外鼓，圈足较矮。肩部设一对铺首衔环。

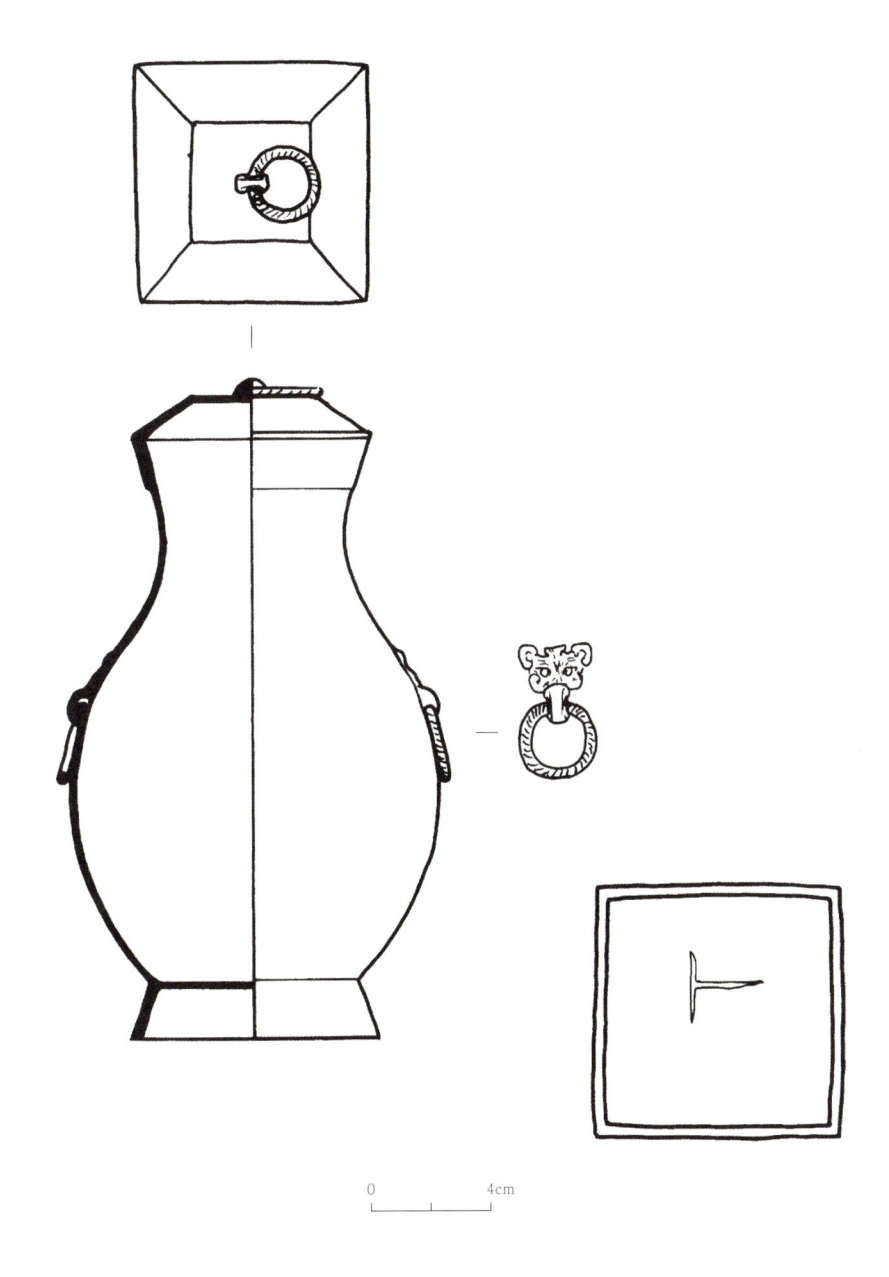

西汉早期和中期，鼎、盒、钫或鼎、盒、壶、钫构成了最基本的以炊食器和酒器为主的礼器组合。这一时期墓葬出土陶钫数量不等，有1件者，也有5件者。从墓葬出土组合及数量来看，西汉早期陶钫的数量一般情况下与陶鼎相同，随葬1件陶鼎的墓葬，其陶钫数量也大多为1件，随葬2件陶鼎的墓葬，其陶钫也大多为2件，这也体现出西汉早、中期钫在礼器组合中的重要地位。

　　西汉时期钫的主要特征为：盖呈覆斗形，器身侈口，方唇，高束颈，鼓腹，对称二铺首衔环或二环，高圈足。装饰纹样方面以素面铜钫多见，少量铜钫有错金银勾连云纹，陶钫则多装饰倒置三角纹（颈部）和云纹（腹部）。一般情况下，钫的演变规律为颈部最小径及腹的最大径逐渐上移，总的来看西汉时期钫的整体形态没有什么太大变化。

铜钫

西汉中期

口径 8.8、腹径 16.2、底径 10.8、足径 10.7、

足高 2.7、通高 27 厘米

重 1.99 千克

2007 年，西安市临潼区新丰街道长条村取土场 M13 出土（M13:36）

微残，器身有裂纹。方口微侈，方唇，束颈，溜肩，方腹外鼓，圈足较高。肩部设一对铺首衔环。

0 4cm

目前所见带铭文的汉代铜钫数量并不多。从铭文所记容量来看,铜钫主要有两种规格:一种是容四斗,如前文提到的满城汉墓出土的中山内府铜钫、1961年西安市未央区三桥镇高窑村铜钫(又称东阿宫钫)、长沙钫、窦氏钫、平阳子家钫、鄂邑家钫等;一种是容六斗,如元延钫、建平钫、元始钫等。还有一些铜钫接近四斗或六斗容量,如寿春钫"容四斗六升",辛钫二"容四斗五升",泰钫"容五斗",晋阳钫"容六斗五升"[1]。也有极少数容量特殊的铜钫,如蟠螭纹钫容量为"一石八斗",可能是目前所见铭文铜钫中容量最大的钫[2]。

铜钫除了存储酒,作为酒器使用,也用来存储米,作为盛储器使用。如出土的齐食官钫口沿外刻铭"齐食官上米",颈部刻铭"齐大官右般",钫上有云形环钮盝顶盖,盖上刻铭"重二斤十五两"[3]。

[1] 徐正考:《汉代铜器铭文综合研究》,作家出版社,2007年,第344-347页。
[2] 安徽省文物工作队、芜湖市文化局:《芜湖市贺家园西汉墓》,《考古学报》1983年第3期。
[3] 山东省淄博市博物馆:《西汉齐王墓随葬器物坑》,《考古学报》1985年第2期。

铜钫

西汉中期

口径9.2、腹径20、底径11.5、足径12.1、足高4.2、通高38厘米
重3.129千克
2007年，西安市临潼区新丰街道长条村取土场M13出土（M13:38）

底部微残。方口微侈，方唇，束颈，溜肩，方腹外鼓，圈足较高。肩部设一对铺首衔环。

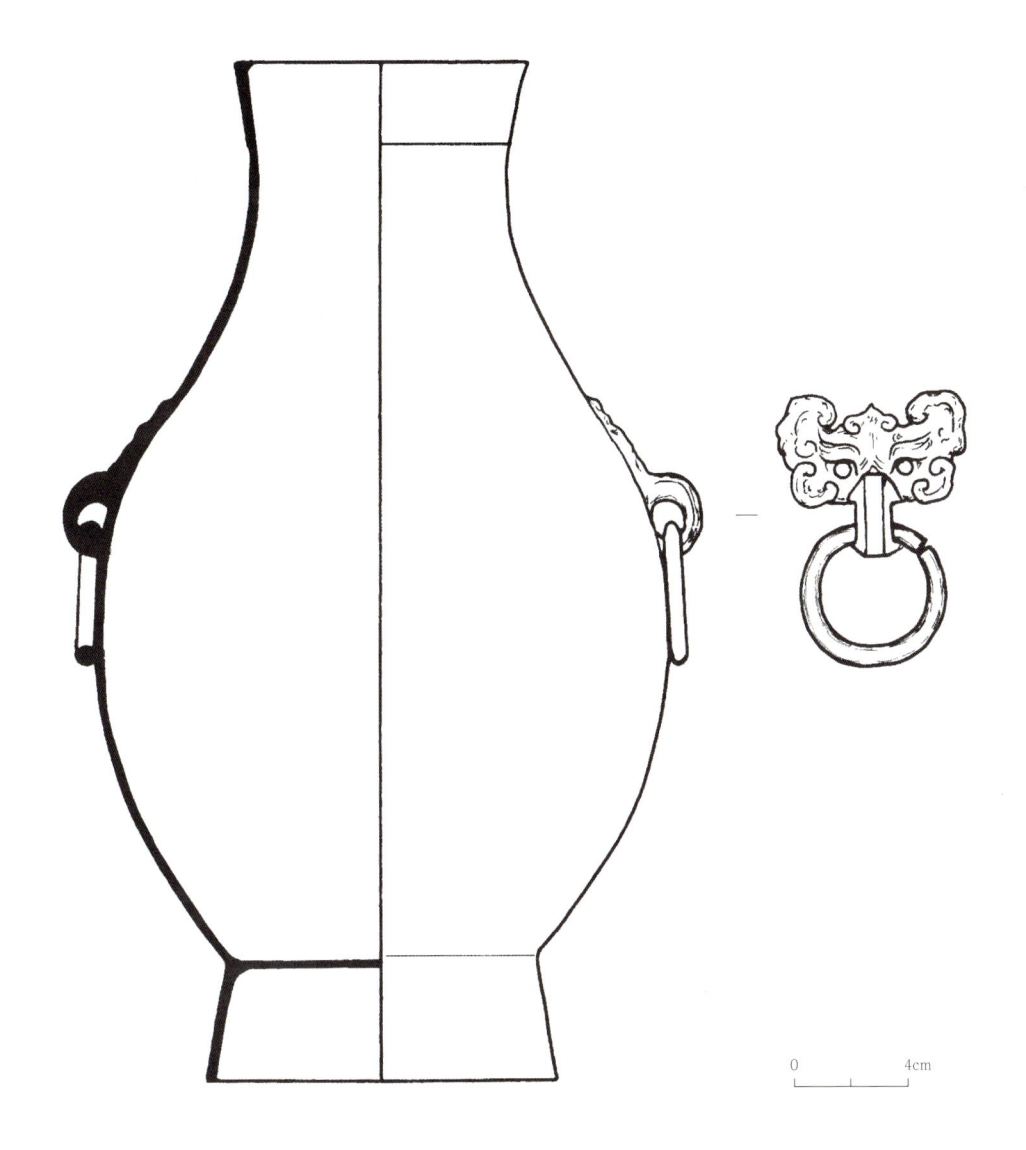

两汉青铜器在全国各地都有发现。这时的青铜礼器已然衰落，不过大量日常生活用器的制作和加工工艺的发展，比之前代则有了不同程度的提高。西汉时期铜器上流行错金银、镶嵌和鎏金工艺技术，以鎏金最盛。西汉初期继承了先秦时期的错金银与镶嵌工艺传统，并有所发展，线条流畅，细如发丝，栩栩如生。鎏金工艺则早在战国中期就已出现，至两汉时达到高峰。鎏金古称"金涂"，因为金熔于汞，故将金粉与汞混合涂于铜器表面，由于汞的挥发性较强，经烘烤，金就留在器表上了。经过鎏金处理的铜器不易氧化，对器物起着一定的保护作用。除了鼎、盒、壶、钫、樽等体积较大的器物以外，小件器物如带钩、铜镜等也有鎏金。

古代青铜冶炼可分为三个步骤：一、选矿。优先选择含铜量高，杂质少的矿石以备熔炼；二、初炼。破碎已选好的铜矿石，并与木炭一同放入坩埚或熔炉内。为了达到矿石融化的温度，还需要在外部加温，用鼓风设备助燃。待矿石熔融后，将液体倒出冷凝成铜锭；三、提炼和加工。初成铜锭后需要再次熔融，并加入一定比例的锡等材料，才能成为制作铜器的原料。《周礼·冬官考工记》："金有六齐：六分其金而锡居一，谓之钟鼎之齐；五分其金而锡居一，谓之斧斤之齐；四分其金而锡居一，谓之戈戟之齐；三分其金而锡居一，谓之大刃之齐；五分其金而锡居二，谓之削杀矢之齐；金锡半，谓之鉴燧之齐。"虽然与科技分析出的结果有所出入，但说明古人早已发现铸造不同器物时铜、锡的配比有别。

铜染器（耳杯、执炉）

西汉中期

耳杯：耳长 6.8、宽 1.4、口长径 12.5、短径 7.5、腹深 2、高 2.5 厘米

执炉：炉围长径 23、短径 7.5、高 4.2、炉身口长 11.9、宽 7.7、高 2.7、足高 2.9、柄长 12、通高 9.6 厘米

耳杯：重 0.085 千克；执炉：重 0.783 千克

2007 年，西安市临潼区新丰街道长条村取土场 M11 出土（M11：60、62）

由耳杯和执炉组成。耳杯底部开裂变形。呈椭圆船形，浅弧腹，小平底，长边一侧有对称双耳，耳面与杯口平齐。执炉分上下两部分，上部为椭圆形炉腔，周壁镂空出四神图案，口沿上有四个短柱，用于承托耳杯；下部为长方形浅盘，底部有数个长方形箅孔，短边侧伸出一曲折上翘的叶形柄，盘底四角以人形足承托，四足人物作双臂上举、肩扛炉盘状。

耳杯

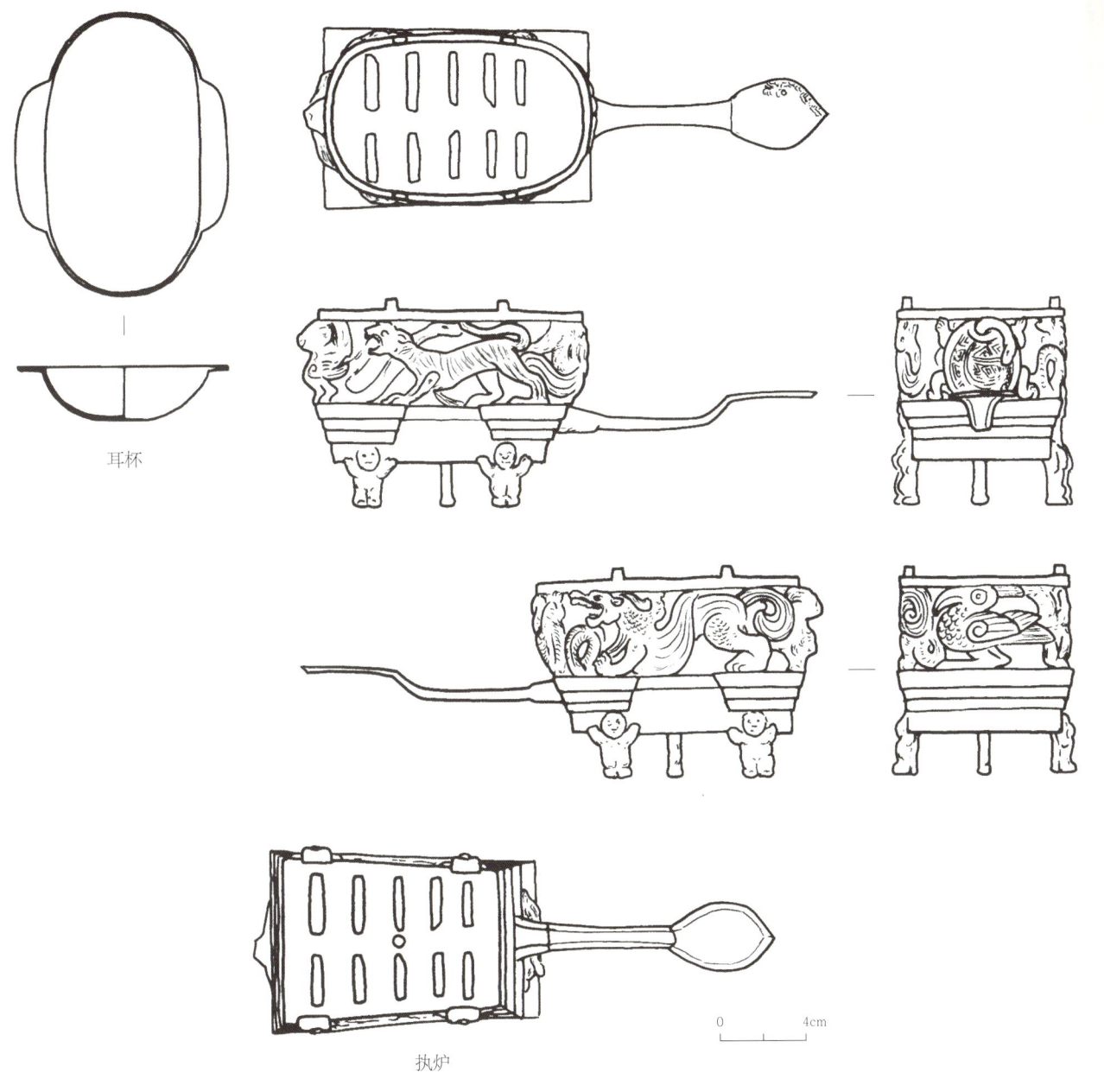

执炉

耳杯为古代杯具之一种，因其椭圆形，两侧有耳，故称耳杯，杯又称"羽觞""小具杯"，用于盛酒、盛羹。实用耳杯有铜质、漆木质等，主要盛行于两汉至西晋。马王堆一号汉墓出土的 90 件漆耳杯中，40 件书"君幸酒"，50 件书"君幸食"[1]，可见耳杯可作为酒器，亦可作为食器。南方出土的漆耳杯有的盛装于专制的具杯盒中，具杯盒器身和器盖均为椭圆形，上下有矮圈足，两短边有捉手，扣合后密封严实，所容耳杯数量和具杯盒的容量有关。北方墓葬出土的陶质耳杯均为明器，内壁常涂朱漆以仿漆木器，出土时一般置于陶案上，与碗、盘、斗、勺等组成一套墓室祭奠器。

我国古代称调味品为染，古人食肉时常以酱、盐等佐料作为肉食调味品，也就是古文所说的食肉具染。食杯下的执炉则与当时的"濡"肉而食的方法有关，《礼记·内则》云"欲濡肉，则释而煎之以醢"，即将煮好的肉放进酱汁中濡染烹煎，然后进食。这种盛放染料的耳杯和用于加热烹煎的铜炉组合在一起，就是我们所说的染器。1975 年陕西西安大白杨征集的 1 件染炉[2]形制与此基本相同。

[1] 湖南省博物馆、中国科学院考古研究所：《长沙马王堆一号汉墓（上集）》，文物出版社，1973 年，第 82-83 页。
[2] 西安市文物保护考古所：《西安文物精华·青铜器》，世界图书出版西安公司，2005 年，第 59 页。

铜勺

西汉中期

勺体长径 6.6、短径 6.4、深 2.4、柄长 10.8、通长 16.5 厘米

重 0.047 千克

2007年,西安市临潼区新丰街道长条村取土场 M11 出土 (M11:70)

壁较薄,勺柄连接处开裂,口沿微残。勺体呈浅钵形,一侧伸出 U 形槽柄,柄末端呈尖角形,槽口上焊接一铺首衔环,以便于悬挂。

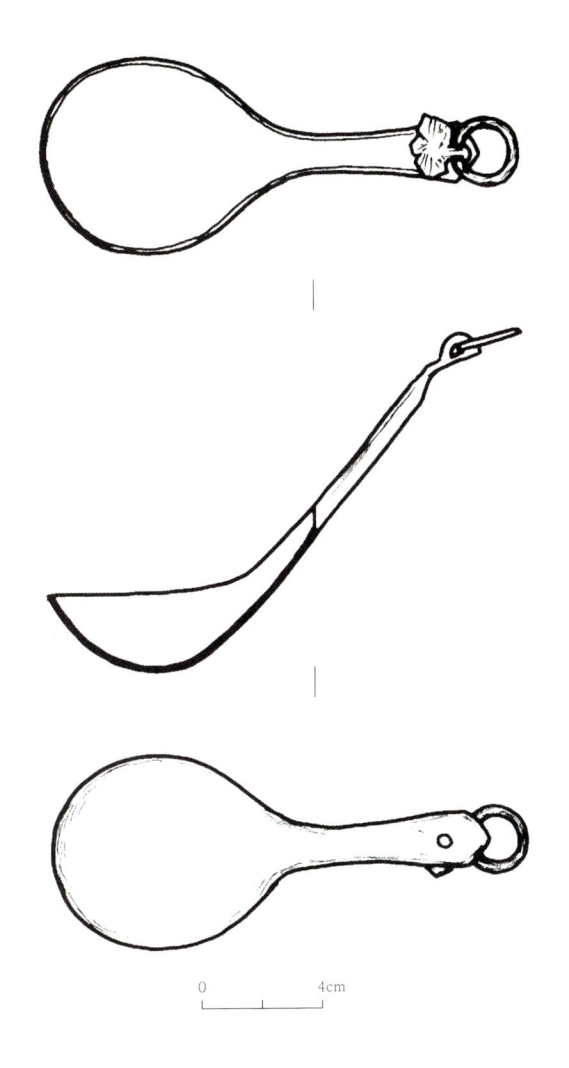

勺，《说文解字·勹部》："勹，布交切。裹也。象人曲形，有所包裹"，《说文解字·勺部》："勺，挹取也。象形。中有实，与包同意"，为挹酌之器，有柄。《仪礼·士冠礼》郑玄注："勺，尊斗也，所以斟酒也。"湖南马王堆一号汉墓出土漆勺2件，同墓遣册中称之为"桼（漆）画勺"[1]。陕西咸阳茂陵一号冢一号陪葬坑所出土的铜勺则自名为斗[2]，说明汉代勺、斗二者意义相同，可相互训释。

关中地区汉墓中常见铜勺或陶勺，西汉时在中小型墓葬中并不普遍，如《长安汉墓》收录的139座西汉中期至新莽时期中小型墓葬，就没有陶勺出土[3]。至东汉中期以后，墓室中以案、盘、碗、樽、耳杯、魁等祭奠器流行起来以后，陶勺作为其组合器物之一，才常常随葬于墓葬中，有的置于盘中，有的置于魁中，大多则置于樽中，说明勺是自樽中酌酒之器，和樽配套使用。有些陶勺内壁常涂上朱漆，是仿现实生活中的漆勺。勺有短柄和长柄二种，短柄铜勺勺斗略大，柄末端有銎，原应安装有木质柄，长柄铜勺勺斗稍小，柄末端大多有挂环。陶勺一般体小，柄上翘，末端下勾，没有挂环。

[1] 湖南省博物馆、中国科学院考古研究所：《长沙马王堆一号汉墓》，文物出版社，1973年，第145页。
[2] 咸阳地区文管会、茂陵博物馆：《陕西茂陵一号无名冢一号从葬坑的发掘》，《文物》1982年第9期。
[3] 西安市文物保护考古所：《长安汉墓》，陕西人民出版社，2004年。

铜锅

西汉中期

口径 20.5、沿宽 0.7、腹径 21.2、底径 11.6、高 12.8 厘米

重 1.173 千克

2007 年,西安市临潼区新丰街道长条村取土场 M11 出土(M11:59)

直口微敛,平折沿,方唇,中腹微外鼓,下腹弧收,小平底。上腹饰四周凸弦纹,两侧有对称铺首衔环。

0   4cm

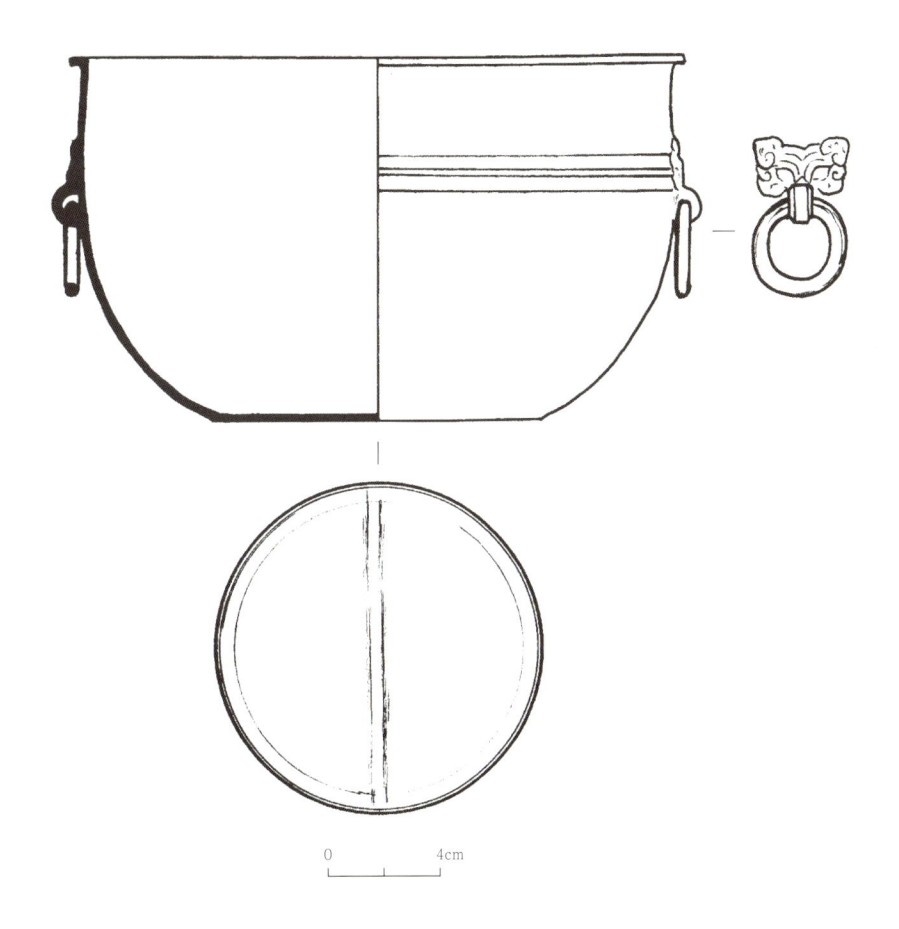

  鋗，《说文解字·金部》："鋗，小盆也"，"鑑，大盆也。一曰监诸，可以取明于水月"。从其所属金部来看，二者均为金属制盛器，鑑为大盆，鋗为小盆。

  鋗与盆都是小型容器，二者难以区分，常为异名同器。满城汉墓出土4件铜鋗（盆）形制完全相同，其中M2出土的2件自名为鋗，一件口沿下刻铭为"中山内府，铜鋗一，容三斗，重七斤五两，第卅五，卅四年四月，郎中定市河东，贾八百卅"，另一件口沿下刻铭为"中山内府，铜鋗一，容三斗，重七斤十三两，第五十九，卅四年四月，郎中定市河东"。M1出土的两件自名为盆，一件口沿下刻铭为"中山内府铜盆，容三斗，重七斤四两，第二，卅四年，中郎柳买雒阳"，另一件口沿下刻铭为"中山内府铜盆，容二斗，重六斤六两，第六，卅四年，中郎柳买雒阳"[1]，形制与长条村铜鋗相同。有的铜鋗下承三足，如西安市灞桥区栗家村汉墓M21出土的铜鋗，颈部稍内束，腹下承三人形足，颈部有铭文"襄城家铜鋗容三斗重九斤"[2]。

  也有器形和容量大一些的鋗常作为盛水器，用于浴沐，如江苏徐州狮子山西汉楚王墓的银鋗，直径45.7厘米，口沿下刻铭"宦眷尚浴沐鋗，容一石一斗八升，重廿一斤十两十朱，第一，御"[3]。1961年西安市未央区三桥镇高窑村出土的铜鋗，形制与盆相同，腹侧无衔环，口径50厘米，腹外侧刻铭"上林昭台厨铜鋗，容一石，重廿斤，宫"，口沿上刻铭"第十（七）百廿六"[4]，应当也是作为浴沐之用。

1 中国社会科学院考古研究所、河北省文物管理处：《满城汉墓发掘报告（上）》，文物出版社，1980年，第57、250页。
2 朱连华、郭昕：《西安灞桥区栗家村汉墓》，《2019年中国重要考古发现》，文物出版社，2020年，第118页。
3 狮子山楚王陵考古发掘队：《徐州狮子山西汉楚王陵发掘简报》，《文物》1998年第8期。
4 西安市文物保护考古所：《西安文物精华·青铜器》，世界图书出版西安公司，2005年，第108页。

铜甗（釜、甑、盆）

西汉中期

铜釜：口径 6.8、腹径 16.8、高 11.8 厘米；

铜甑：口径 15.3、沿宽 1、底径 7.6、足高 1.2、高 10 厘米；

铜盆：口径 15、沿宽 1、底径 8.4、高 9 厘米

铜釜：重 0.842 千克；铜甑：重 0.599 千克；铜盆：重 0.488 千克

2007年，西安市临潼区新丰街道长条村取土场 M13 出土（M13:39～41）

釜、甑、盆合为一套甗。铜釜小直口，鼓腹，圜底；肩两侧有对称衔环，中腹出檐。铜甑直口，平折沿，深腹弧收，平底，下有圈足；口沿下一周凸棱，两侧有对称衔环，底部十字镂空分为四区，每区有平行三棱状箅格，相邻区域的箅格呈"人"字形。铜盆敞口，平折沿，深腹弧收，平底，矮圈足；口沿下有对称衔环。甑圈足套接于釜口沿外侧，盆、甑口径及折沿相若，扣合严实。

盆

甑

釜

0　　4cm

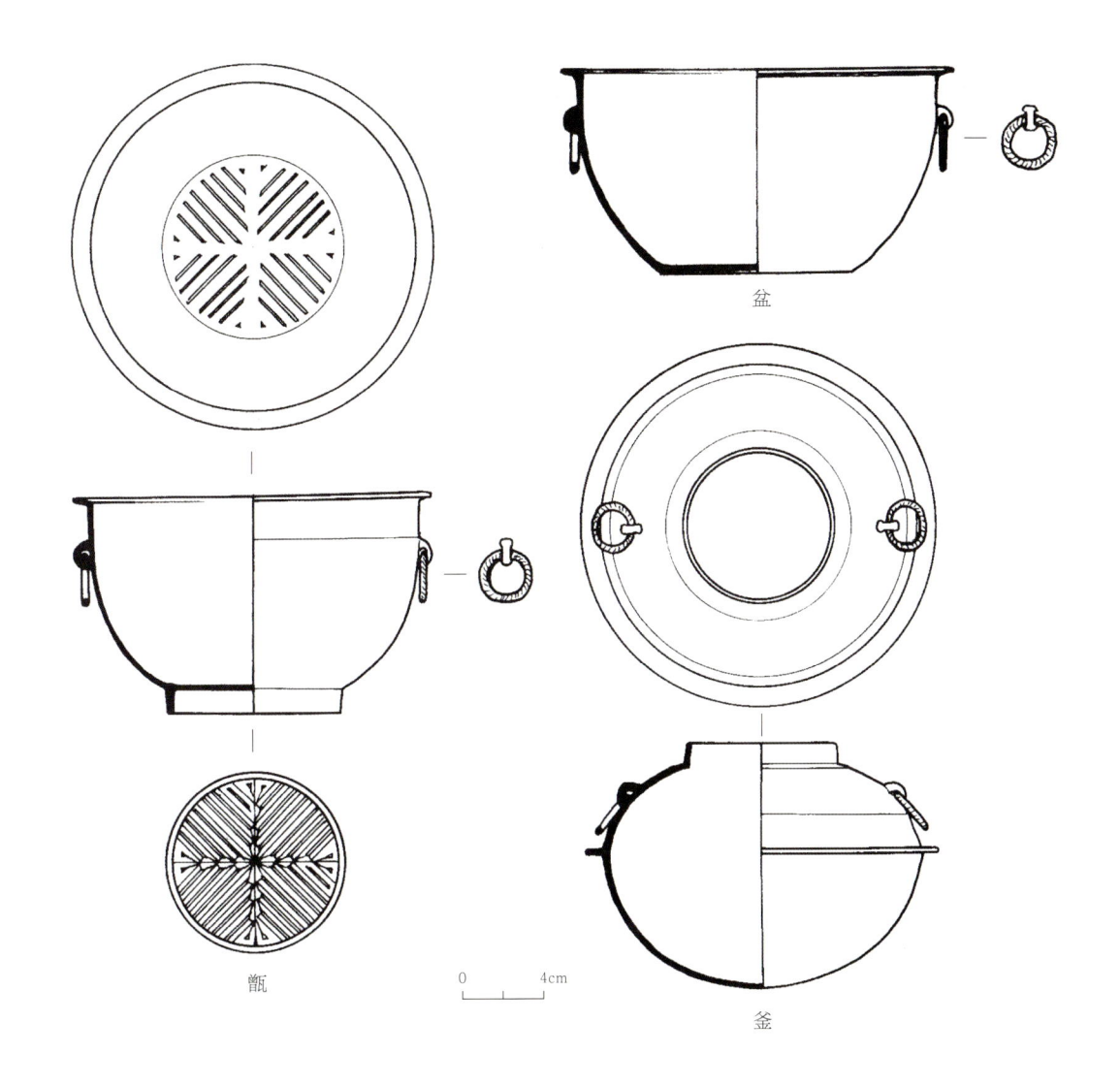

　　甗是古代炊器，《说文解字·瓦部》："甗，甑也。"商周青铜甗为鬲甑二器合而为一，用于炊蒸，鬲中盛水，甑上置食物，下举火，以水蒸气蒸熟食物，其形制有鬲甑连体甗和鬲甑分体甗两种。战国中晚期，鬲的袋足逐渐萎缩，开始向釜转化，河南陕县后川2040号战国墓[1]出土的青铜甗可以清楚体现出这种演进过程。

　　甑也常被称作甗，《方言》云"甑，自关而东谓之甗"。湖北云梦大坟头一号墓遣册所载"金鬲、甗"，即指一套铜釜、甑[2]，陕西咸阳茂陵一号无名冢一号陪葬坑所出铜甑，亦自铭"阳信家麐甗"[3]。

　　釜甑配套的铜甗下常有铁质三足支架，或称之为炷。西安南郊潘家庄战国末至秦代墓葬M181出土的釜甑甗就置于铁质三足架上，三足架较高，其上为圆环形，圆环一周向内伸出三个支托，以承铜釜，圆环下接三个外撇状足，支架下可置柴火用以加热[4]。炉、灶流行以后，甗也常与之相配使用，如传20世纪70年代陕西榆林出土的东汉晚期的铜釜甑甗，其下即配套有四足动物形铜灶，甑上覆盖有铜盆，另有配套长柄铜勺一件、铜瓢一件[5]。与灶配套的铜釜中部往往出檐，以便更稳地卡在灶面或炉面上。

　　长条村M13出土铜甗与1977年西安市北郊小白杨第二机砖厂出土的"赵氏甗"[6]形制基本相同，赵氏甗釜甑盆口沿上均有铭文，分别为"赵氏十一斤""赵氏八斤""赵氏八斤十二两"。

1 郭宝钧：《商周铜器群综合研究》，文物出版社，1981年，第110页。
2 湖北省博物馆：《云梦大坟头一号汉墓》，《文物资料丛刊》第4集，文物出版社，1981年，第12页。
3 咸阳地区文管会、茂陵博物馆：《陕西茂陵一号无名冢一号丛葬坑的发掘》，《文物》1982年第9期。
4 西安市文物保护考古所：《西安南郊秦墓》，陕西人民出版社，2004年，第588页。
5 西安市文物保护考古所：《西安文物精华·青铜器》，世界图书出版西安公司，2005年，第33页。
6 西安市文物保护考古所：《西安文物精华·青铜器》，世界图书出版西安公司，2005年，第29页。

秦风汉韵 盛世长安 西安新出土文物精品展

铜釜

西汉中期

口径 9.5、腹径 19.5、底径 7、高 18 厘米

重 0.625 千克

2007 年，西安市临潼区新丰街道长条村取土场 M11 出土（M11:67）

微残。小直口，斜折肩，深鼓腹，上下腹衔接处向外斜伸出一周窄檐，下腹呈深腹盆形，腹壁弧收，小平底。颈、肩交接处有明显棱台，肩部附对称铺首衔环。

0　　4cm

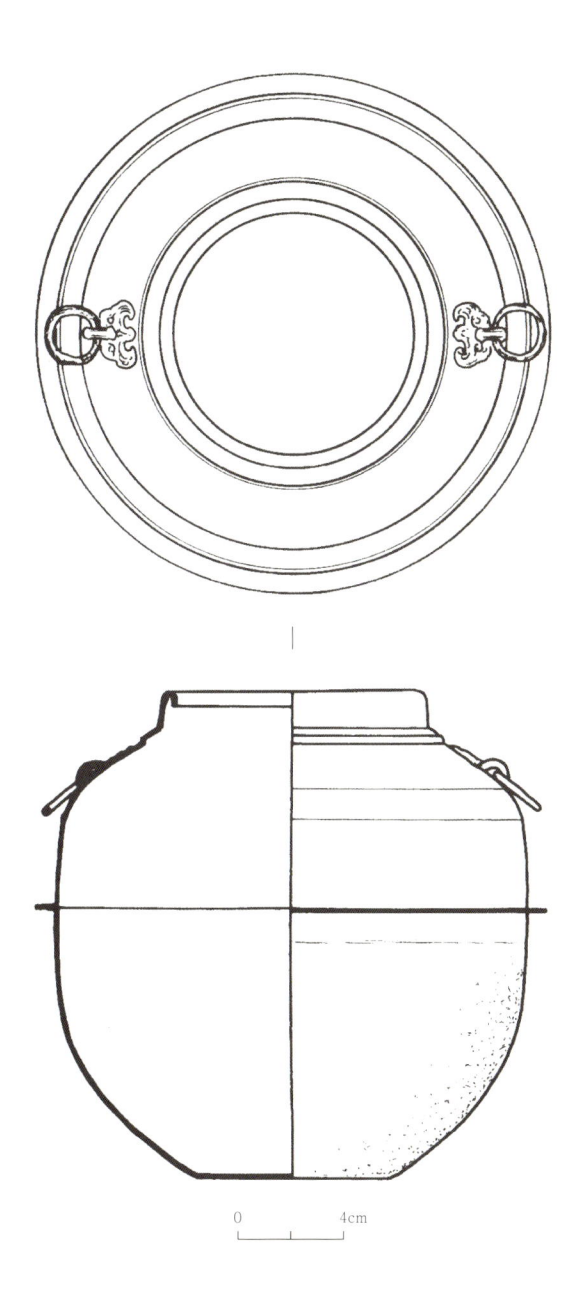

秦汉之际，陶灶盛行以后，上甑下釜的分体甗大量出现。为了提高炊蒸效率，甑上往往以盆覆盖，以防水蒸气大量外散。西汉时，釜、甑、盆组合形成一套炊蒸器已基本成为定制，常见于墓葬中。贵族墓葬多用铜质，一般平民多用陶质。在这一炊蒸器组合中，釜一般称为甗，甑称为甗甑，盆称为甗盆，这一称谓可明确见于河北满城汉墓 M1 出土的釜甑盆分体铜甗，其中铜釜肩部刻铭为"御铜金雍甗一，容十斗，盆备，卅七年十月，赵献"，铜甑口沿下刻铭为"御铜金雍甗甑一具，盆备，卅七年十月，赵献"，铜盆口沿下刻铭和墨书铭各一，内容相同，刻铭为"御铜金雍甗盆，容十斗，卅七年十月，赵献"[1]。

长条村这件铜釜自中腹处分为上下两半，下半部分似铜盆，上半部分似覆钵，两部分用铆钉铆合，孙机先生认为这样做"必要时可以拆开，从而解决了以前由于釜口较小，不便清除腹内水垢的困难"[2]。此类铜釜一般为小直口，而且口沿外径自上而下略微增大一点，这样的口沿外侧套接甑的圈足时，既不会因为套接太紧不方便甑的提取，也不会因为套接太松导致水蒸气外散。

[1] 中国社会科学院考古研究所、河北省文物管理处：《满城汉墓发掘报告（上）》，文物出版社，1980 年，第 52 页。
[2] 孙机：《汉代物质文化资料图说》，上海古籍出版社，2011 年，第 384 页。

铜朱雀玄武座博山熏炉

西汉中期

盖径 9.2、盖高 7.2、口径 7.9、腹径 9.8、柄长 7.9、座长 8.2、座宽 7.3、通高 23 厘米

重 1.12 千克

2007 年，西安市临潼区新丰街道长条村取土场 M11 出土（M11:47）

熏炉有盖，盖为博山形，其上镂空浮雕出层叠山峦，炉盘似豆盘，子口内敛，深腹外鼓，中腹一周宽凸带，凸带中部有一周凸棱，平底，下为一小圆饼形短柱，柱下接朱雀形炉柄，朱雀展翅翘尾，双足分立，站立于玄武形底座的龟背上，玄武呈伏卧状，仰首向上，四肢外露，短尾。

熏炉，又称燻炉，古代用以熏香或取暖的炉子。《说文解字·中部》："熏，火烟上出也。"《急就篇》颜师古注："薰者，烧取其烟以为香也。"熏香的材料为薰草，是一种草本植物，有特殊的气味。古代作为熏香用的主要是蕙，即茅香，也有将高良姜、辛夷等和茅香混合在一起熏烧。马王堆一号汉墓竹笥木牌上书有"蒽（蕙）笥"，而且陶熏炉中盛有茅香高良姜、辛夷和藁本等香草[1]。

汉代随着用香之风的盛行，熏炉十分流行，形制多样，制作精良，进入了熏炉的大发展时期[2]。目前所见熏炉主要为铜质和陶质，形制有豆形熏炉、鼎形熏炉、簋形熏炉、斗形熏炉、凤鸟形熏炉、鸭形熏炉、竹节鼎形熏炉。有的为了携带方便，会加铸横向执柄。如满城汉墓M1出土熏炉5件，其中一件为豆形博山熏炉，通体错金，炉盘和炉盖上皆铸造出高低起伏，挺拔峻峭的山峦，炉盖因山势镂孔，山峦间神兽出没、虎豹奔走、猎人狩猎、野兽逃窜，加之山间林木点缀，栩栩如生，让人恍若置身山林场景之中，生意盎然；另有一件鼎形熏炉，盖面镂孔，足下承盘；还有一件带柄执炉，其下有三足，炉盖隆起，作菱形网格纹镂孔，外设筒形提笼，提笼周壁亦为菱形网格纹镂孔，上有提梁，可谓件件珍品[3]。大多数中小型墓葬出土熏炉都是造型简单的豆形熏炉，早期的盖面镂孔为三角几何纹，无底盘，中期以后多流行下有底盘的博山盖豆形熏炉。

造型简单的直接将薰草置于炉腹中，利用炉盖上出烟孔进气燃熏，复杂的则在炉腹下部镂有进气孔，以便香草充分燃熏，这种熏炉下往往有承盘，用以盛放薰草燃烧后掉落的灰烬。

该器与1964年西安市莲湖区南小巷出土的汉代"博山熏炉"[4]形制相近。

1 湖南省博物馆、中国科学院考古研究所：《长沙马王堆一号汉墓》，文物出版社，1973年，第114、117、125页。
2 向祎：《先秦至秦汉时期焚香之风与香具——兼谈五凤熏炉的命名》，《中原文物》2013年第6期。
3 中国社会科学院考古研究所、河北省文物管理处：《满城汉墓发掘报告（上）》，文物出版社，1980年，第63-66页。
4 西安市文物保护考古所：《西安文物精华·青铜器》，世界图书出版西安公司，2005年，第179页。

铜灯

西汉中期

盘径 13.3、座径 12、通高 22 厘米

重 1.504 千克

2007 年，西安市临潼区新丰街道长条村取土场 M11 出土（M11:1）

灯盘直口，浅腹，平底，内无火主，灯盘下为细直短灯柱，中部偏上外凸呈葫芦形，外凸处上方饰一周宽凸带，中部偏下处内束，下为矮覆盘形底座。

灯，古代照明用具，是从食器中的豆演化而来，大约出现于春秋时期，《尔雅·释器》："瓦豆谓之登"。铜灯常自名为"镫"或"锭"，《说文解字·金部》："锭，镫也"，"镫，锭也"，说明二者可互训，《广韵·径韵》则对镫和锭有具体区分："豆有足曰锭，无足曰镫"。河北满城汉墓 M1 出土的铜灯均自名为锭[1]。

西汉灯的形制多种多样，最为常见的是豆形灯，其上有盘，灯盘一般很浅，中有柱柄，下有底座。灯柱较高的豆形灯又名"立灯"，如高庄汉墓出土的豆形灯刻铭为"宦者铜金大立烛豆一，容四升，重九斤"[2]；灯柱较矮的豆形灯也称为"短灯"，如江苏邗江甘泉东汉墓 M1 出土的雁足灯刻铭为"山阳邸铜雁足短镫建武廿八年造比廿"[3]。

除豆形灯以外，还有各种各样的灯。仅满城汉墓来说，M1 出土的 15 件铜灯就有八种样子，包括豆形灯、羊尊灯、缸灯、当户灯、扭灯、卮灯、槃灯等，M2 则出土有著名的"长信宫灯"，还有豆形灯、盘灯、朱雀灯等[4]，真可谓形式多样，构思巧妙，令人叹为观止，汉代灯的多样性据满城汉墓即可窥一斑。

关中地区西汉中小型墓葬出土的灯大多为陶质灯，形制主要为豆形灯，有泥质灰陶和泥质红陶，有的表面或施黄色和绿色釉，灯柱有的为空心，有的为实心，下为喇叭形底座或覆盘形底座，略微讲究一点的灯底座模印出山峦、云气、野兽等图案。此外，还有更为简单的灯，由半块条砖加工而成，在砖的一面錾出一浅凹槽即可，此类灯主要流行于东汉中晚期，出土时大多置于墓内穹隆顶四角斜置的砖台上，可能为墓内长明灯。

[1] 中国社会科学院考古研究所、河北省文物管理处：《满城汉墓发掘报告（上）》，文物出版社，1980 年，第 66-76 页。
[2] 河北省文物研究所、鹿泉市文物保管所：《高庄汉墓》，科学出版社，2006 年，第 40 页。
[3] 南京博物院：《江苏邗江甘泉东汉墓清理简况》，《文物资料丛刊》第 4 集，1981 年，第 118 页。
[4] 中国社会科学院考古研究所、河北省文物管理处：《满城汉墓发掘报告（上）》，文物出版社，1980 年，第 66-76、255-262 页。

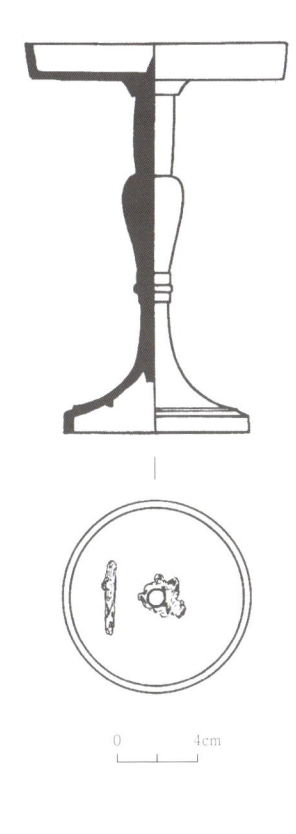

铜灯

西汉中期

盘径 13、盘深 1.8、柄径 3.1、座径 9.2、座高 1.2、通高 19 厘米

重 0.996 千克

2007 年，西安市临潼区新丰街道长条村取土场 M13 出土（M13:73）

灯盘直口，浅腹，平底，盘中部有锥形火主，灯盘下为细直短灯柱，中部偏上外凸呈葫芦形，中部偏下处内束，束腰处有一周凸面宽带，宽带中部有一周箍棱，下为矮覆盘形底座。

此灯盘底部正中尖锥形凸起名为火主，《说文解字·、部》："主，镫中火主也。"火主又称烛钎，其上插麻蒸，将麻蒸插在烛钎上即成为灯炷，灯炷一般直立于烛钎上，下端浸泡在油脂里，吸附油脂传送至上端炷头以供燃烧。云南昭通桂家院子东汉墓出土的铜行灯盘内，尚存有一段灯炷，乃以八九根细竹条为芯，然后在其上缠绕一层约 3 毫米厚的细纤维物制成[1]。广西合浦风门岭 23 号西汉墓出土的铜灯灯炷为三股绞缠而成，下端开衩浸泡在灯盘油脂中，盘内尚有残存的油料[2]。汉代除了用油脂燃灯外，也可以用蜡燃灯，将蜡融化后作为油膏和火炷配合使用。

目前西安地区墓葬出土战国至汉代灯的材质有铜、铁、陶三种，形制以豆形灯、带执柄和三足的行灯为主，也见有少量动物形灯、拈灯、雁足灯、辘轳灯。西安北郊尤家庄战国晚期墓 M20 出土的两件铜灯一高一矮，灯盘内均有支钉形火主，其中较高的一件灯柱上部刻铭为"龙阳庶子"[3]。

[1] 云南省文物工作队：《云南昭通桂家院子东汉墓发掘》，《考古》1962 年第 8 期。
[2] 广西壮族自治区文物工作队、合浦县博物馆：《合浦风门岭汉墓——2003-2005 年发掘报告》，科学出版社，2006 年，第 25、29 页。
[3] 西安市文物保护考古所：《西安北郊尤家庄二十号战国墓发掘简报》，《文物》2004 年第 1 期。

铜卮豆组合灯

西汉中期

直径 6.9、高 15.6 厘米

重 1.305 千克

2007 年，西安市临潼区新丰街道长条村取土场 M13 出土（M13:68）

    此器造型复杂，整体呈圆杯形。杯口上有盖，盖和杯体以销子连接；盖上为灯盘，灯盘呈浅盘形，底座呈圆片形，盘与底座的一侧以直柄连接，柄横截面呈月牙形，杯体一侧有一多半圆形凹槽，灯盘柄按一定角度可旋转卡进杯体凹槽内，在杯槽旋转至一定角度可和杯体合为一体，上部卡在杯盖上，下部旋进杯体底部槽内。杯体底部呈三层，上下层中间有一圆形铜片和一铆钉，铜片中部有一长条形孔，铆钉卡在孔内，铜片可利用长条形孔任意拉出推进，拉出时不会脱离杯体，也能保持铜灯左右平衡。灯盘之上有一浅盘形盖，盖一侧连接于杯体上，另一侧与灯盘扣合后以锁扣卡锁严实。总体来看，这件铜灯是集卮灯、豆形灯为一体的一件铜灯。

0 2cm

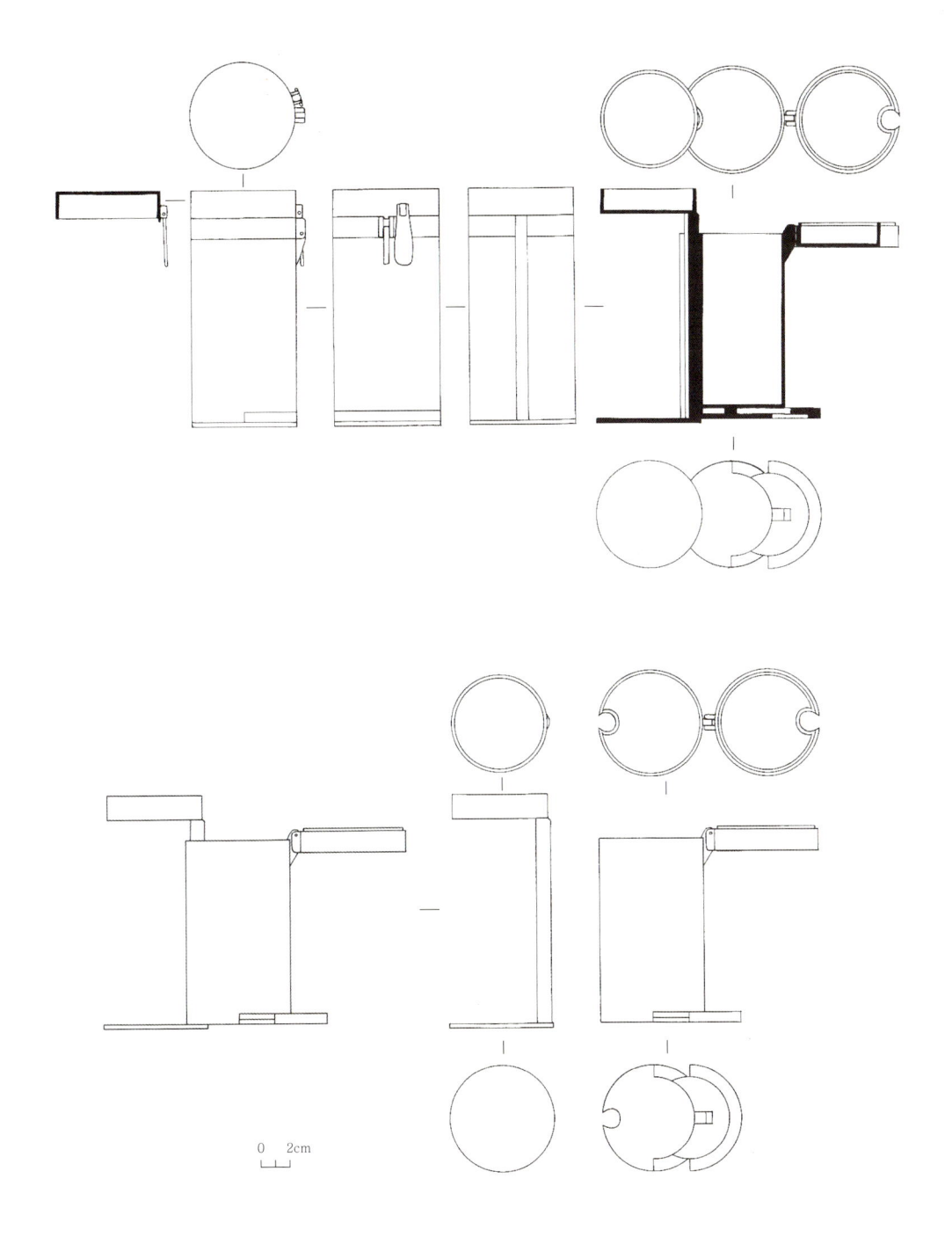

此灯与 1990 年汉武帝茂陵丛葬坑出土的铜灯[1]相近，二者的区别在于铜灯盘上面的盖，长条村的灯盘盖无执柄，茂陵丛葬坑的灯盘盖不但有执柄，而且顶面有三矮柱足，取下来倒置即可作为一件独立的行灯使用。因此茂陵丛葬坑的铜灯拆分开以后实际上可同时作为 3 件灯使用，分别是卮灯、豆形灯、行灯，学者研究认为此灯为皇家乘舆使用，也适用于经常外出或行旅使用。这件铜灯印证了长条村此件器物作为铜灯的性质和功能。

著录：赵凤燕、李书镇、郭永淇：《一件汉代铜灯的初步研究》，《中国考古学会第十三次年会论文集·2010》，文物出版社，2011 年，第 277–282 页。

1 张文玲：《咸阳出土秦汉铜灯》，《收藏》2010 年第 10 期。

铜卮豆组合灯

西汉中期

直径 6.8、高 16 厘米

重 1.276 千克

2007 年，西安市临潼区新丰街道长条村取土场 M11 出土（M11:66）

整体造型与长条村 M13:68 完全相同，出土时杯筒内有油渍残留。

0 2cm

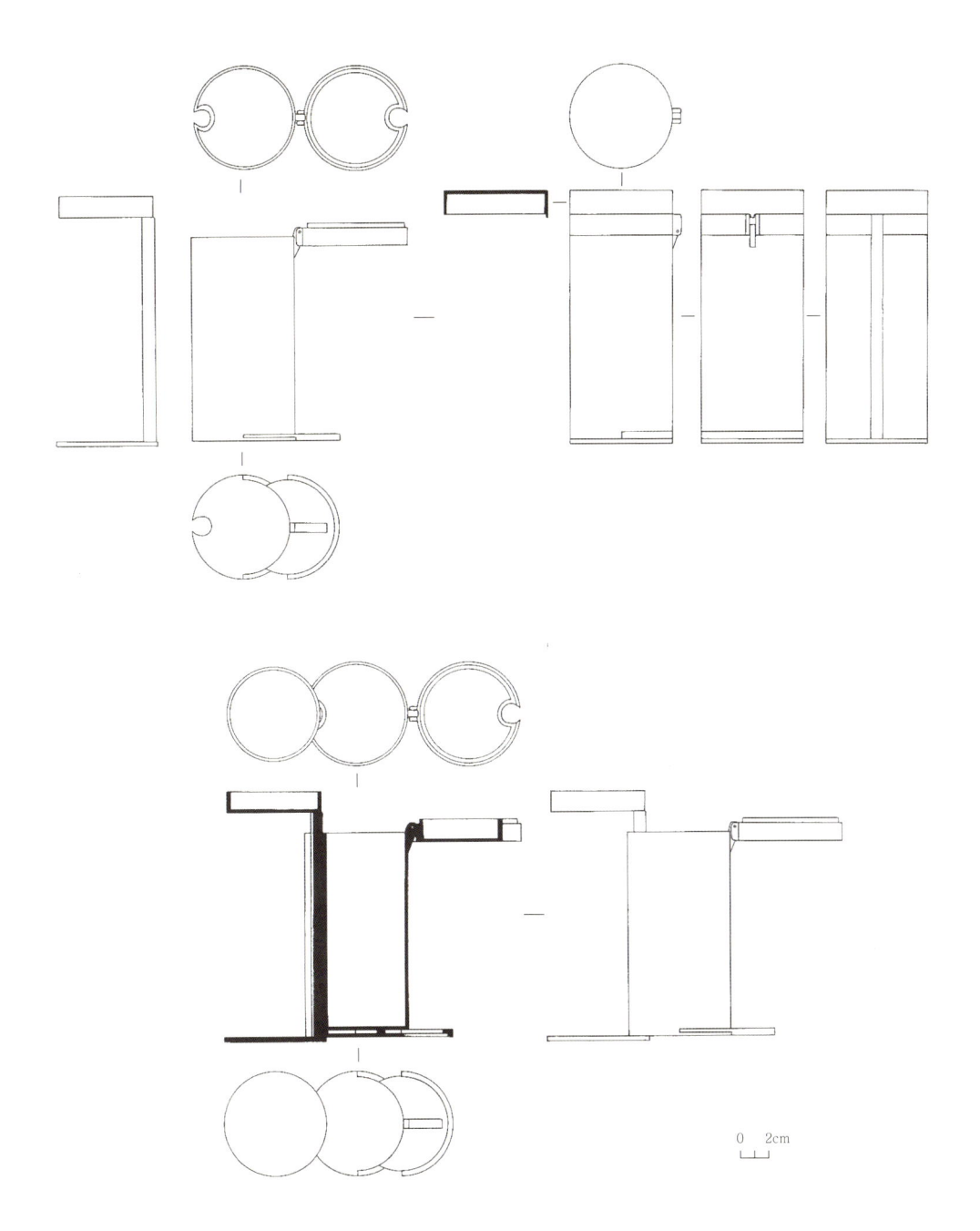

此灯造型复杂，各部分承担不同的功能。其中杯体用于存储油脂，豆形灯盘、杯盖，甚至灯盘盖皆可作为灯盘使用。与此灯结构相同的铜灯，除了汉武帝茂陵丛葬坑出土的1件外，其他各地也有出土。如满城汉墓M1出土的卮灯[1]，其覆盘形盖也为1件带有执柄和短足的行灯；徐州博物馆也有1件此类铜灯[2]，只是最上面的灯盘盖缺失。

汉代的铜灯造型甚为多样，构思巧妙，表明汉代金属器的制作工艺有了显著提高，而且对诸多科学原理有了很好的掌握和利用。铆接技术的推广使得各种复杂灯具的制造成为可能，对科学原理的利用，使得各种器用设计更加先进。汉代装烟管的灯就是当时的创新灯型，这种灯通过烟管能将烟气导入灯腹内存储的水中，从而解决了室内燃灯造成的烟熏污染和危害，可保持室内清洁。

各种造型奇特的带烟管釭灯将科学技术和审美艺术完美地结合起来，标志着青铜灯具在汉代进入到鼎盛时期。长条村的这类卮豆组合灯，造型独特，既方便行旅携带，组合之间也可拆卸，独立使用，可谓一物多用，是汉代科技制造进步的杰出代表。

著录：赵凤燕、李书镇、郭永淇：《一件汉代铜灯的初步研究》，《中国考古学会第十三次年会论文集·2010》，文物出版社，2011年，第277–282页。

1 中国社会科学院考古研究所、河北省文物管理处：《满城汉墓发掘报告（上）》，文物出版社，1980年，第71–74页。
2 李银德：《古彭遗珍——徐州博物馆馆藏文物精选》，国家图书馆出版社，2011年，第242页。

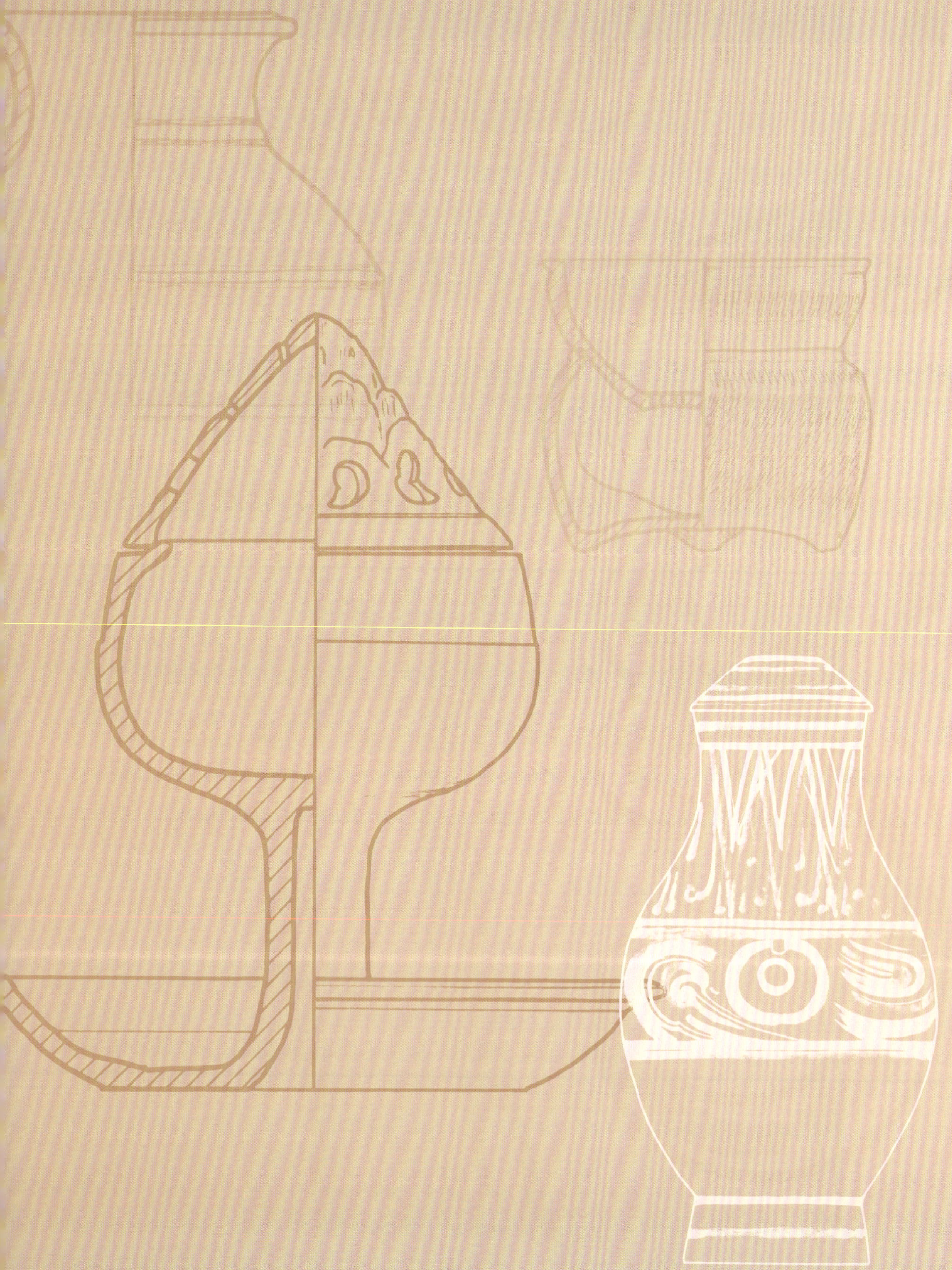

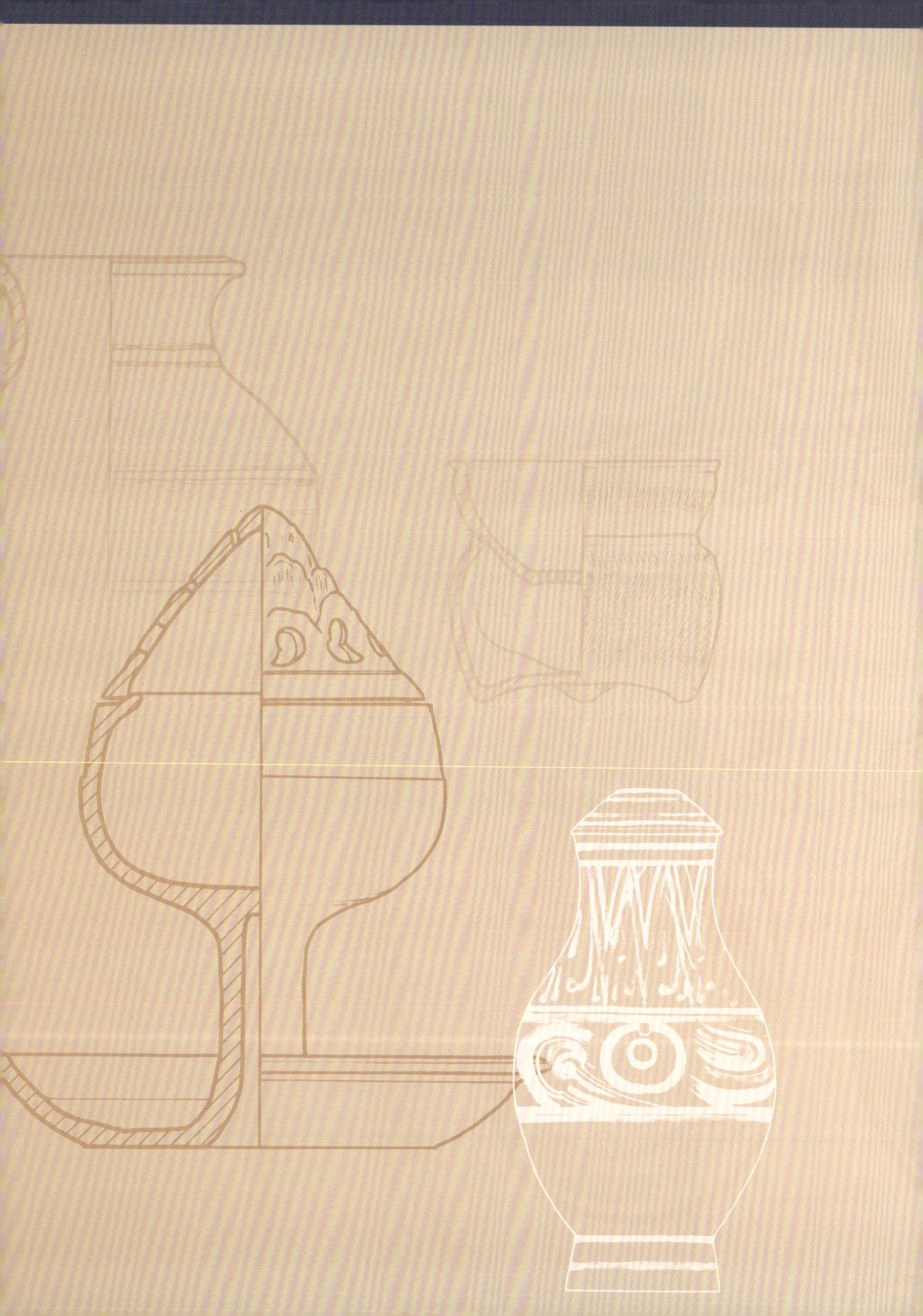

第二单元

烧陶制瓷

  陶器是用陶土加水和其他掺和料，经成型、晾干和烧制等工序制成的器物。一般认为，制作和使用磨制石器、烧造陶器、营定居的原始种植农业以及饲养家畜为人类进入新石器时代的重要标志，可见陶器对人类文化发展史具有举足轻重的意义。

  无论是陶器还是釉陶器，由于具有数量大、易损坏、变化快等特点，是考古学最基础的研究对象，通过对其制法、形制、纹饰、微痕分析、残留物分析等研究手段，可以透物见人，研究古代人类社会的方方面面，如饮食、居住、技术、审美、宗教等问题。

  早在19世纪后期，美国民族学家、原始社会史学家摩尔根就提出了蒙昧、野蛮、文明三个前后相继的人类文化发展阶段，并认为野蛮时代始于陶器的制造。

  距今20000年左右，陶器最早在东亚出现，在我国的河北徐水南庄头[1]、江西万年仙人洞和吊桶环[2]、广西桂林甑皮岩[3]、山东临淄赵家徐姚[4]等地均发现有早期陶器。夏商周时期，陶器仍是主要的日常生活用具，并且出现了一部分用瓷土制作的硬陶，有些器表施釉，即所谓的"原始瓷器"。

  到了两汉时期，还流行釉陶器。所谓釉陶，即以陶土为原料，经过成型后，在器表涂施一层含铅釉，经过700—800℃的温度烧成，因不同温度及呈色金属的加入，使得器物表面形成以黄、绿二色为主的陶器。西汉时期的釉陶器，目前最早发现在西汉早期西安范南村M170[5]中。到了西汉中期以后，墓葬中大量出现釉陶器，如在《长安汉墓》报告中，西汉中期墓葬出土81件，占总数的13%；西汉晚期墓葬出土394件，占62%，新莽时期158件，占25%[6]。东汉时期釉陶器亦盛行不衰，魏晋以后，可能由于青瓷制作技术成熟、普及，釉陶逐渐退出了历史舞台。

---

1 保定地区文物管理所等：《河北徐水县南庄头遗址试掘简报》，《考古》1992年第11期。
2 北京大学考古文博学院等：《仙人洞与吊桶环》，文物出版社，2014年。
3 广西壮族自治区文物工作队：《广西桂林甑皮岩洞穴遗址的试掘》，《考古》1976年第3期。
4 赵益超等：《从临淄赵家徐姚遗址看旧石器过渡阶段》，《中国社会科学报》2023年5月18日第4版。
5 西安市文物保护考古所：《西安龙首原汉墓》，西北大学出版社，1999年，第166-173页。
6 西安市文物保护考古所、郑州大学考古专业：《长安汉墓（上）》，陕西人民出版社，2004年，第781页。

陶鼎

战国晚期—秦代

盖径17.1、盖高5.1、口径15.6、沿宽1.2、腹径17.6、腹深5.3、足高4.0、通高15.9厘米

重1.387千克

2012年，西安市雁塔区上塔坡村北清凉山森林公园M144出土（M144:2）

泥质灰陶，器盖、器腹轮制，双耳、三足、乳突模制，而后黏接。器盖浅覆钵形，敞口，方唇，浅折腹，圜底，顶面等距离黏附三个锥状乳突。器身子口内敛，圆唇，深折腹，腹壁向下稍外鼓，圜底，口沿外黏附对称双銴耳，底边缘黏附三蹄形足，足跟外鼓，内侧较平直。器盖顶面有数周暗弦纹和一周锯齿纹，器身腹部有一周台棱，器盖顶面饰暗弦纹。

陶鼎是秦汉时期关中地区常见的随葬器物，与盒、壶一同构成了最基本的仿铜陶礼器组合。关中地区战国的陶鼎器壁折收，棱角分明，纹饰以暗弦纹为主，汉代陶鼎的基本特征为覆钵形盖，子母口，对应双附耳稍外撇，蹄足。随着时间推移，陶鼎形制有以下发展演变规律：折腹逐渐消失，腹壁向圆弧、整体纵剖面逐渐呈椭圆形或扁椭圆形、蹄足出现"高—矮—高"、纹饰由暗弦纹向卷云纹、器物装饰体现出"素面—彩绘—单纯红彩—酱黄釉—墨绿釉"、胎质也由泥质灰陶向泥质红陶转变。

2012年9—12月，西安市文物保护考古研究院在西安市雁塔区上塔坡村配合清凉山森林公园项目共发掘汉唐时期古墓葬148座。其中M144为坐东朝西的竖穴墓道土洞墓，墓主葬式为屈肢葬。共出土器物9件，同出器物有陶盒、壶、缶、釜、瓿、钵、铜镞、铁削。根据墓葬和器物形制、器物组合判断该墓年代为战国晚期至秦代。

陶盒

战国晚期—秦代

捉手径 7.3、盖径 16.7、盖高 4.8、口径 13.6、沿宽 1.1、腹径 16.8、底径 7.2、腹深 7.2、通高 12.3 厘米

重 0.846 千克

2012 年，西安市雁塔区上塔坡村北清凉山森林公园 M147 出土（M147:6）

  夹细砂灰陶，轮制。器盖浅覆钵形，敞口，方唇，浅弧腹，顶有矮圈足形捉手。器身子口内敛，方唇，折腹较深，上腹腹壁竖直，下腹腹壁斜直收，矮假圈足，平底。器盖、腹部各有两周凸棱，器盖顶面饰数周暗弦纹。

  盒，古代食器，汉代文献中称之为"盛"。《说文解字》："盛，黍稷在器中以祀者也。"《左传·桓公六年》载："粢盛丰备。"杜预注："黍稷曰粢，在器曰盛。"鼎和盒都是祭祀用礼器，具体而言，祭祀中鼎用于盛肉食，与之相配的盛用于盛黍稷。用于盛黍稷的器物历代有所不同，西周时用簋，春秋时用敦，战国时用盒，这三种器物都可称为"盛"。盒于战国中期出现，流行于战国晚期至两汉时期。一般认为盒是由战国时期的三足敦演变而来。

  此件陶盒出土于清凉山森林公园 M147，该墓为坐东朝西的竖穴墓道土洞墓，共出土器物 7 件，同出器物有陶鼎、缶、罐、釜、瓿、钵。根据墓葬和器物形制、器物组合判断该墓年代为战国晚期至秦代。

陶盒

西汉早期

捉手径 8.3、盖径 15.8、盖高 4.2、口径 13.2、沿宽 1.2、腹径 16、腹深 7.9、底径 7.2、通高 12 厘米

重 1.078 千克

2003 年，西安市雁塔区潘家庄世家星城小区 M119 出土（M119：12）

盒身口沿微残。夹细砂灰陶，轮制。器盖浅覆钵形，敞口，方唇，浅弧腹，顶有矮圈足形捉手。器身子口内敛，圆唇，腹壁弧收，平底。器盖顶面残存红彩，下腹近底处有片状刀削痕，底部有轮制线切痕。

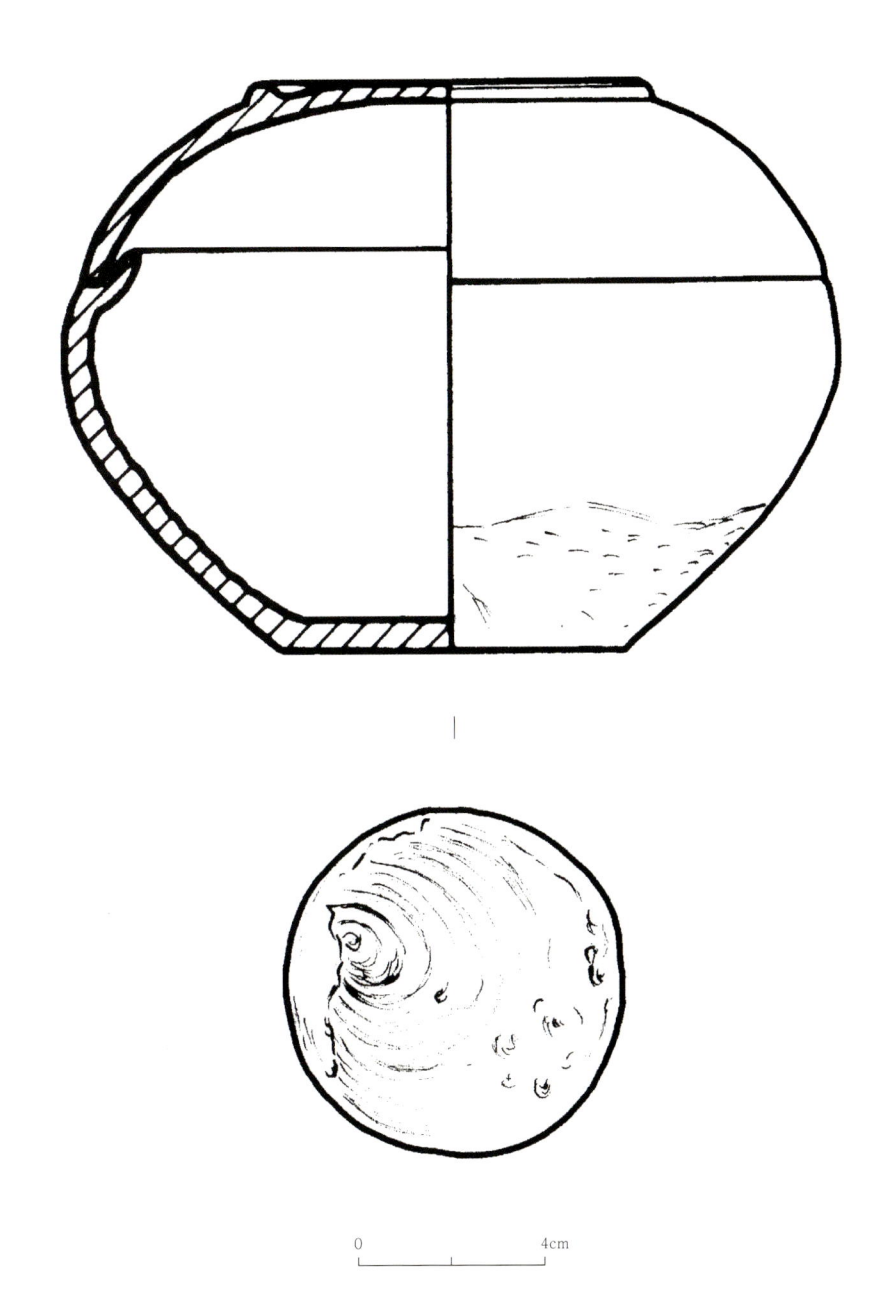

盒（盛）在汉代墓葬中屡有发现，虽然北方墓葬出土的陶盒中所盛之物已朽无存，但南方一些墓葬出土的遣册竹简记录了盒的功用。湖南长沙马王堆一号汉墓遣册有"右方食盛十四合检（笒）二合"及"䋲（漆）画盛六合、盛黄白粢稻食、麦食各二器"[1]；湖北云梦大坟头西汉墓遣册中有"䋲（漆）画盛二合"[2]。西汉早中期，鼎、盒、壶的仿铜陶礼器组合非常流行，一般小型墓葬也都有随葬。关中地区陶盒的基本特征为覆钵形盖，顶有矮圈足形捉手，器身子口内敛，盆形或碗形，平底或带有圈足。战国晚期至秦代的陶盒折腹明显，棱角分明，至西汉渐向圆弧发展，整个器身剖面基本呈椭圆形，装饰和胎质等发展趋势和陶鼎同步。

此件陶盒出土于世家星城小区M119，为坐东朝西的竖穴墓道土洞墓，共出陶器有鼎、蒜头壶、缶、罐、灶以及与灶配套的小盆、小甑等，墓葬时代为西汉早期。

著录：西安市文物保护考古所：《西安南郊秦墓》，陕西人民出版社，2004年。第477–478页；图二八，2；图版七四，3。

[1] 湖南省博物馆、中国科学院考古研究所：《长沙马王堆一号汉墓》，文物出版社，1973年，第141、146页。
[2] 湖北省博物馆、孝感地区文教局、云梦县文化馆汉墓发掘组：《湖北云梦西汉墓发掘简报》，《文物》1973年第9期。

陶罐形壶

战国晚期

口径 7.5、腹径 13.3、底径 6.4、高 16.2 厘米

重 0.626 千克

2002 年，西安市长安区茅坡村邮电学院新校区基槽 M22 出土（M22:3）

口沿微残。泥质灰陶，轮制。侈口，卷沿，方唇，粗颈较长、内束，溜肩，折腹，上腹腹壁较竖直，下腹腹壁斜直收，平底微内凹。颈部有一周宽凸棱，肩、腹交接处饰一周凹弦纹，下腹部有两周凸弦纹。

0　　　　4cm

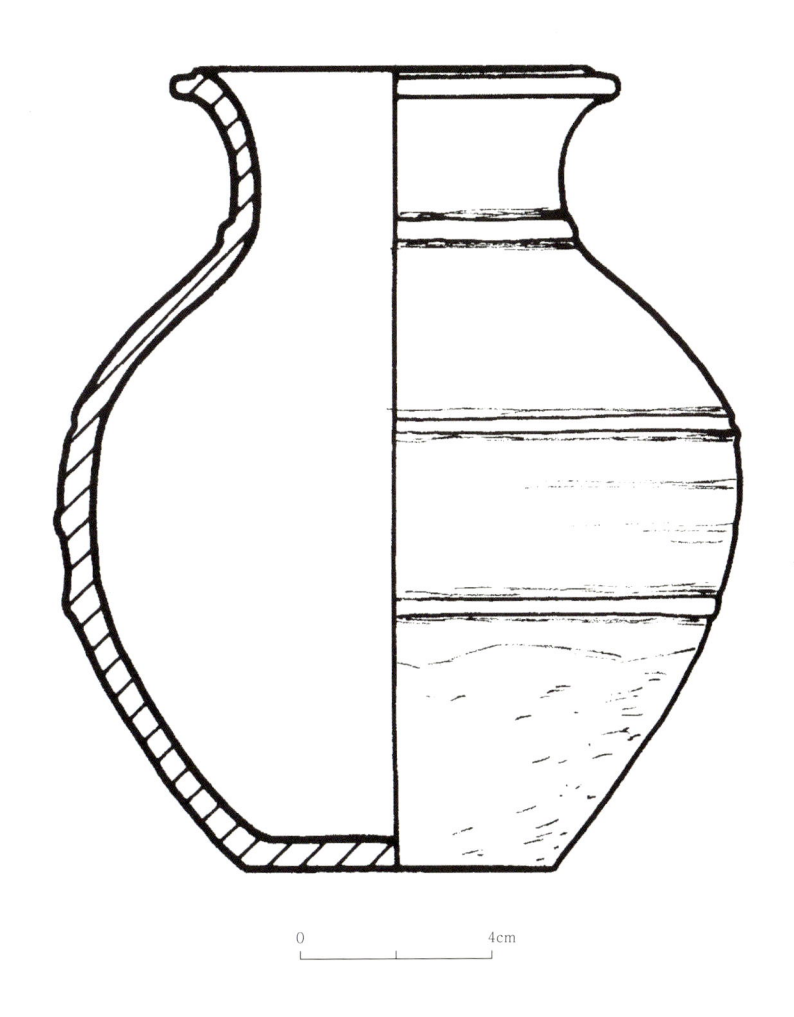

此类器物较为特殊，主要出现于关中地区秦墓中，因其形制较小且又似罐似壶，因此学者对其命名也较为多样，有小陶罐、小陶壶、壶形罐、罐形壶等。《西安南郊秦墓》[1]中此类器主要出土于茅坡村邮电学院战国晚期墓葬中，从墓葬器物组合来看，此类器一般和红陶釜、陶钵或陶盂等形成比较固定的组合，在此组合外，可以增加陶甑、陶缶等其他器类。从组合来看，此类器在器物组合中承担的是陶壶的作用，与陶壶很少共出，鉴于此，我们认为此类器可能称之为壶较好，再确切一点，可以称之为罐形壶。罐形壶应当从陶壶发展而来，二者的区别主要在于以下：陶壶体大，罐形壶体小；陶壶一般为假圈足，罐形壶均为平底。装饰方面二者则比较接近。罐形壶和蒜头壶基本不共存，蒜头壶进入秦墓丧葬器物组合以后，罐形壶就退出了历史舞台。因此，罐形壶应当是作为水器或盛器使用，是战国晚期秦墓特有的器类，其流行时段和地域都比较集中，与红陶釜、陶钵等组成一套日用生活明器组合。

2001—2002 年，西安市文物保护考古所在长安区（县）茅坡村邮电学院新校区发掘古墓葬 200 余座。此器出土于基槽 M22，该墓坐东朝西，为宽竖穴墓道（有生土二层台）土洞墓，共出陶器有红陶釜、陶钵、陶甑，墓主葬式为仰身屈肢葬，是一座典型的战国晚期秦墓。

著录：西安市文物保护考古所：《西安南郊秦墓》，陕西人民出版社，2004 年，第 400 页；非典型墓例出土陶器图（基槽M22）。

---

[1] 西安市文物保护考古所：《西安南郊秦墓》，陕西人民出版社，2004 年。

陶罐形壶

战国晚期—秦代

口径 9.6、腹径 14.4、底径 7.2、高 14.1 厘米

重 0.579 千克

2012 年，西安市雁塔区上塔坡村北清凉山森林公园 M146 出土（M146:6）

口沿微残。泥质灰陶。轮制。侈口、卷沿圆唇，束颈，溜肩，折腹，平底。口沿外及肩、腹交接处各有一周凹弦纹。

M146 为坐东朝西的竖穴墓道土洞墓，共出土器物 12 件，同出器物有陶鼎、蒜头壶、缶、罐、鍪、甗、盆、钵和铜带钩。根据墓葬和器物形制、器物组合判断该墓年代为战国晚期—秦代。

陶高领双系罐

战国晚期—秦代

盖径 9.8、盖高 2.4、口径 8.8、腹径 16.8、底径 8、器身高 20.8、通高 22 厘米

重 1.198 千克

2012 年，西安市雁塔区上塔坡村北清凉山森林公园 M144 出土（M144:4）

  盖残。泥质灰陶，轮制。器盖浅盘形，下有子口，顶面微上弧。器身直口微敛，方唇，唇面内侧低于外侧，高领，领外黏附对称双半环形耳，圆肩，弧腹，上腹腹壁较直，下腹腹壁斜直收，平底。器盖和器身残存红彩。

  此器或称为双系罐，或称为壶，主要见于关中地区秦墓中，出土量很少。《西安南郊秦墓》中收录的百余座墓葬共出土有 3 件，其中茅坡村光华胶鞋厂 M17 出土 1 件，世家星城小区 M108 和 M180 墓葬各出土 1 件[1]，均为秦统一时期墓葬，虽然葬式有屈肢葬和直肢葬，但随葬器物组合都为典型的秦文化组合。此类器物主要特征是高直领，领部有双半环形耳，用于系绳，可能为水器或者盛器。从出土情况看，这类高领双系罐既不见于关中地区西汉墓葬，也不见于关中地区战国墓葬，加之器物造型特殊，因此我们推测此类器物可能如同茧形壶一样，仅出现于战国末期至秦统一这一短暂的时段内，且并非当时生活中的常见使用器物，因而在墓葬中出土数量很少。

[1] 西安市文物保护考古所：《西安南郊秦墓》，陕西人民出版社，2004 年，第 21、467、584 页。

陶茧形壶

秦代—西汉早期

口径 8.2、沿径 1.6、颈径 8.4、腹长径 25.9、腹短径 17.7、足径 10.2、足高 2.8、通高 24.1 厘米

重 1.431 千克

2014 年，西安市雁塔区上塔坡村北清凉山居 M87 出土（M87:7）

口沿微残。泥质灰陶，分体轮制，而后黏接。侈口，平折沿外斜，方唇，束颈，椭圆卵形腹，圜底外凸，下有高圈足，口沿、颈部及腹部饰有数周凹弦纹，圈足上饰有凸弦纹。

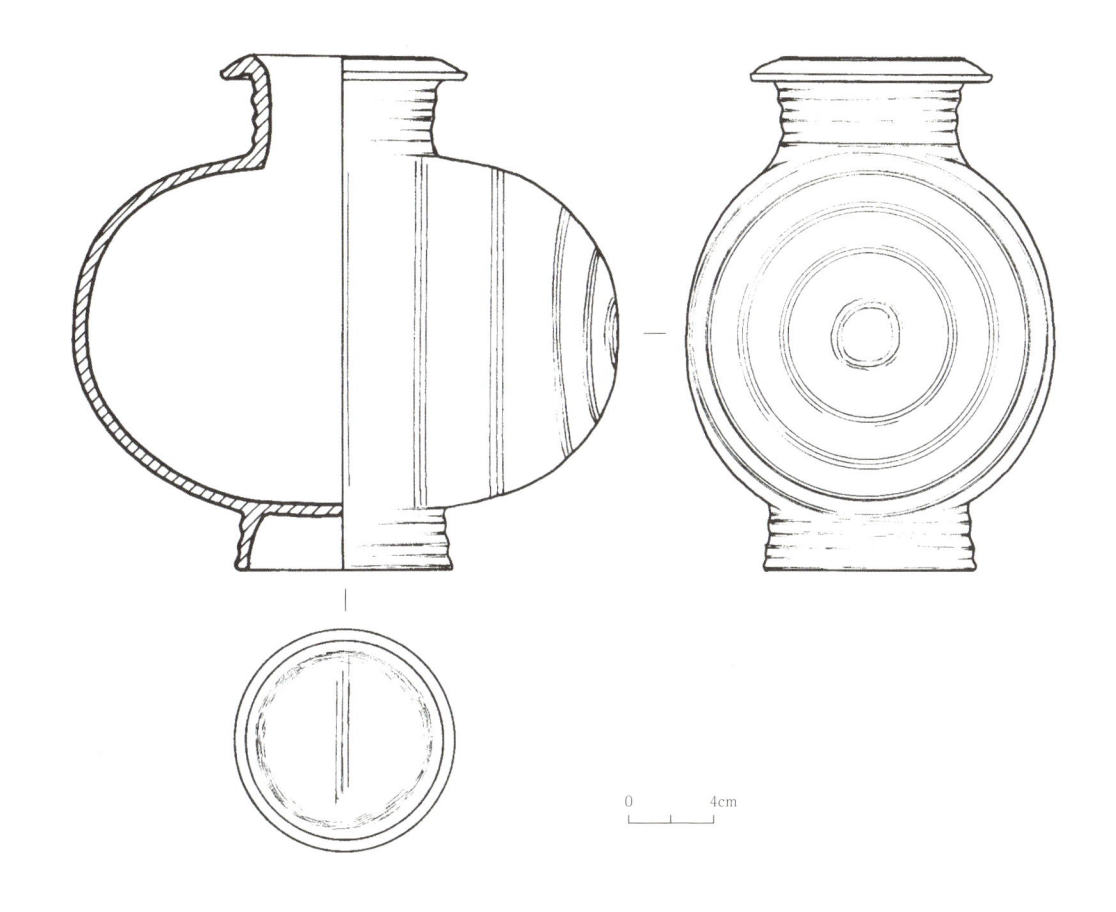

茧形壶又称"鸭蛋壶",主要特征是圆形口、短颈、横向椭圆卵形腹,圜底或者外加圈足。此类器物出现于关中地区战国中晚期之际的秦墓中,西汉早期以后逐渐消失。茧形壶和鸭蛋壶均为今天的俗称,其功用应当是储存器或水器、酒器。汉代将茧形壶、蒜头壶、扁壶等盛酒器可能统称为榼。《说文解字》:"榼,酒器也。"1961年在西安市未央区三桥镇高窑村出土1件铜扁壶,其自铭为"酒河间食官榼容二升,重十一斤二两"[1]。《广雅·释器》:"扁榼谓之椑。"可见扁壶亦有专名,谓之椑。《周礼·冬官考工记·庐人》:"是故句兵椑,刺兵抟。"郑玄注:"椑,隋(椭)圜也。"不知此定义是否可用于茧形壶,不过茧形壶和扁壶在造型上很是接近,二者可能存在一定的影响传承关系。从关中地区考古资料来看,战国晚期前段的茧形壶多为圜底,腹部较短,下面没有圈足,之后腹部逐渐加长,腹下出现了圈足,至西汉时期大多数表面开始有彩绘。

此件器物出土于清凉山居M87,为坐东朝西的竖穴墓道土洞墓,共出土器物9件,同出器物有陶鼎、盒、罐、缶、盆、釜、甑和铜带钩等。根据墓葬和器物形制、器物组合判断该墓年代应为秦代至西汉早期。

[1] 西安市文物保护考古所:《西安文物精华·青铜器》,世界图书出版西安公司,2005年,第76页。

陶蒜头壶

西汉早期

口径5.6、蒜头径8、颈径5.1、腹径16.8、底径9.6、高21.4厘米

重1.345千克

2003年,西安市雁塔区潘家庄世家星城小区M119出土(M119:13)

泥质灰陶,轮制。敛口,上卷沿,方唇,粗长颈,蒜头扁鼓,溜肩,圆鼓腹,平底。颈、肩饰暗弦纹,下腹处有数周米粒状绳纹。轮制,近底处有刮削痕。

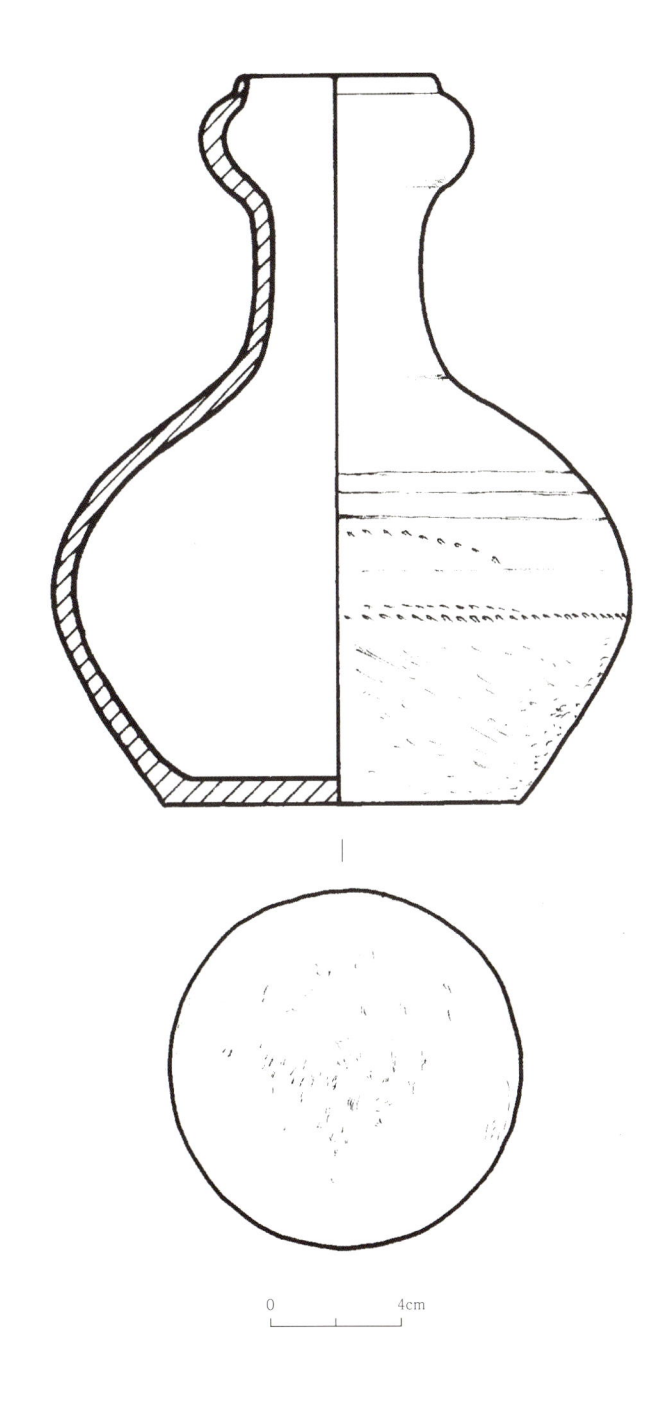

蒜头壶，古代酒器。流行于战国晚期至西汉早期。最初仅见于秦地，秦代和汉初也仅见于陕西及周边的湖北、四川、河南等相邻地区，且均出自秦人墓，随后在山东、两广地区也有发现。西汉中期以后，逐渐消失。

M119 为坐东朝西的竖穴墓道土洞墓，共出土器物 21 件（组），同出器物有陶鼎、盒、罐、缶、灶、小盆、小甑、器盖，铜镜，铜钱，铁灯、铁削。根据墓葬和器物形制、器物组合判断该墓年代为西汉早期。

著录：西安市文物保护考古所：《西安南郊秦墓》，陕西人民出版社，2004年，第477–478页；图二八，3。

陶囷

春秋晚期—战国早期

腹径 16、底径 10、高 18.9 厘米

重 1.302 千克

1989 年，西安市长安县茅坡村光华胶鞋厂 M75 出土（M75:11）

泥质灰陶，泥条叠制。尖圆顶，圆身，中空，其上开一横长方形小窗。底座中空，平底，上开一横长方形小门。器身满饰绳纹。

仓（囷、廪），古代贮藏建筑，墓葬所出均为模型明器。春秋晚期出现，两汉时期盛行。圆仓曰囷，方仓曰廪或仓，《说文解字》："囷，廪之圜者。"陕西临潼上焦村秦始皇陵陪葬墓 M16 出土一圆形陶囷，其门上部刻有"囷"字[1]；西安东郊汉墓出土圆形陶囷，顶部有"白米囷""小麦囷"等字[2]；江陵凤凰山一六七号汉墓出土的遣册中有"囷一枚"的记载[3]。囷亦名京。西安市三兆殡仪馆叁号汉墓所出陶囷，侧面墨书"黍粟一京""大豆一京""麻一京""粟一京""大麦一京"等字样[4]。

1989 年 1—6 月，西安市文物研究咨询服务中心在西安市长安县茅坡村光华胶鞋厂项目共发掘古墓葬 118 座。其中 M75 为西向的竖穴土圹墓，共出土器物 18 件，同出器物有陶鼎、簋、釪、盂、盆、喇叭口罐、盘、鬲、瓿。根据墓葬和器物形制、器物组合判断该墓年代为春秋晚期至战国早期。

著录：西安市文物保护考古所：《西安南郊秦墓》，陕西人民出版社，2004 年，第 65–66 页；图五六，6；图版二八，2。

---

1 秦俑考古队：《临潼上焦村秦墓清理简报》，《考古与文物》1980 年第 2 期。

2 程学华：《西安市东郊汉墓中发现的带字陶仓》，《考古》1963 年第 4 期。

3 凤凰山一六七号汉墓发掘整理小组：《江陵凤凰山一六七号汉墓发掘简报》，《文物》1976 年第 10 期。

4 西安市文物保护考古所、郑州大学考古专业：《长安汉墓（上）》，陕西人民出版社，2004 年，第 721–725 页。

陶困

战国早期

檐径 21.7、底径 12.4、高 21 厘米

重 2.015 千克

1989 年，西安市长安县茅坡村光华胶鞋厂 M43 出土（M43:2）

残缺，困体有一长条孔洞。泥质灰陶，轮制。攒尖顶，周围略出檐，困体呈上粗下细的圆柱形，腹壁斜直，平底。困体上部开一纵长方形门。顶部有八周凹弦纹，器表遍饰绳纹。

秦墓中所出的陶困均为圆形困体，西汉以后除了困以外，还有房形仓、方仓等多种形式。《文选·藉田赋》李注引《月令章句》："谷藏曰仓，米藏曰廪。"说明二者储藏物品应有区别。《汉书·五行志》载："刘向以为御廪，夫人八妾所舂米之藏以奉宗庙者也。"可见廪用于储藏已舂之米，而仓应当储藏未舂之谷。

M43 为坐北朝南的平行式竖穴墓道土洞墓，共出土器物 3 件，同出器物有陶鬲、喇叭口罐。根据墓葬和器物形制、器物组合判断该墓年代为战国早期。

著录：西安市文物保护考古所：《西安南郊秦墓》，陕西人民出版社，2004 年，第 42 页；图三三，3；图版二八，3。

秦风汉韵 盛世长安
西安新出土文物精品展

陶方仓

西汉早期

盖径 9.9、盖高 1.7、口径 9.5、腹长 13.5、腹宽 13、通高 25.3 厘米
重 2.24 千克
2014 年，西安市雁塔区上塔坡村北清凉山居 M8 出土（M8:2）

微残。泥质灰陶。模制。器盖圆饼形，子口。器身直口，方唇，矮领，折肩，长方形直筒腹，近底处内折，平底。

0   4cm

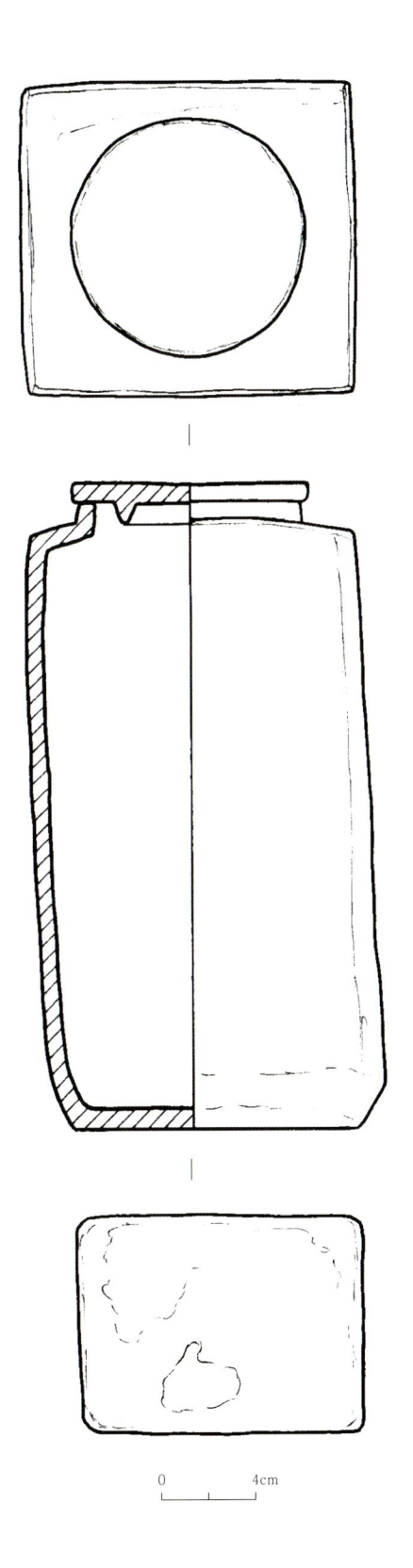

方仓，出现于西汉早期后段，至西汉中期逐渐消失。该种方仓形体有矮胖和瘦高两种，西汉中期矮胖形不见，均为瘦高形，多5件或10件一组同出。多泥质灰陶，圆饼形盖，下有子口，器身为方柱体，近底部稍内折。

M8为坐东朝西的竖穴墓道土洞墓，共出土器物8件（组），同出器物有陶罐、灶、铁灯，铜钱。根据墓葬和器物形制、器物组合判断该墓年代为西汉早期。

陶缶

战国晚期—秦代

口径8、沿宽1.6、腹径25.6、底径9.6、高24厘米

重2.295千克

2012年,西安市雁塔区上塔坡村北清凉山森林公园M127出土(M127:9)

  口沿微残。泥质灰陶,夹细砂。轮制。直口,窄折沿外斜,尖唇,短束颈,广斜肩,折腹,上腹腹壁较竖直,下腹腹壁斜直收,平底。上下腹交接处有一周台棱。口沿及肩部饰暗弦纹,上腹部饰两周米粒状绳纹。

  缶,古代储藏器,口小腹大,有盖。也有铜质的。《说文解字》:"缶,瓦器,所以盛酒浆,秦人鼓之以节歌。"《尔雅·释器》:"盎谓之缶。"《急就篇》:"甄缶盆盎甑䈣壶。"颜师古注:"缶、盆、盎一类耳。缶即盎也,大腹而敛口,盆则敛底而宽上。"《礼记·礼器》:"五献之尊,门外缶,门内壶。"战国至西汉早期盛行,至西汉中期逐渐消失。

  M127为坐东朝西的竖穴墓道土洞墓,共出土器物12件,同出器物有陶鼎、盒、蒜头壶、罐、鍪、甑、盆、钵,铜饰,骨器。根据墓葬和器物形制、器物组合判断该墓年代为战国晚期至秦代。

带盖陶罐

西汉早期

盖径 14.8、盖高 6、口径 10.8、腹径 22.5、底径 8、器身高 21.5、通高 25 厘米

重 3.002 千克

2014 年，西安市雁塔区上塔坡村北清凉山居 M99 出土（M99:7）

底残。泥质灰陶，夹细砂。轮制，器表有轮旋痕。器盖浅覆钵形，盖顶有一圆柱形钮。器身直口，尖唇，矮领，圆肩，弧腹，平底。

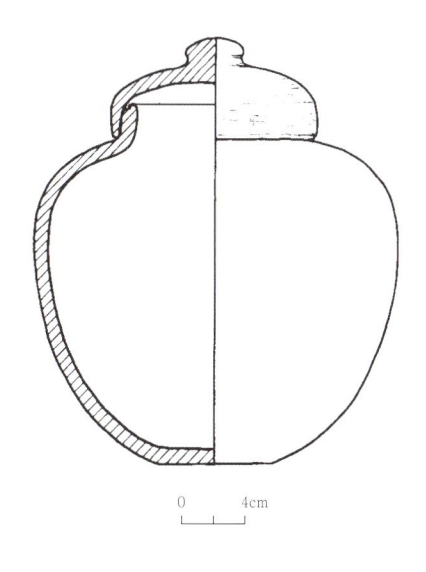

罐，储藏器。可能为文献中所指的"甖（罂）"。《说文解字》："甖，缶也。"《尔雅·释器》："甖，瓶也。"《汉书·韩信传》颜师古注："甖缶谓瓶之大腹小口者也。"在新疆吐鲁番的两晋时期墓葬中出土 2 件陶瓮，其上分别墨书"黄米一甖""白米一甖"[1]，均小口、圆肩、圆腹、平底，外轮廓接近椭圆形。各个时期均有形态类似的陶罐发现，是最基本的一类器形之一。

M99 为坐东朝西的竖穴墓道土洞墓，共出土器物 17 件，同出器形有陶鼎、盒、蒜头壶、罐、缶、灶、小盆、小瓿、灯。根据墓葬和器物形制、器物组合判断该墓年代为西汉早期。

1　新疆维吾尔自治区博物馆：《吐鲁番县阿斯塔那—哈拉和卓古墓群发掘简报（1963—1965）》，《文物》1973 年第 10 期。

陶甗

战国中期

甑口径 16.4、底径 4.5、高 5.6 厘米，鬲口径 13.8、腹径 12.4、裆高 0.8、高 7.7 厘米，通高 10.9 厘米

重 0.708 千克

1989 年，西安市长安县茅坡村光华胶鞋厂 M95 出土（M95:1）

微残。夹砂灰陶。分体烧制而成，甑轮制，鬲模制。甑敞口，斜折沿，尖唇，微束颈，斜弧腹，平底内凹。鬲直领、溜肩、连弧裆，尖锥状三足，器身较矮。器表饰绳纹，甑底有由外向内戳刺的 18 个箅孔。

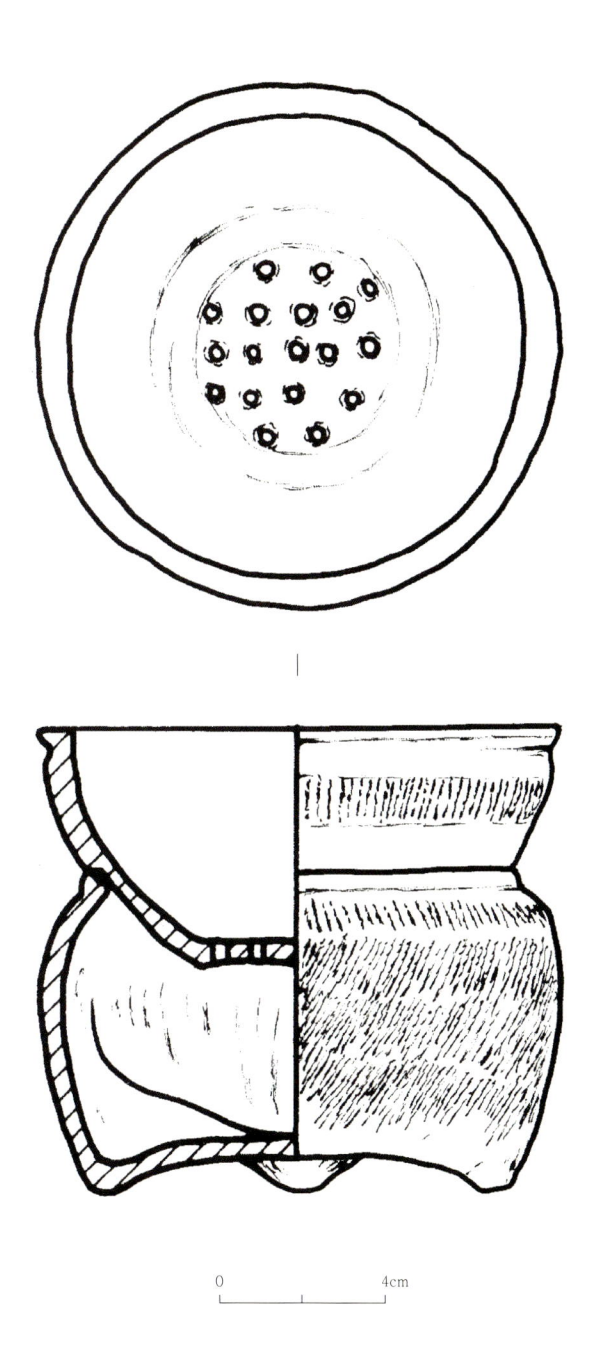

M95 为西向的竖穴土圹墓,仅出土陶甑 1 件。根据墓葬和器物形制判断该墓年代为战国中期。

著录:西安市文物保护考古所:《西安南郊秦墓》,陕西人民出版社,2004 年,第 80 页,图七一;图版二八,1。

陶釜

战国晚期

口径 14.5、高 14 厘米

重 1.03 千克

2002 年，西安市长安区茅坡村邮电学院新校区基槽 M22 出土（M22:9）

夹砂红陶，轮制。敛口，平折沿，尖圆唇，矮领，溜肩，圆腹，圜底。上腹部饰横向绳纹，下腹部及底部饰不规则方格纹。

釜，古代炊器。《说文解字》："䰰，鍑属。"《急就篇》："铁鈇钻锥釜鍑鍪。"颜师古注："釜所以炊煮也，大者曰釜，小者曰鍑。"陶釜是战国时期秦人的炊具，大多为夹砂红陶，矮领、圆腹、圜底，底部多饰绳纹、篮纹、压印纹或方格纹等。西汉早期陶灶逐渐取代陶釜随葬，到了西汉中期，开始出现随葬小陶釜的现象，直至新莽时期都非常流行。总体演变规律为腹最大径逐渐上移。

陶鍪

秦代—西汉早期
口径 13.6、颈径 12.6、腹径 19.2、高 15.2 厘米
重 0.783 千克
2014 年，西安市雁塔区上塔坡村北清凉山居 M78 出土（M78:6）

夹砂红陶，轮制。侈口，圆唇，高领，圆肩，鼓腹，圜底，肩颈部附有一半环形耳，下腹及底部饰有篮纹。

公元前 316 年，秦国张仪、司马错等率军攻灭巴蜀，将其纳入秦国版图。秦文化大量进入巴蜀地区的同时，巴蜀文化的典型代表器物鍪也在秦地乃至全国开始出现。巴蜀式的鍪特征为尖唇，高领，溜肩，圜底，带有一耳或两耳。而秦式鍪则多为圆唇，矮领，鼓腹，圜底，多有一耳，有的还有一方柄。

M78 为东西向竖穴墓道土洞墓，共出土器物 15 件，同出器物有陶鼎、盒、蒜头壶、罐、缶、盆、釜、甑。根据墓葬和器物形制、器物组合判断该墓年代为秦代至西汉早期。

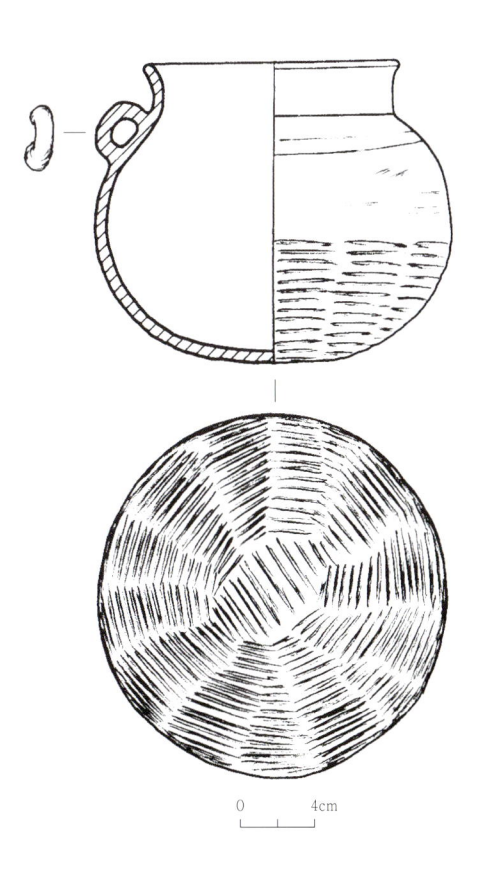

陶灶、盆、甑

西汉早期

灶长 19.4、宽 18.4、高 9.6 厘米,盆口径 8.5、高 3.2 厘米,
甑口径 7.8、高 3.3 厘米

重 1.367 千克

2014 年,西安市雁塔区上塔坡村北清凉山居 M50 出土（M50:10—12）

泥质灰陶,模制。灶面呈马蹄形,前方后圆,灶面均有布置三个呈"品"字形釜,靠后端一釜略大,后端有柱形烟囱,方形灶门,灶门两侧及上部饰有几何形纹饰。

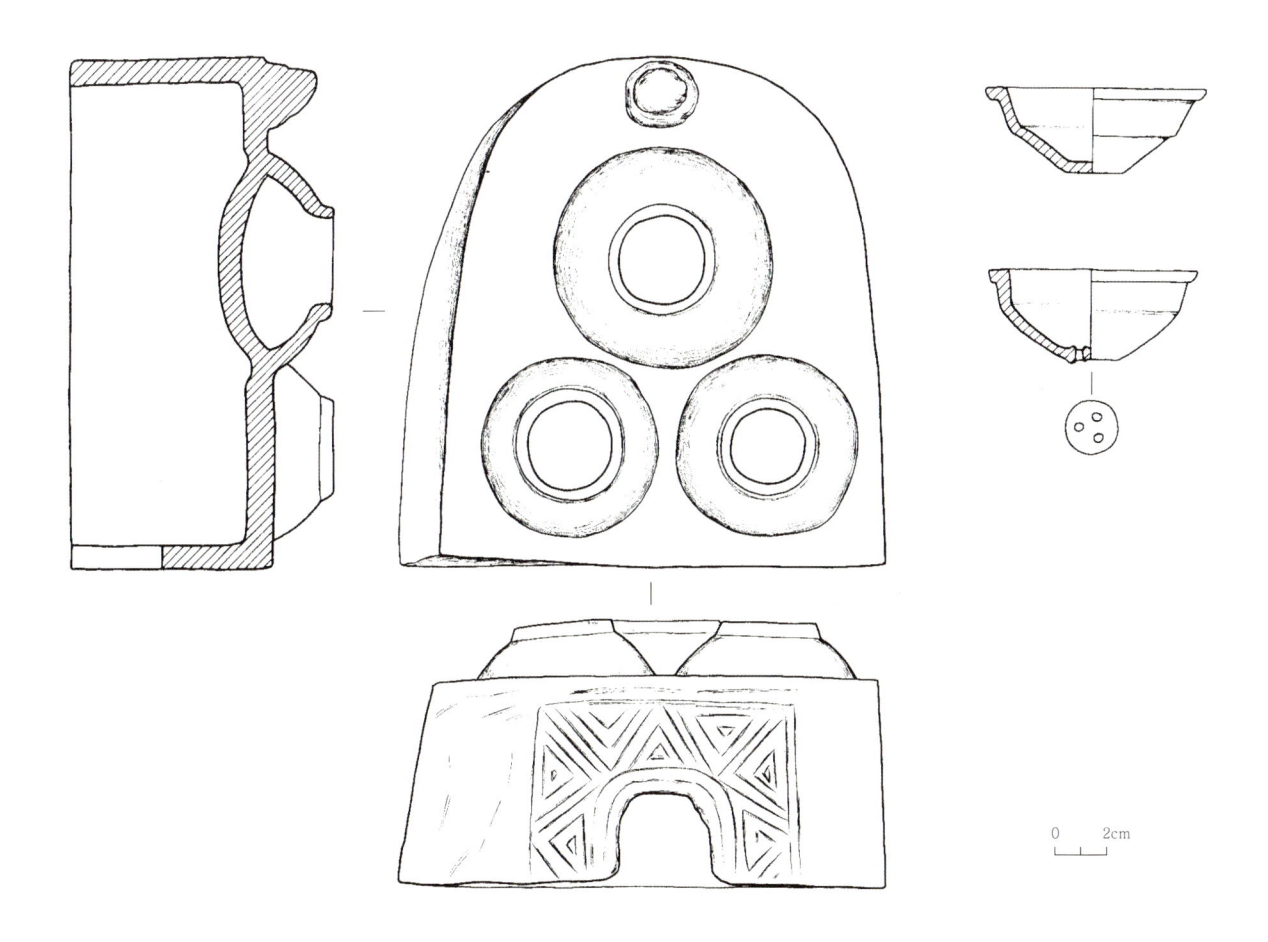

灶，古代炊器。《说文解字》："竈（灶），炊竈（灶）也。"段玉裁注："炊者爨也，竈（灶）者爨之处也。"汉代对灶非常重视。《汉书·五行志》："灶者，生养之本。"战国晚期出现，两汉至南北朝时期盛行。其上一般配有小陶釜、盆、甑等模型。关中地区墓葬中较早使用灶作为随葬品，一般形态为前方后圆，俗称马蹄形灶。

M50为坐东朝西的竖穴墓道土洞墓，共出土器物18件（组），同出器物有陶鼎、盒、钫、罐，铜镜、铜泡、铜钱，铁灯，玉片。根据墓葬和器物形制、器物组合判断该墓年代为西汉早期。

陶灶

西汉晚期

长 29.5、宽 14.5、高 16 厘米

重 2.058 千克

2007 年,西安市未央区市政府西院 M15 出土（M15:9）

泥质灰陶。灶面、灶壁、底、足分体模制,而后黏接。灶面平面呈马蹄形,前方后圆,前端略出檐,两釜前后布置,后端有短柱形烟囱,釜周围模印鱼、勺、刷、笼盖、火钩等食物及炊具,出檐部分模印连续菱形纹,前壁有近方形灶门,灶底前端伸出一平台,平台之上灶门两侧有对称矮墙,底附四兽形足。

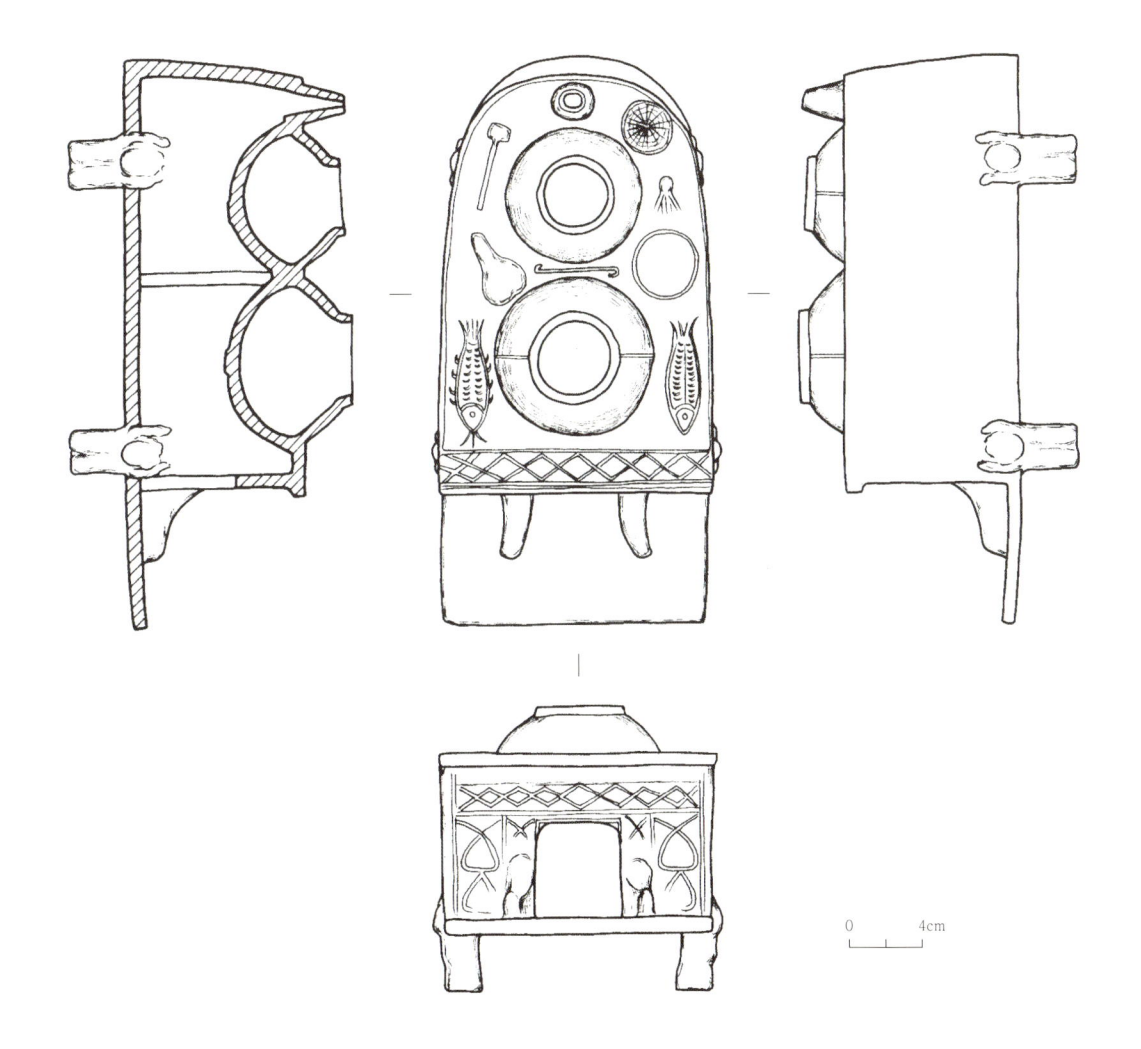

从整体器形看，陶灶可分为前方后圆灶和长方体灶两种。西汉时期灶面以三个火眼为主，还有少量两个火眼者，时代也偏晚。火眼分布一般前二后一，呈等腰三角形分布，后面的一个火眼较大，火眼上一般置连体釜。长方体灶是汉代的新创，而且一般出于形制较大的墓葬中，或与墓主身份等级关系密切。

M15 为坐南朝北的竖穴墓道土洞墓，共出土器物 10 件，同出器物有陶鼎、盒、钫、灶。根据墓葬和器物形制、器物组合判断该墓年代为西汉晚期。

陶盆（盂）

战国晚期—秦代

口径 22.7、沿宽 0.9、足径 9.8、足高 0.9、通高 11.4 厘米

重 1.26 千克

2001年，西安市长安县茅坡村邮电学院 M36 出土（M36:1）

泥质灰陶，夹细砂。轮制。侈口，卷沿，圆唇，上腹较直，下腹斜收，圈足。上腹部有四周瓦楞纹。

盆，古代盛器或盥洗器。《说文解字》："盆，盎也。"《急就篇》："甄缶盆盎甕罃壶。"颜师古注："缶、盆、盎一类耳。缶即盎也，大腹而敛口，盆则敛底而宽上。"《周礼·地官司徒·牛人》："凡祭祀，共其牛牲之互与其盆簝，以待事。"郑玄注引郑司农云："盆、簝皆器名。盆所以盛血；簝，受肉笼也。"秦汉时期盛行。各个时期均有形态不同的陶盆发现，是最基本的一类器形。战国时期陶盆的特点为尖圆唇，卷沿，上腹斜直，下腹内收，圈足，器表有多道瓦楞纹。有的报告中称盂。

M36 为坐东朝西的竖穴墓道土洞墓，共出土器物 2 件，同出器物有陶釜。根据墓葬和器物形制、器物组合判断该墓年代为战国晚期—秦代。

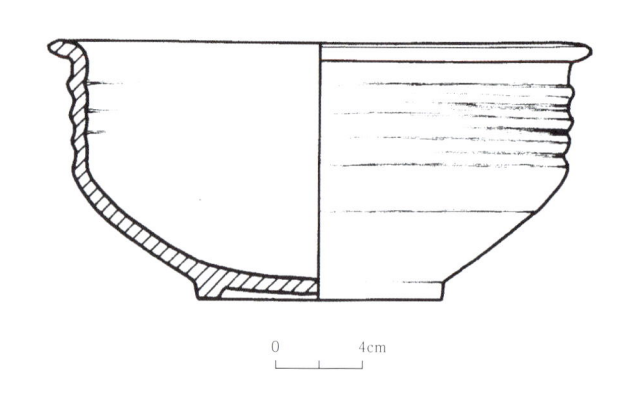

陶甑

战国晚期—秦代

口径 15.4、底径 7、高 8.3 厘米

重 0.456 千克

2001 年，西安市长安县茅坡村邮电学院 M16 出土（M16:2）

泥质灰陶，夹细砂。轮制。直口微敛，平折沿，尖唇，斜折腹，小平底。上腹部饰一周弦纹，下腹部有片状刀削痕。

甑，古代炊器。《说文解字》："甑，甗也。"古代的甑，有陶、铜、木、竹等多种材质制成，底部有许多透气小孔，或为一大圆孔，另外置箅。新石器时代已有陶甑。《古史考》："黄帝始作甑。"秦汉时期盛行。各个时期均有形态不同的陶甑发现，是最基本的一类器形之一。《周礼·冬官考工记·陶人》："甑，实二鬴，厚半寸，脣（唇）寸，七穿。"但考古发现汉代的甑并不一定为七个孔，少者一孔，多者数十孔，或者长条、三角等各种几何图案组成者皆有。

M16 为坐东朝西的竖穴墓道土洞墓，出土器物 5 件，同出器物有陶罐、盆、釜。根据墓葬和器物形制、器物组合判断该墓年代为战国晚期—秦代。

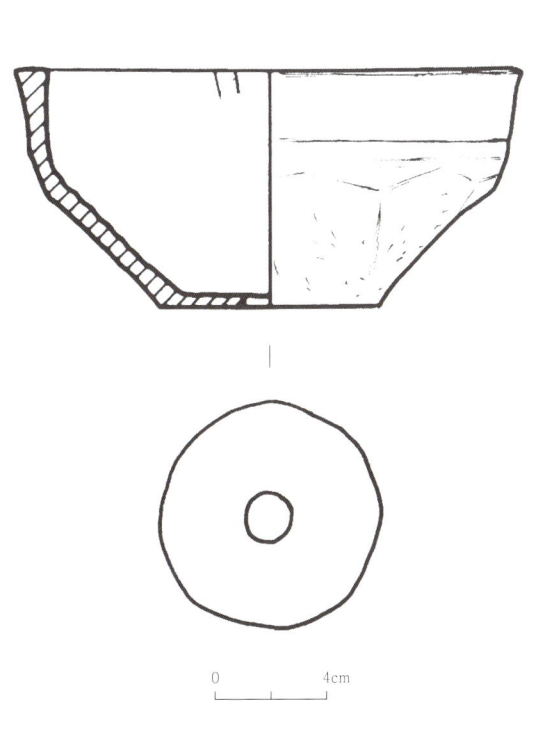

秦风汉韵 盛世长安 西安新出土文物精品展

陶井

东汉中期

井亭长 6、井架高 15、井口径 18.4、底径 14.2、通高 30 厘米；
汲水罐口径 4.1、腹径 5.1、底径 3.0、高 5.2 厘米
重 1.506 千克
2014 年，西安市雁塔区上塔坡村北清凉山居 M58 出土（M58:15）

泥质灰陶，夹细砂。井身轮制，井架手制，井亭合模制，而后黏接。井身，直口微敛，宽平沿，方唇，筒形腹上粗下细，平底内凹，上腹、下腹各饰一周弦纹，内壁有轮制凸棱。井沿上黏附拱形井架，断面圆形，之上黏附两面坡顶井亭，顶部模印出屋脊、瓦楞，下部模印一亚腰形辘轳，辘轳中部上下各戳有一小圆孔。井内有一汲水罐。

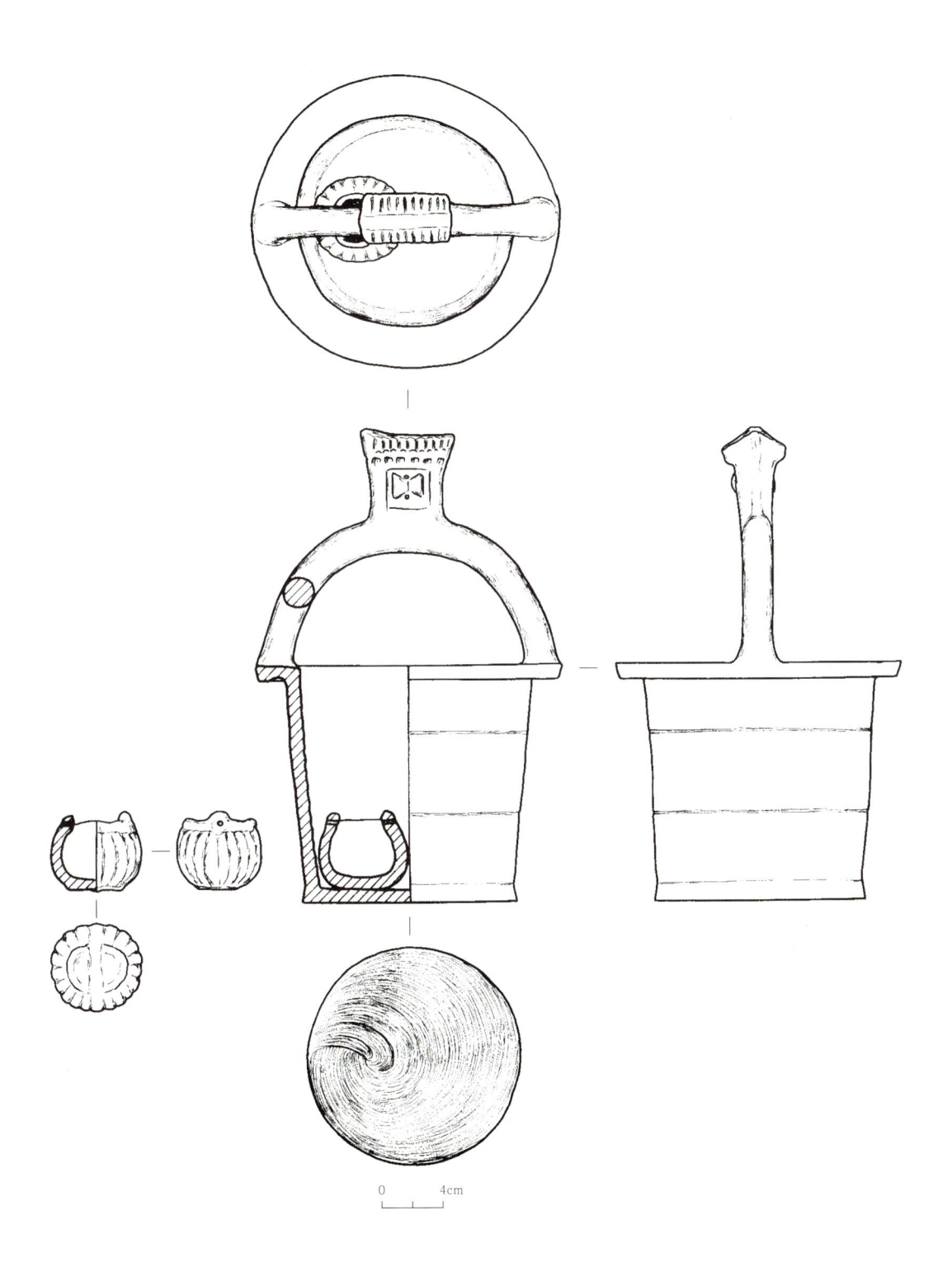

井，墓葬中随葬的均为模型明器。《说文解字》："八家为一井。"《易经·井》："改邑不改井。"孔颖达疏："古者穿地取水，以缶井引汲，谓之为井。"在关中地区以模型陶井随葬流行于东汉时期。在关东的洛阳地区，在西汉晚期便已较为常见。

M58为坐西朝东的斜坡墓道砖室墓，共出土器物30件(组)，同出器物有陶壶、罐、仓、灯座、樽、案、耳杯、盘、勺、狗、鸡、猪、铜镜、铜环、铜钱。根据墓葬和器物形制、器物组合判断该墓年代为东汉中期。

陶豆（灯）

西汉早期

盘径 14、盘深 3.2、柄径 5.7、座径 9.3、座高 2.5、通高 7.3 厘米

重 0.593 千克

2014 年，西安市雁塔区上塔坡村北清凉山居 M207 出土（M207:2）

泥质灰陶，轮制。豆盘敞口，圆唇，弧腹，圜底。豆柄低矮；底座喇叭形。豆盘内底部刻有一"王"字。

豆，古代食器。《说文解字》："豆，古食肉器也。"《尔雅·释器》："木豆谓之豆，竹豆谓之笾，瓦豆谓之登。"郭璞注："豆，礼器也。"《诗·大雅·生民》："卬盛于豆，于豆于登。"毛传："木曰豆，瓦曰登。豆，荐菹醢也。"郑玄笺："祀天用瓦豆，陶器质也。"《国语·吴语》："在孤之侧者，觞酒、豆肉、箪食，未尝敢不分也。"韦昭注："豆，肉器。"形似高足盘，多陶质，也有铜或漆木材质的。新石器时代出现，商周盛行，至汉代以后逐渐消失。

M207 为坐东朝西的竖穴墓道土洞墓，共出土器物 5 件，同出器物有陶盒、缶、灶、釜、甑。根据墓葬和器物形制、器物组合判断该墓年代为西汉早期。

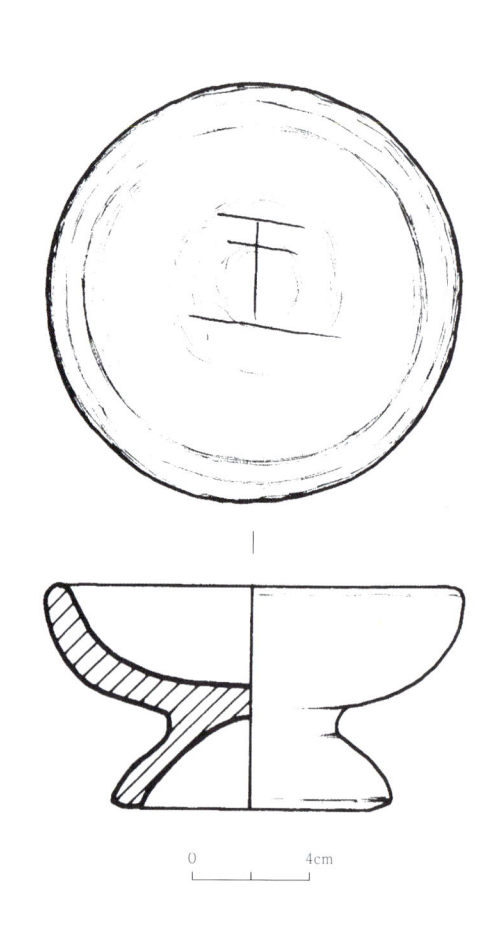

陶灯

西汉早期

盘径 11.8、盘深 1.4、柄径 3.4、座径 9.6、座高 2.5、通高 12 厘米

重 0.462 千克

2014 年，西安市雁塔区上塔坡村北清凉山居 M164 出土（M164:8）

口沿微残，柄残缺。夹砂褐陶，轮制。灯盘，浅盘形，敞口，方唇，平底；灯柄较高，圆柱形，喇叭形底座。

豆形灯为西汉早期常见。特点为柱柄细长，基本为实心，座小盘大，比例在 1∶1.5—2 之间，均为泥质灰陶。西汉中期不见，西汉中晚期到晚期，空心柱柄粗短，座变大，依然座小盘大，比例多在 1∶1.25—1.5 之间，多泥质红陶[1]。

M164 为坐东朝西的竖穴墓道土洞墓，共出土器物 12 件，同出器物有陶盒、钫、罐、缶、灶，铜带钩，铁器，石丸。根据墓葬和器物形制、器物组合判断该墓年代为西汉早期。

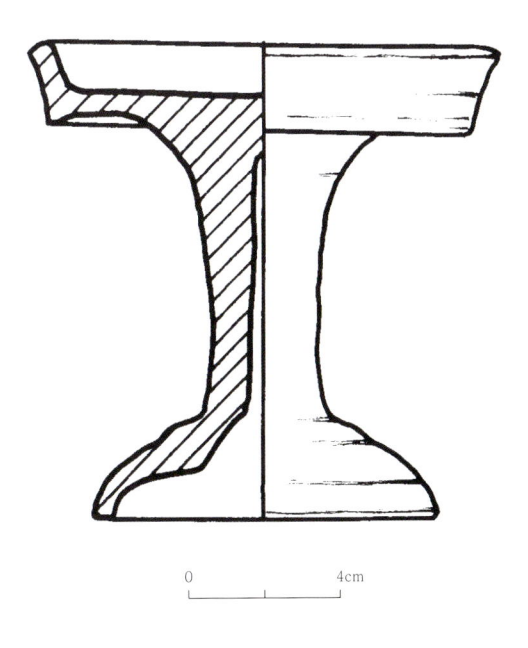

[1] 西安市文物保护考古所、郑州大学考古专业:《长安汉墓（上）》，陕西人民出版社，2004 年，第 777 页。

陶灯

西汉晚期

盘长 14.3、盘宽 11.3、盘深 1.3、柄径 7.1、座径 10.8、座高 1.4、通高 13 厘米

重 0.78 千克

2007 年，西安市未央区张家堡市政府东苑 M51 出土

微残。泥质灰陶。轮制。灯盘敞口、方唇、平底。灯柄较矮，粗圆柱形，喇叭形底座。在灯盘一侧模制出一圆柱形灯座，中空，底座戳刺有一横向小孔。

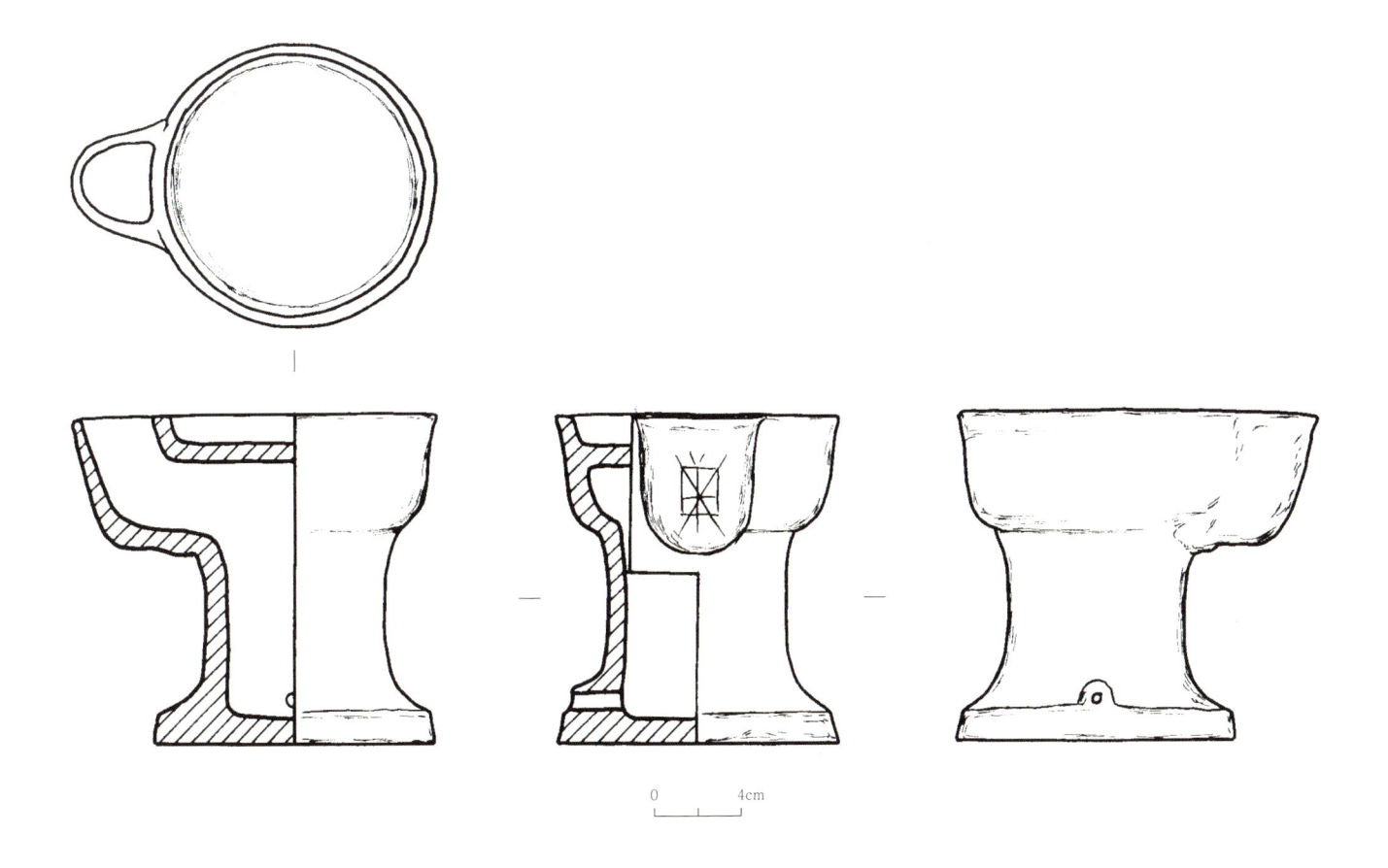

灯的制作工艺多为分体制作，而后拼接。有浅盘和柄座均为轮制，而后黏接的。也有浅盘轮制，柄足模制而后拼接的。亦有一次性模制而成的[1]。模制的灯在盘口外侧、座表面一般有模印图案，如山峦、云气、三角等几何纹样，而且合模的扉棱一般不作过多修饰。

[1] 西安市文物保护考古所、郑州大学考古专业：《长安汉墓（上）》，陕西人民出版社，2004年，第794页。

陶熏炉

西汉早期

盖径 11、盖高 3.7、盘径 13、盘深 3.8、柄径 3.4、座径 7、座高 0.9、通高 14 厘米

重 0.562 千克

1993 年，西安市未央区枣园村市政枣园小区 M26 出土（M26:4）

　　泥质灰陶，盖模制，底座轮制。豆形盖，盖顶有提手。器身子口，浅腹，平底，短柄中空，喇叭形底座。盖周身透雕三角形镂孔，孔外阴线环绕，空隙处饰连珠纹。盖及器身侧面阴刻相对三角纹。

0　　4cm

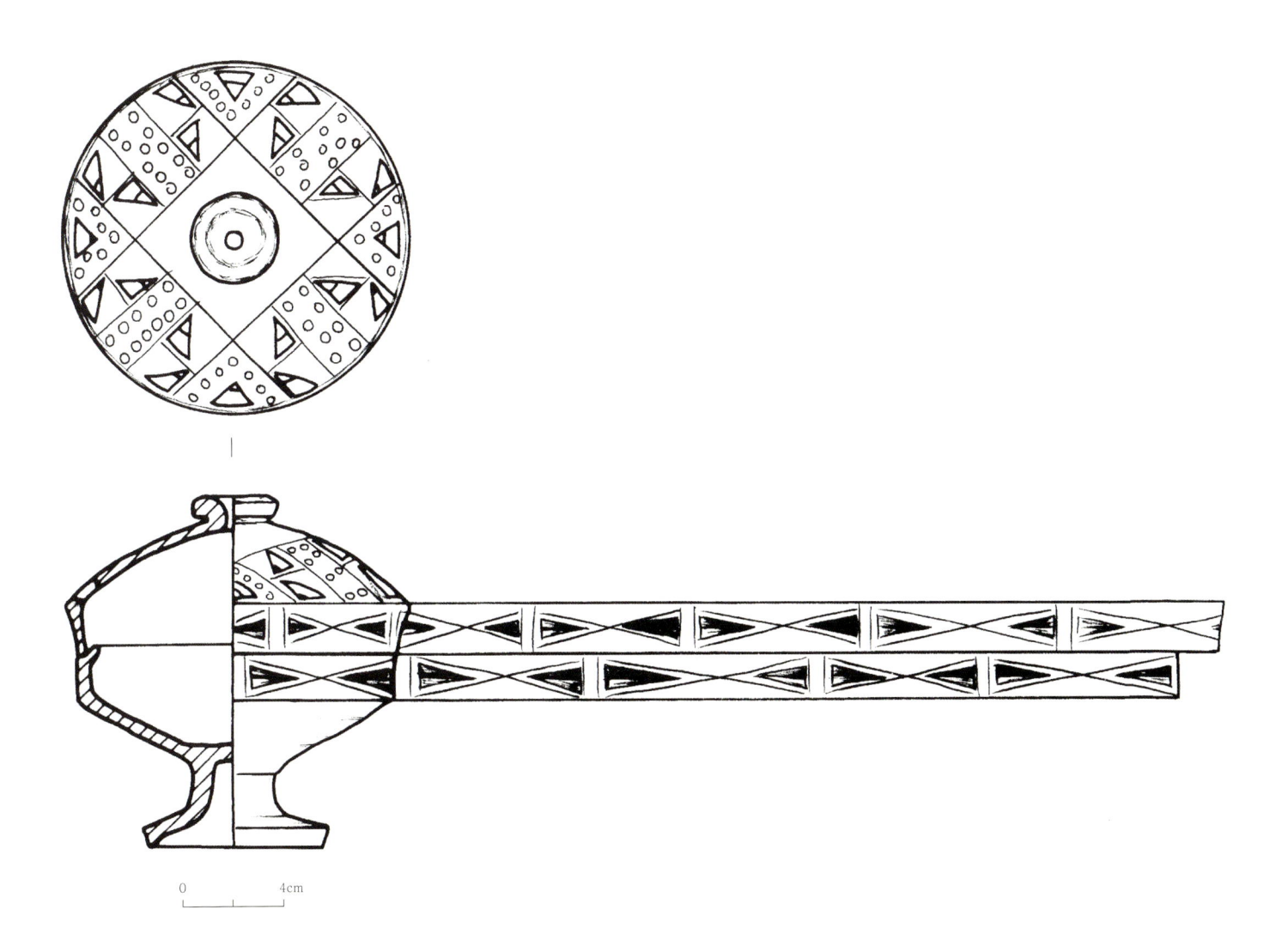

该类型熏炉流行于西汉早期，柱柄较短，盖多为三角镂孔覆钵形，中期多无盖，中晚期以后基本消失。

M26为坐北朝南的竖穴墓道土洞墓，出土器物14件（组），同出器物有陶鼎、盒、罐、缶、灯、灶，铁削，铜钱等。根据墓葬和器物形制、器物组合判断该墓年代为西汉早期。

彩绘陶簋

春秋晚期—战国早期

口径 16.4、腹径 17.8、底径 14.8、通高 12.9 厘米

重 1.279 千克

1989 年，西安市长安县茅坡村光华胶鞋厂 M75 出土（M75:9）

  微残，底部残缺较多。泥质灰陶。轮制。圆形盖，圈足形捉手。器身子口内敛，浅弧腹，平底，喇叭形高圈足。双耳长方形，外侧两角上翘。器表施红色彩绘，器盖内心等分为六个扇面，每面各填一曲尺纹，盖缘饰一周斜线纹。器身上腹饰一周尖角纹。

  簋，古代食器，也用作礼器。《说文解字》："簋，黍稷方器也。"《周礼·地官司徒·舍人》："凡祭祀，共簠簋，实之陈之。"郑玄注："方曰簠，圆曰簋，盛黍稷稻粱器。"材质有陶、铜、竹木质。形状不一，一般为侈口，圆腹，圈足。商代的簋多无盖无耳，西周和春秋的簋常带盖，有二耳或四耳，间有带方座或附有三足者。战国以后主要用作宗庙礼器。

著录：西安市文物保护考古所：《西安南郊秦墓》，陕西人民出版社，2004 年，第 65–66 页。

彩绘陶鼎

西汉早期

盖径 17.1、盖高 4.2、口径 14.7、沿宽 1.5、腹径 17.5、腹深 3.8、足高 5.6、通高 15 厘米

重 1.19 千克

2014 年，西安市雁塔区上塔坡村北清凉山居 M37 出土（M37:4）

微残，彩绘微有脱落。泥质灰陶，盖及器身为轮制。耳、足为模制后贴附。器盖浅覆钵形，盖顶有三个均匀分布的乳突状钮。器身子口内敛，深腹，圜底，底附三蹄形足。口沿下黏附双耳，耳外撇。盖以红、白、紫色三色相间绘大弧线卷云纹三组，器腹上部有一周白彩和一周红彩，耳用白彩勾边，腹中部有一周凸棱。

M37 为坐东朝西的竖穴墓道土洞墓，共出土器物 7 件，同出器物有陶盒、钫、灶、盆、甑、铁灯。根据墓葬和器物形制、器物组合判断该墓年代为西汉早期。

彩绘陶器主要见于西汉早期至中晚期墓葬所出的鼎、盒、钫、壶等仿铜陶礼器的器表。颜色有红、白、青、绿等，以红、白二色为最多。彩绘的纹饰，则以云纹为主，主要装饰在鼎、盒、壶、钫的盖、腹部。其次为弦纹，主要饰于器盖、颈部、腹部及圈足上。另外还有一种倒三角形纹饰，主要见于壶、钫的颈部。云纹的流行或与当时盛行的黄老思想，信仰死后飞升成仙的意识有密切关系。

彩绘陶盒

西汉早期

捉手径 8、盖径 17.7、盖高 5.1、口径 15.2、腹径 18.6、腹深 9.4、底径 7.6、通高 14.6 厘米

重 1.083 千克

2014 年，西安市雁塔区上塔坡村北清凉山居 M37 出土（M37:2）

彩绘微有脱落。泥质灰陶，轮制。器盖浅覆钵形，盖顶有一周圈足捉手。器身子口内敛，深腹，腹下斜直内收，平底。盖捉手内绘白彩短弧线条纹，捉手外用红、白相间绘有勾云纹，弧线三角纹、圆涡纹等，近口沿绘一周红彩，腹中上部绘有一周白彩和一周红彩。内壁有拉坯成型的凸棱。

彩绘的装饰手法，采用了对称、均衡布局的传统方式，疏密相间，上下呼应，注重整体效果。彩绘陶鼎、盒、壶、钫作为仿铜陶礼器，其纹饰却接近于漆器，可能是由于铜、陶器制作差异导致的，也可能由于汉代以来，"礼制"的因素不再体现于这类器物上，而更多地贴近日常生活需要有关。

秦风汉韵 盛世长安 西安新出土文物精品展

彩绘陶盒

西汉早期

捉手径 8、盖径 17.5、盖高 5.3、口径 14.4、腹径 17.2、腹深 8.2、底径 7.6、通高 13.4 厘米

重 1.146 千克

2014 年，西安市雁塔区上塔坡村北清凉山居 M50 出土（M50:16）

微残，彩绘微有脱落。泥质灰陶，轮制。器盖浅覆钵形，顶有矮圈足捉手。器身子口内敛，深弧腹，平底。盖捉手内以白彩绘短弧线纹和一周红彩，捉手外以红、白相间绘大弧线卷云纹、弧线三角纹，矩形纹等，口沿绘一周红彩；腹中上部绘有一周红彩和白彩。盖内壁有轮旋纹。

第二单元 烧陶制瓷

0 4cm

　　灰陶盒的制作工艺多为轮制，在器表尤其是内壁，会留有轮修的痕迹，唇部有刀修削痕，腹底部多旋削痕。也有盖为模制后轮修的。烧成后多施红白色彩绘，有的施彩前会在器表涂抹一层灰黑色陶衣，使颜色对比度更强，色彩更为鲜艳。

105

彩绘陶茧形壶

西汉早期

口径 10.5、沿宽 1.4、颈径 10.7、腹长径 36、腹短径 24.1、底径 12.5、足高 3.4、通高 30.5 厘米

重 3.011 千克

2014 年，西安市雁塔区上塔坡村北清凉山居 M51 出土（M51:7）

微残，彩绘有脱落。泥质灰陶。分体轮制，然后黏接。侈口，平折沿外斜，方唇，束颈，椭圆卵形腹，高圈足微外撇。口沿内侧饰彩绘，口沿上施红彩，颈部有两周红彩，器身饰有大卷云纹，圈足有一周红彩；颈部饰凸弦纹，器身及圈足饰凹弦纹。

M51 为坐东朝西的竖穴墓道土洞墓，共出土器物 6 件，同出器物有陶罐、缶、灶、釜、甑。根据墓葬和器物形制、器物组合判断该墓年代为西汉早期。

因器形似蚕茧而得名。短颈、圈足，腹呈横向长椭圆状。初为战国时期秦国所产，一般认为，茧形壶、扁壶、长颈蒜头壶这三种器物最具秦文化的典型特征。亦常见于西汉早期墓葬中，壶腹或彩绘流云、几何图案，或仅以暗刻弦纹装饰。

彩绘陶钫

西汉早期

盖顶径 6、盖底径 11.7、盖高 4、口径 11.4、腹径 19、
底径 11.8、足径 12、足高 4.3、通高 39 厘米

重 2.169 千克

2014 年，西安市雁塔区上塔坡村北清凉山居 M28 出土（M28:1）

盖残缺，底微残，彩绘有脱落。泥质灰陶，模制。器盖覆斗形，子口。器身侈口，方唇，束颈，鼓腹，高圈足外撇。盖四刹施红、白相间彩绘，颈部饰红、白相间倒三角纹及卷云纹，肩部两组红白彩，之间贴塑铺首衔环及彩绘红白相间的大弧线卷云纹，足施红、白相间彩绘。

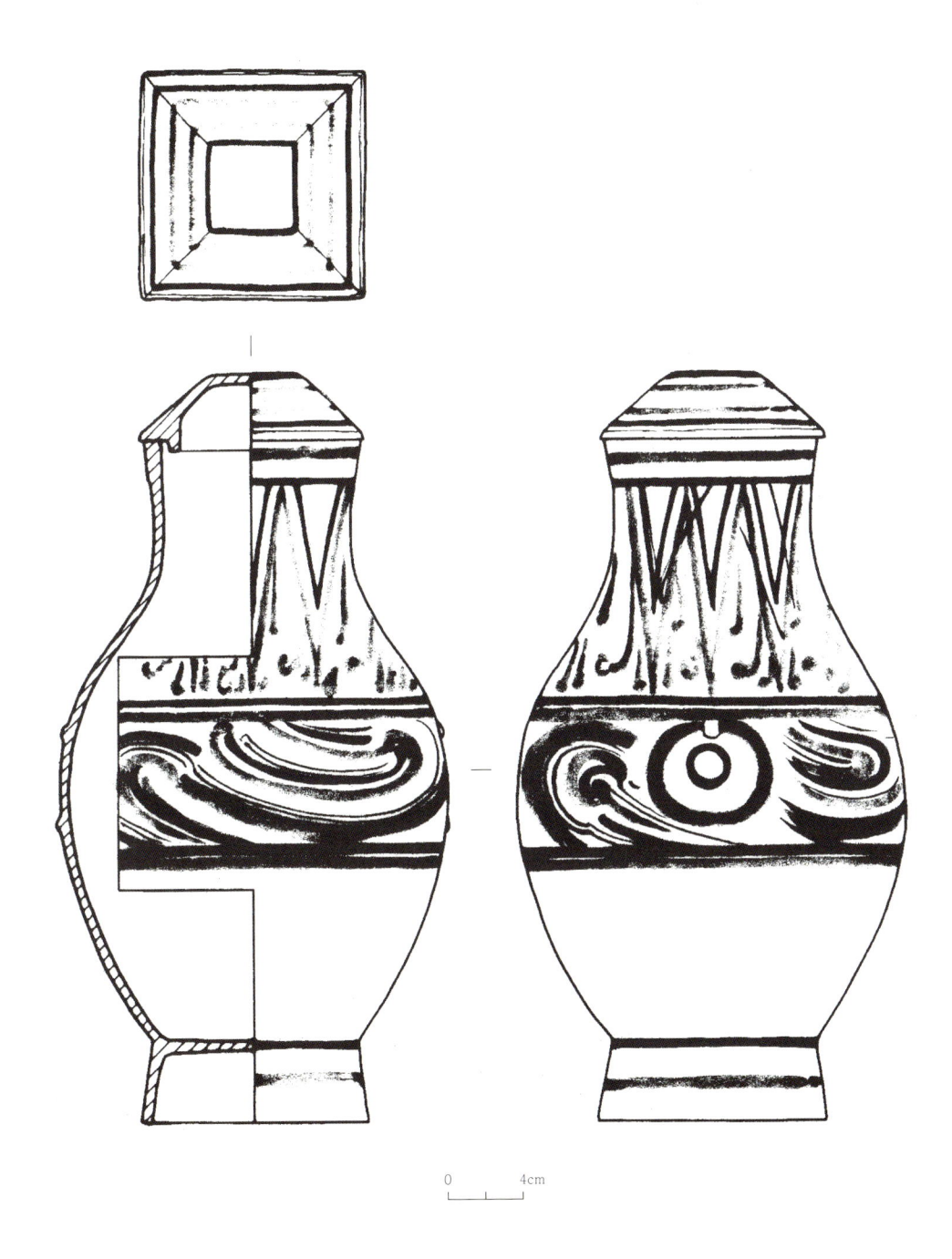

M28为坐东朝西的竖穴墓道土洞墓，共出土器物16件，同出器物有陶鼎、盒、罐、缶、灶、甑、盆、灯和铜镜。根据墓葬和器物形制、器物组合判断该墓年代为西汉早期。

陶钫以泥质灰陶为主，由钫盖和钫身两部分组成，盖为模制，切割出子口。钫身为分块模制而后拼接，一侧壁为一块，器底为拼接时嵌入圈足内部。部分烧成后绘红、白单色或多色彩绘图案。亦有极少量在坯上施釉后再入窑焙烧而成。

彩绘陶囷

秦代—西汉早期

盖径 16、顶径 39.6、腹径 33.6、底径 23.6、通高 30 厘米

重 8.37 千克

2014 年，西安市雁塔区上塔坡村北清凉山居 M77 出土（M77:7）

  彩绘部分脱落。泥质灰陶，顶部模制，囷体轮制，而后黏接而成。囷顶为双攒尖顶，侈口，圆唇，肩稍出檐，绕口一周环状台面，盖顶等距离贴附八道棱脊，顶端最上部贴附一圆饼形顶盖，肩等距离贴附 24 道竖棱，其上对称贴附四个扉棱。囷体呈圆柱形，圆鼓腹，假圈足，平底。器身通体饰白彩，一侧有一红彩绘"Π"形窗，圈足上端施有一周红彩。

  M77 为坐东朝西的竖穴墓道土洞墓，共出土器物 15 件，同出器物有陶鼎、盒、蒜头壶、罐、缶、釜、瓿、珠。根据墓葬和器物形制、器物组合判断该墓年代为秦代至西汉早期。

  秦墓中的该类器型都为四阿顶，器体为圆形，自名为囷。西汉早期，分为圆形和长方形仓体两类，底部有圈足或假圈足，多有彩绘。仓门开设较高，接近仓檐下，数目 2—5 个不等，开仓要攀梯而上，这种仓就是当时专用储备粮仓的真实写照。这样的设计是为了通风、防潮又能防鼠患。

彩绘陶囷

秦代—西汉早期

盖径 8.8、盖高 2.8、檐径 36.5、檐高 10、腹径 34、底径 18、足高 6.2、通高 30 厘米

重 5.533 千克

2014 年，西安市雁塔区上塔坡村北清凉山居 M69 出土（M69:2）

屋脊有缺失，彩绘部分脱落。泥质灰陶，顶部手制，檐模制，囷体轮制，而后黏接而成。囷顶为双攒尖顶，上有一通风口，敛口，浅覆钵形小盖，顶上贴附放射状棱脊，其上均匀分布四个扉棱，周围出檐。囷体呈圆柱形，上腹斜直，下腹斜内收，平底。盖饰红彩，腹饰两周红色宽带纹，之上均匀饰若干红色圆点。

灰陶囷，由盖、腹、足三部分组成，又可分为出檐囷和圆肩囷。盖模制，顶部有图案或凸棱。出檐囷的囷身为肩、腹分体轮制，足模制，而后黏接，肩部瓦楞为手制好再黏接，部分瓦楞末端模印瓦当。多数陶囷在烧成后绘红、白等色彩绘。

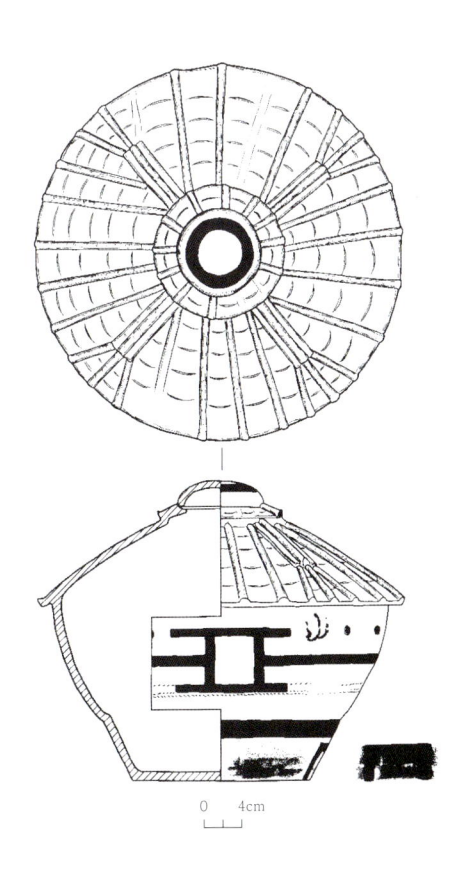

彩绘陶囷

西汉早期

盖径 11、盖高 3.1、檐径 32.4、檐高 9.6、
腹径 26.8、底径 16.2、足高 2.4、通高 28.9 厘米
重 4.854 千克

2014 年，西安市雁塔区上塔坡村北清凉山居 M54 出土（M54:4）

彩绘部分脱落。泥质灰陶，顶部模制，囷体轮制，而后黏接而成。囷顶为攒尖顶，敛口、圆唇，肩稍出檐，绕口一周环状台面，之下均匀布置 22 道棱脊，并在其上均匀分布三个扉棱。囷体呈圆柱形，鼓腹，腹下内收，假圈足，平底。腹上一侧有一窗，窗两侧各有一环状钮。盖顶白底红彩，红彩呈放射状，其上有白点，囷身以白彩为底，在中部和近底部各有一周红色宽带纹，其中腹中部红彩带上饰有白色圆点纹，红彩绘于两道弦纹之间，窗以红彩和黑彩填涂，其下有一红色绳结纹饰。

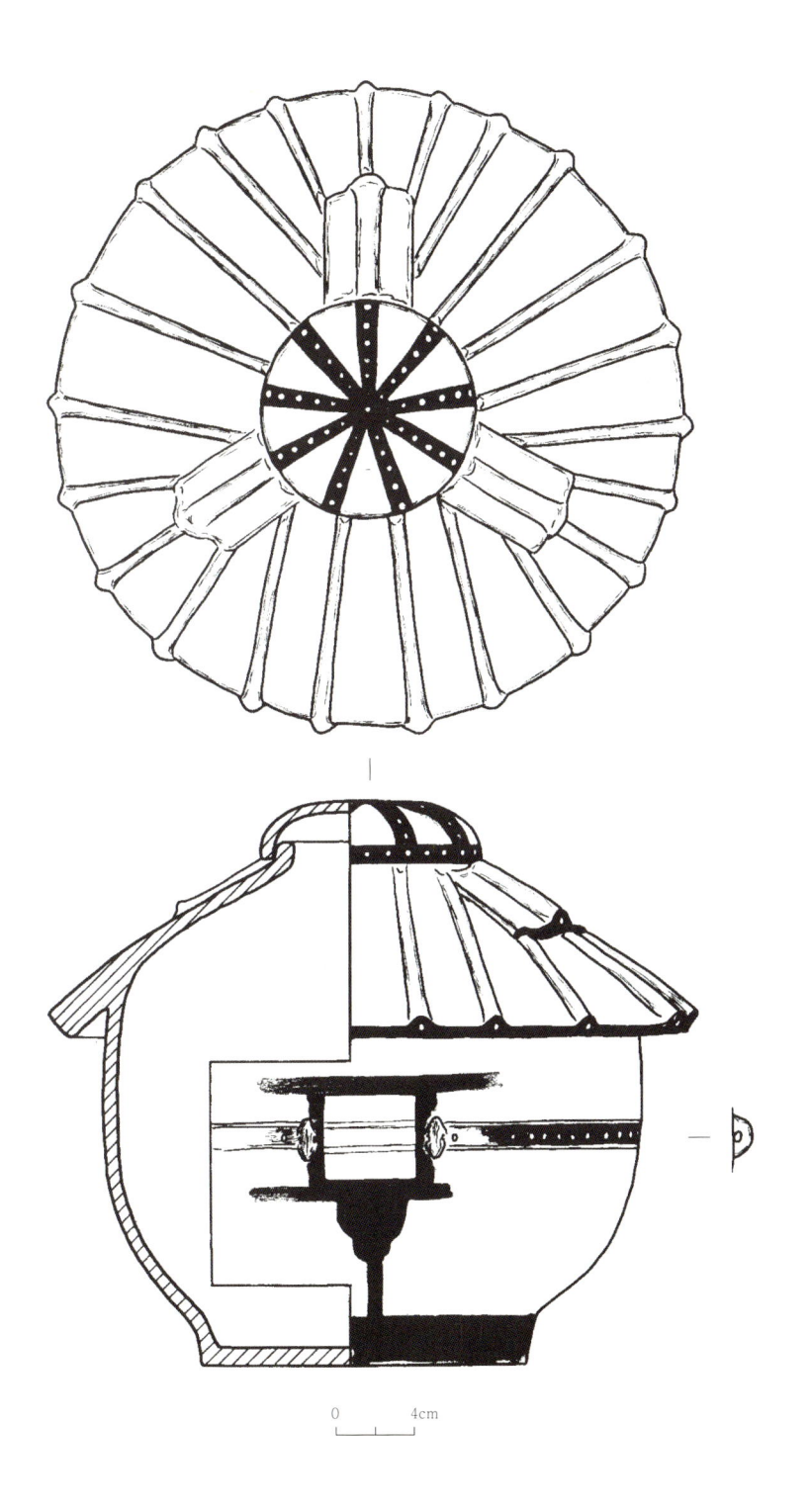

M54 为坐东朝西的竖穴墓道土洞墓，共出土器物 12 件（组），同出器物有陶鼎、盒、蒜头壶、罐、缶、灶、盆、甑，铜镜、铜钱。根据墓葬和器物形制、器物组合判断该墓年代为西汉早期。

秦汉时期墓葬中，常有陶仓、囷等储粮模型明器的随葬。目前最早的陶囷出现于陕西凤翔高庄[1]、八旗屯[2]和宝鸡茹家庄[3]等春秋晚期的秦国墓地中，并流行于西汉中后期的全国各地。陶囷的出现可能与春秋时期秦国农业的发展，逐渐形成"重耕战"的传统和秦人实用为上的价值观及丧葬习俗密切相关。

1　雍城考古队：《陕西凤翔高庄秦墓地发掘简报》，《考古与文物》1981 年第 1 期。
2　陕西省雍城考古队：《一九八一年凤翔八旗屯墓地发掘简报》，《考古与文物》1986 年第 5 期。
3　宝鸡市博物馆、宝鸡市渭滨区文化馆：《陕西宝鸡市茹家庄东周墓葬》，《考古》1979 年第 5 期。

彩绘陶囷

西汉早期

盖径 11.3、盖高 4.5、檐径 31、檐高 7.1、腹径 26.9、底径 15.4、足高 2.2、通高 31 厘米

重 3.835 千克

2014 年，西安市雁塔区上塔坡村北清凉山居 M56 出土（M56:1）

彩绘部分脱落。泥质灰陶，顶部模制，囷体轮制，而后黏接而成。囷顶为双攒尖顶，等距离贴附六道棱脊，顶端贴附一浅覆钵形盖，敛口，圆唇，肩稍出檐，肩上对称贴附四个雁棱，其上模印有一道棱脊，其下分叉模印三道棱脊，在长方形支垫之间都模印有一组三条的棱脊。囷体呈圆柱形，弧腹，假圈足，平底。器身及圈足施白彩，器身一侧有一"Ⅱ"形窗，在图案空白处各有一圆形乳突钮，其中两侧和窗下部中间有红彩圆点植物纹，窗下植物纹两边有一对称鱼形纹，圈足上端施有一周红彩，其下为红彩锯齿纹。

M56为坐东朝西的竖穴墓道土洞墓,共出土器物18件,同出器物有陶鼎、盒、蒜头壶、钫、罐、缶、灶、钵、丸、璧,铁铲、铁灯。根据墓葬和器物形制、器物组合判断该墓年代为西汉早期。

彩绘陶器属于明器,是专门为随葬制作的陶器,现实生活中没有使用价值。中小型墓葬普遍使用鼎、盒、壶、钫这类的仿铜陶礼器,显示这类器物可能已经失去了其本身所反映的"礼制"等级象征,尤其是仓、罐、樽、盘等彩绘明器的出现,说明人们的价值观可能发生了新变化。

酱黄釉陶鼎

西汉中晚期

盖径 24.4、盖高 8.7、口径 20、沿径 2.3、腹径 27、腹深 13.9、足高 11.3、通高 27 厘米

重 3.115 千克

2007 年，西安市未央区张家堡东区汉墓 M114 出土（M114:23）

盖残缺修复。泥质红陶，器表施酱黄色釉。盖、器身轮制，钮、耳、足模制而后黏接。器盖覆钵形，顶近平，顶部等距离黏附三个半环形钮，钮上带短柱。器身子口内敛，方唇，深腹，圜底近平，底附三蹄形足，足跟外鼓，口沿下黏附双耳，耳外撇，耳面外斜。

第二单元　烧陶制瓷

0　　4cm

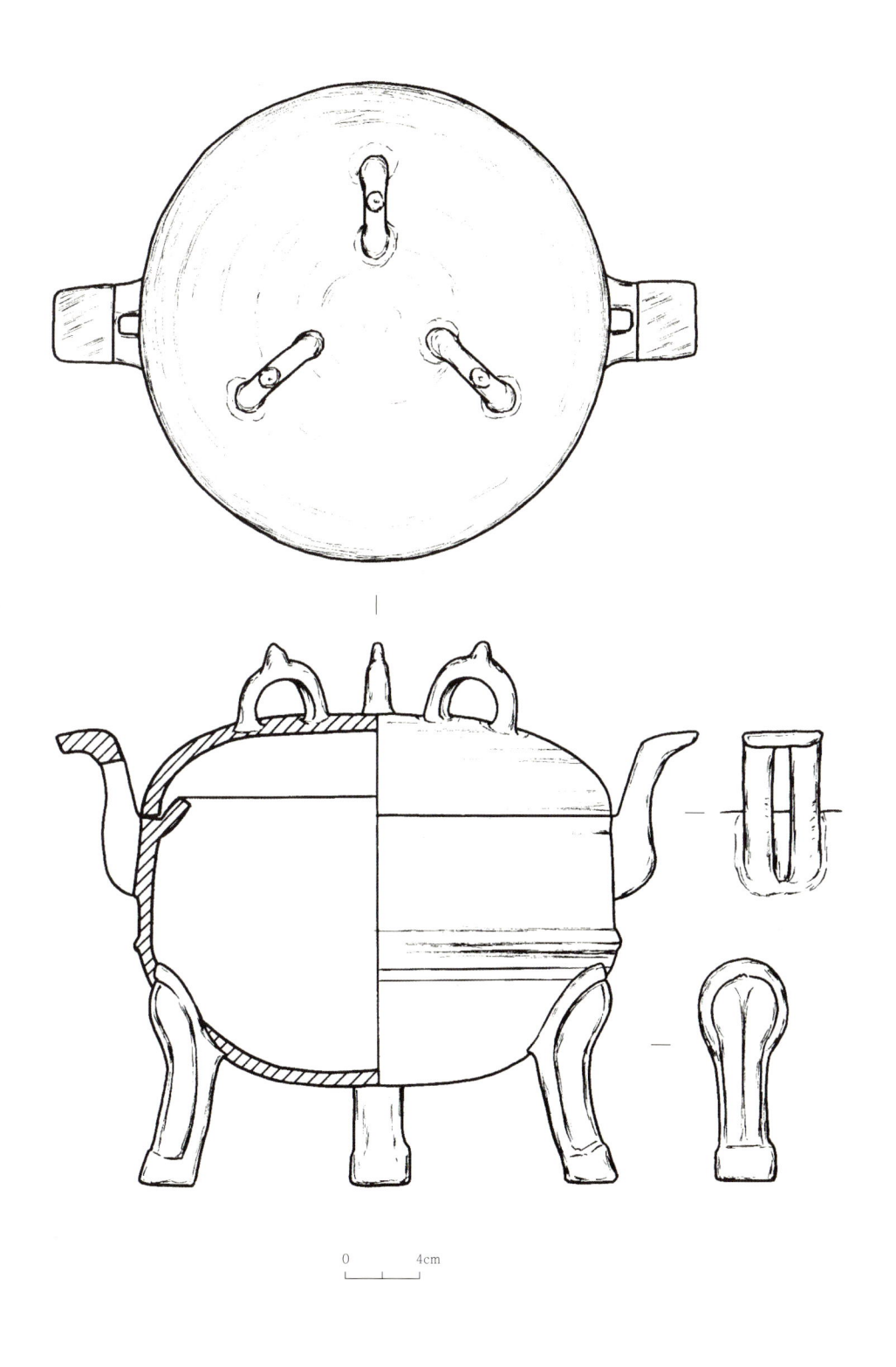

釉陶鼎，制作工艺与灰陶鼎相近，盖与腹轮制，耳与足模制，而后黏接。只是在陶坯上施釉后再入窑焙烧。施釉方法多为刷釉，偶有蘸釉，大多仅器表施釉，盖及鼎腹内壁、足内侧不施釉，也有少部分通体施釉的。底内侧有轮制时留下的痕迹，器腹圜底部位有流釉现象及扇形线切痕，子口及盖顶一般有三处对称分布的支烧黏痕。

著录：西安市文物保护考古研究院：《西安市张家堡两座西汉墓葬的发掘》，《考古》2019年第2期。

酱黄釉陶鼎

西汉中晚期

口径 19、腹径 24、通高 27 厘米

重 3.165 千克

2007 年，西安市未央区张家堡东区汉墓 M114 出土（M114:22）

盖残缺修复。泥质红陶，器表施酱黄色釉。盖、器身轮制，钮、耳、足模制而后黏接。器盖覆钵形，顶近平，顶部等距离黏附三个半环形钮，钮上带短柱。器身子口内敛，方唇，深腹，圜底，底附三蹄形足，足跟外鼓，口沿下黏附双耳，耳外撇，耳面外斜。

2007 年，西安市文物保护考古所在西安北郊张家堡东区发掘汉墓 440 余座。其中 M114 为坐西朝东的斜坡墓道竖穴土圹砖室墓，共出土器物 82 件（组），同出器物有釉陶盒、壶、罐、盘、熏炉、樽、仓、陶釜、盆、甑、瓮、瓶、铜釜、铜钱、铁釜、铁权等。根据墓葬和器物形制、器物组合判断该墓年代为西汉中晚期。

釉陶器为汉代墓葬中常见一类器物，表面施有厚重的姜黄、酱黄或绿色釉。根据分析，釉内含铅量较高，起助溶剂的作用，因此这种釉可以在普通低温下烧成，又称低温釉陶。在铅釉中加入少量铁、铜、钴、锰等呈色金属物质，烧成之后就会呈现出黄、绿等多种颜色。

著录：西安市文物保护考古研究院：《西安市张家堡两座西汉墓葬的发掘》，《考古》2019 年第 2 期。

酱黄釉陶盒

西汉中晚期

捉手径 9.7、盖径 18.5、盖高 5.1、口径 14.7、沿宽 2、
腹径 18.5、腹深 7.8、底径 10.2、通高 13.4 厘米

重 1.152 千克

2007 年，西安市未央区张家堡东区汉墓 M114 出土（M114:27）

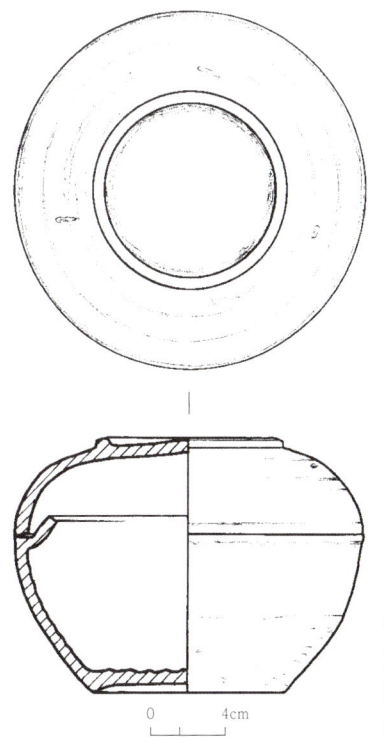

泥质红陶，器表施酱黄色釉。轮制。器盖覆钵形，顶近平，上有圈足形捉手。器身子口内敛，方唇，唇面内斜，浅腹，腹壁圆弧，平底内凹。

釉陶盒，制坯方法与灰陶盒相同，盖与腹均以轮制为主，只是坯上施釉再入窑焙烧。其施釉方法多为刷釉，釉层较薄，偶有蘸釉，釉层较厚。一般无流釉现象，盖、腹内壁以及子口、底部多不施釉。器身底部内侧及底部有轮制痕迹。

著录：西安市文物保护考古研究院：《西安市张家堡两座西汉墓葬的发掘》，《考古》2019 年第 2 期。

酱黄釉陶盒

西汉中晚期

捉手径 9.6、盖径 18.7、盖高 5.1、口径 16.4、沿宽 1.8、腹径 19.6、腹深 8.3、底径 15.4、通高 14 厘米

重 1.238 千克

2007 年，西安市未央区张家堡东区汉墓 M114 出土（M114:48）

　　泥质红陶，器表施酱黄色釉。轮制。器盖覆钵形，顶近平，上有圈足形捉手。器身子口内敛，方唇，唇面内斜，浅腹，腹壁圆弧，平底内凹。器表有四处等距支烧痕迹。

　　关于铅釉陶器的起源，目前较为普遍的一种说法是中国本土发明的，最早出现于汉武帝时期关中地区墓葬中，但数量极少。也有说法是中国的铅釉陶器最早出现在战国，但无出土确切的器物为证。目前亦无法排除是否借鉴了地中海地区古罗马帝国玻璃器的制作工艺。大约自汉宣帝以后，铅釉陶器的烧造技术日益成熟。

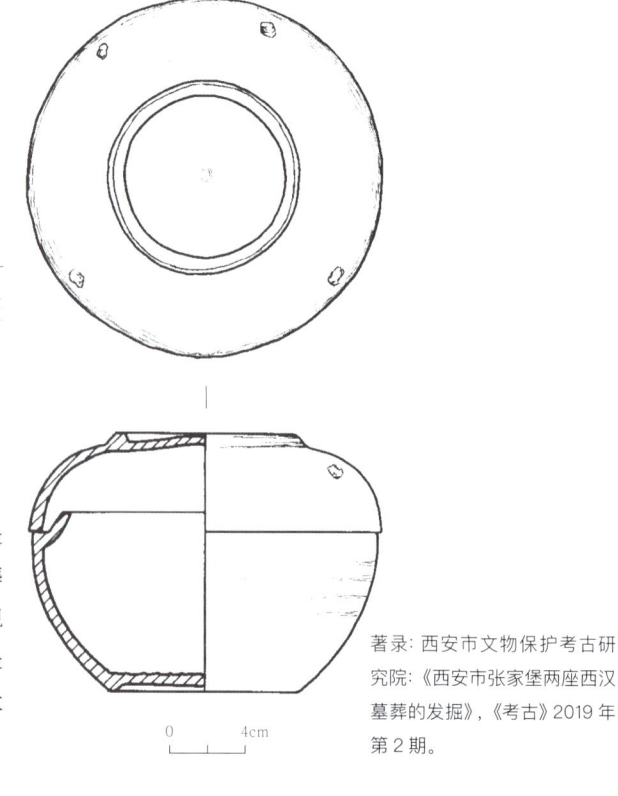

著录：西安市文物保护考古研究院：《西安市张家堡两座西汉墓葬的发掘》，《考古》2019 年第 2 期。

酱黄釉陶盒

西汉中晚期

捉手径 8.9、盖径 19.1、盖高 5.6、口径 15.5、沿宽 2、
腹径 19、腹深 8.2、底径 10、通高 14 厘米

重 1.215 千克

2007 年，西安市未央区张家堡东区汉墓 M114 出土（M114：28）

微残。泥质红陶，器表施酱黄色釉。轮制。器盖覆钵形，顶近平，上有圈足形捉手。器身子口内敛，方唇，唇面内斜，浅腹，腹壁圆弧，平底内凹。

从概念上来说，铅釉的制备比石灰釉简单，烧成温度也低，而中国铅釉的发明却比石灰釉要晚一千年之久。原因在于低温釉的配制工艺比原始青瓷复杂，它要加入金属铅作助溶剂，并配入呈色金属物质，要求控制陶器烧成温度，掌握陶胎的膨胀系数等，因此它的产生必定是在掌握制陶及原始瓷的基础上，加以创新才能得以发明。

著录：西安市文物保护考古研究院：《西安市张家堡两座西汉墓葬的发掘》，《考古》2019 年第 2 期。

酱黄釉陶壶

西汉中晚期

口径 19.8、腹径 38.4、底径 25.8、高 45.3 厘米

重 8.556 千克

2007 年，西安市未央区张家堡东区汉墓 M114 出土（M114:35）

口沿微残。泥质红陶，器表施酱黄色釉。轮制。体大、盘口、方唇、短粗颈内束、圆鼓腹、矮假圈足、平底内凹。肩腹交接处饰三周凹弦纹，腹部两侧黏附对称铺首衔环。

釉陶采用普通陶胎，一般以泥质红陶为多，灰陶很少，这与烧造工艺有关。制作时与普通陶器一样，多轮制拉坯成型。坯体晾干到一定程度后施釉，一次烧成。有极少数釉陶为灰陶胎，这是胎先烧成，后上釉再二次入窑焙烧才能成器。釉色随着时间推移也有不同。西汉早期的釉色多为黄绿色，中期主要为酱黄色，到了晚期及以后，则主要为绿色。

著录：西安市文物保护考古研究院：《西安市张家堡两座西汉墓葬的发掘》，《考古》2019 年第 2 期。

酱黄釉陶壶

西汉中晚期

口径 20.5、腹径 38、底径 23、高 44.4 厘米

重 8.601 千克

2007 年，西安市未央区张家堡东区汉墓 M114 出土（M114:69）

口沿微残。泥质红陶，器表施酱黄色釉。轮制。体大，盘口，方唇，短粗颈内束，圆鼓腹，矮假圈足，平底。肩腹交接处饰三周凹弦纹，腹部两侧黏附对称铺首衔环，下腹部有三周米粒状绳纹。口部有三处等距支烧痕迹。

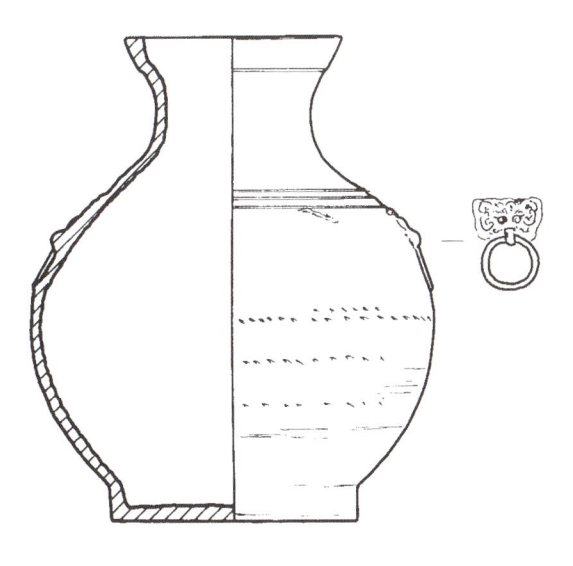

黄釉陶壶，肩部无模印浅浮雕式图案的，其制法与灰陶壶相同。多为轮制而成，铺首衔环为先在肩部贴泥片，而后在其上模印铺首，故铺首周围有一周凹槽，与之对应的内壁有两个手指按窝。还有一种肩部有模印图案的，则为肩、腹分别模制，口、颈轮制，而后拼接。这也是绿釉陶壶常见的制作方法。

著录：西安市文物保护考古研究院：《西安市张家堡两座西汉墓葬的发掘》，《考古》2019 年第 2 期。

酱黄釉陶房形仓

西汉中晚期

顶长 16.2、檐长 33、檐宽 18、足高 5.9、通高 30 厘米

重 4.574 千克

2007 年,西安市未央区张家堡东区汉墓 M114 出土（M114:60）

　　泥质红陶,器表施酱黄釉,釉面有光泽。模制。房屋形,四阿形顶,小瓦覆盖四坡,屋檐四面模印出蔽护屋檐的瓦当,瓦当面饰井字形纹,仓体四壁斜直,最下部向下向内成弧形收缩,平底,底部黏附四蹄形足,正面上部开有二窗,窗上有栓。

　　房形仓的制作工艺比较复杂,仓顶、体、足分体模制,其中仓身分四面模制,而后拼合黏接为一体。顶部的瓦楞亦是先模制,后黏接在顶部。有的仓体还有单独制作的可开合小窗。拼合后再在器表刷釉,一次性烧制而成。

著录:西安市文物保护考古研究院:《西安市张家堡两座西汉墓葬的发掘》,《考古》2019 年第 2 期。

黄釉陶房形仓

西汉中晚期

顶长 16.8、檐长 33.5、檐宽 19.6、檐高 7.1、底长 18.6、底宽 8.3、足高 5.9、通高 30.8 厘米

重 5.605 千克

2007 年,西安市未央区张家堡东区汉墓 M114 出土（M114:16）

　　微残。泥质红陶,器表施黄釉,釉面有光泽。模制。房屋形,四阿形顶,小瓦覆盖四坡,屋檐四面模印出蔽护屋檐的瓦当,瓦当面饰"井"字形纹,仓体四壁斜直,最下部向下向内成弧形收缩,平底,底部黏附四兽形足,正面上部开有二窗,窗上有栓。

第二单元 烧陶制瓷

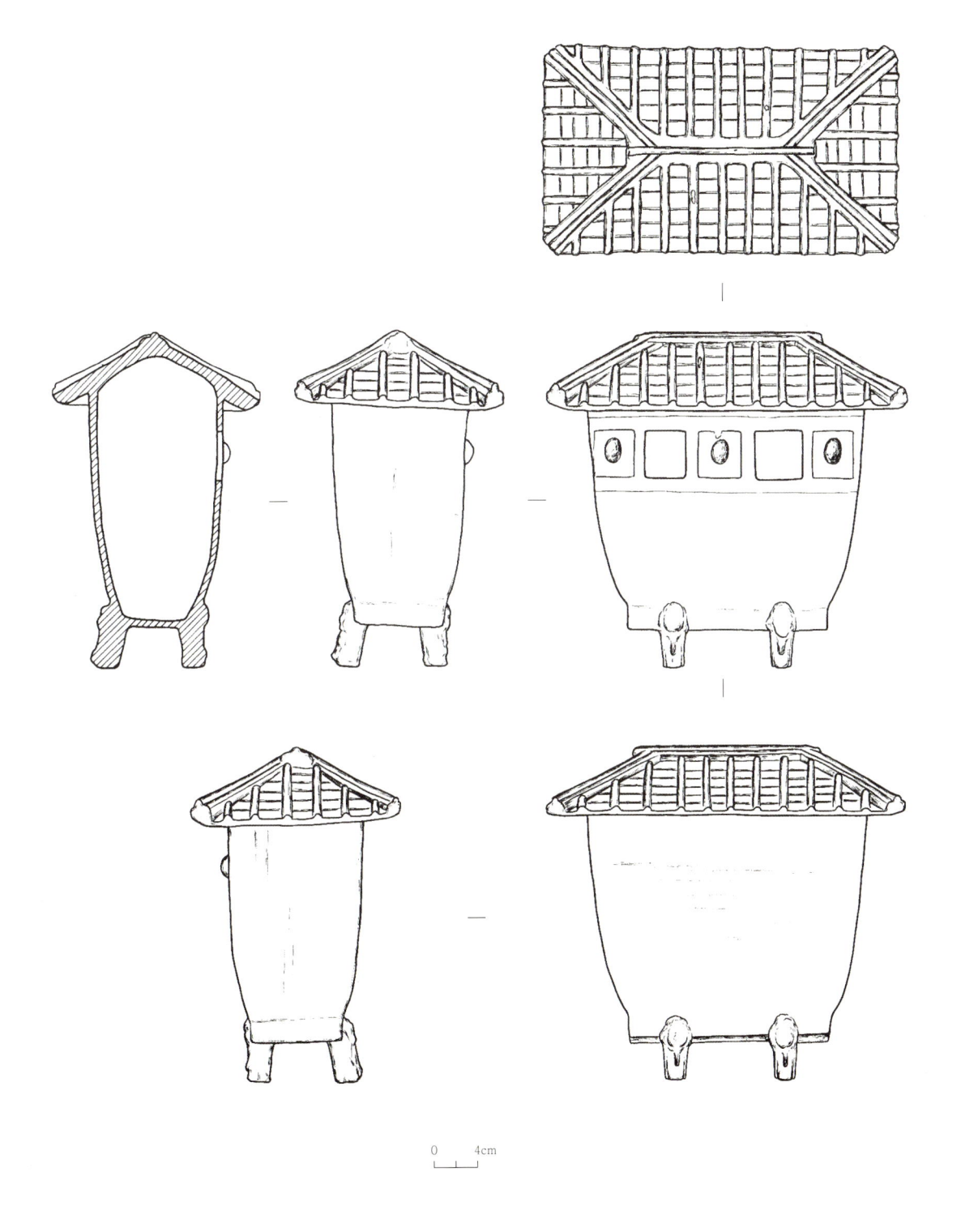

西汉釉陶的着色剂主要为铁离子，铅为主要助溶剂。在早期开始烧制时，先烧成了黄绿色，这可能说明烧制技术还不够成熟，具有一定的随机性，温差较大。西汉中晚期，烧造温度升高，烧制成统一的酱黄色。到了西汉晚期及以后，在不断摸索中终于烧成了绿色釉陶，这可能与当时节省能源、符合当时社会审美以及礼仪要求有关。

著录：西安市文物保护考古研究院：《西安市张家堡两座西汉墓葬的发掘》，《考古》2019年第2期。

酱黄釉陶囷

西汉中晚期

口径 12.5、檐径 33.5、檐高 7.4、腹径 33、底径 28.4、足高 8.2、通高 44.5 厘米

重 10.528 千克

2007 年，西安市未央区张家堡东区汉墓 M114 出土（M114:5）

泥质红陶，器表施酱黄色釉。肩、腹分体轮制，屋脊、足模制而后黏接。直口，方唇，矮领，斜肩，周边略出檐，筒形腹，上大下小，平底，底边黏附三矮兽形足。肩部等距离贴附六道放射状棱脊，腹饰三周凹弦纹。

第二单元 烧陶制瓷

0　　8cm

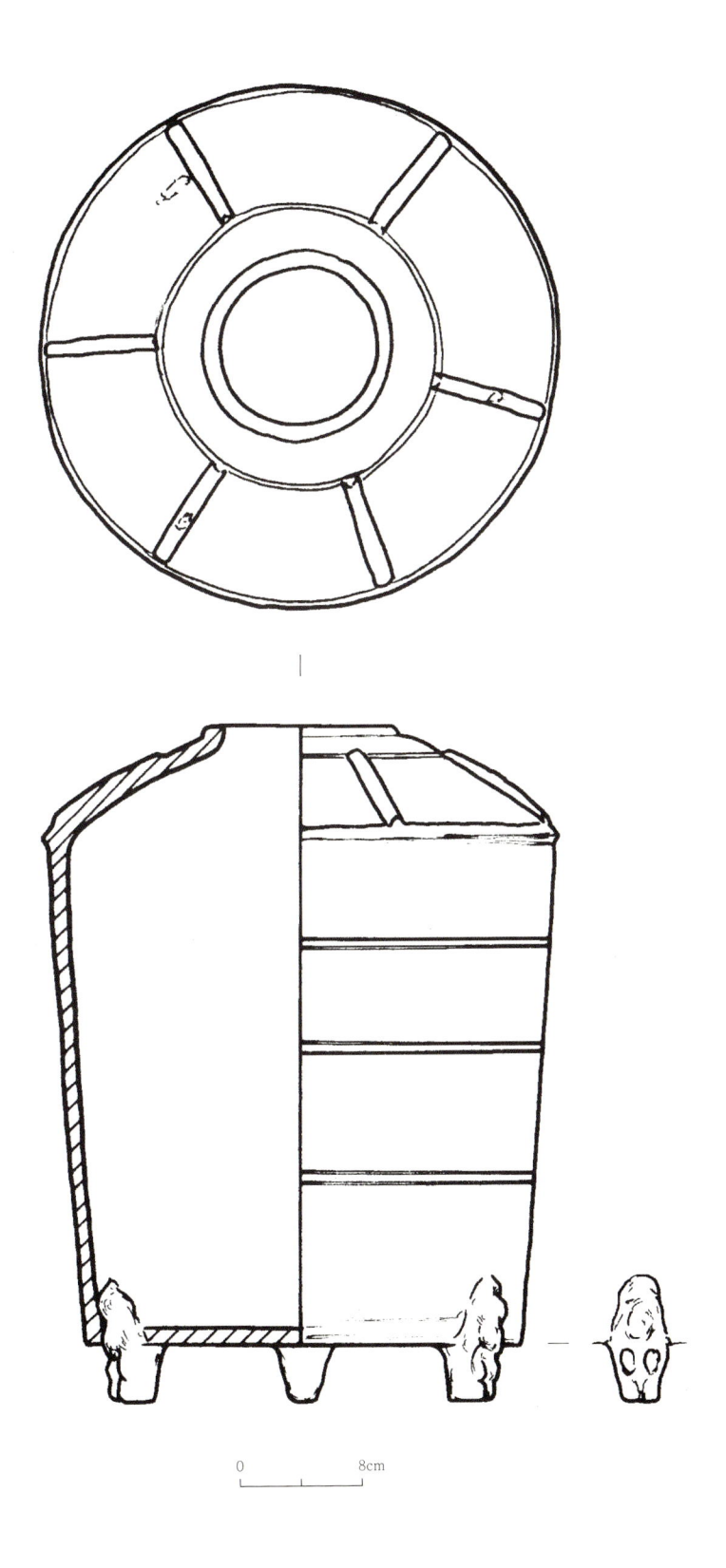

黄釉陶囷，器身为肩、腹分体轮制，而后黏接，肩部棱脊为模制好再黏接，腹部的凹弦纹为轮制时用带齿工具刮削而成，凸弦纹则为先抹泥后刮削而成。陶坯晾成型后统一施釉再入窑焙烧。

著录：西安市文物保护考古研究院：《西安市张家堡两座西汉墓葬的发掘》，《考古》2019年第2期。

127

酱黄釉陶囷

西汉中晚期

口径11.6、檐径33.7、檐高7.1、腹径33.7、底径27.6、足高7.3、通高43.5厘米

重9.985千克

2007年，西安市未央区张家堡东区汉墓M114出土（M114:3）

微残。泥质红陶，器表施酱黄色釉。肩、腹分体轮制，屋脊、足模制而后黏接。直口，方唇，矮领，斜肩，周边略出檐，筒形腹，上大下小，平底，底边黏附三矮兽形足。肩部等距离贴附六道放射状棱脊，腹饰三周凹弦纹。

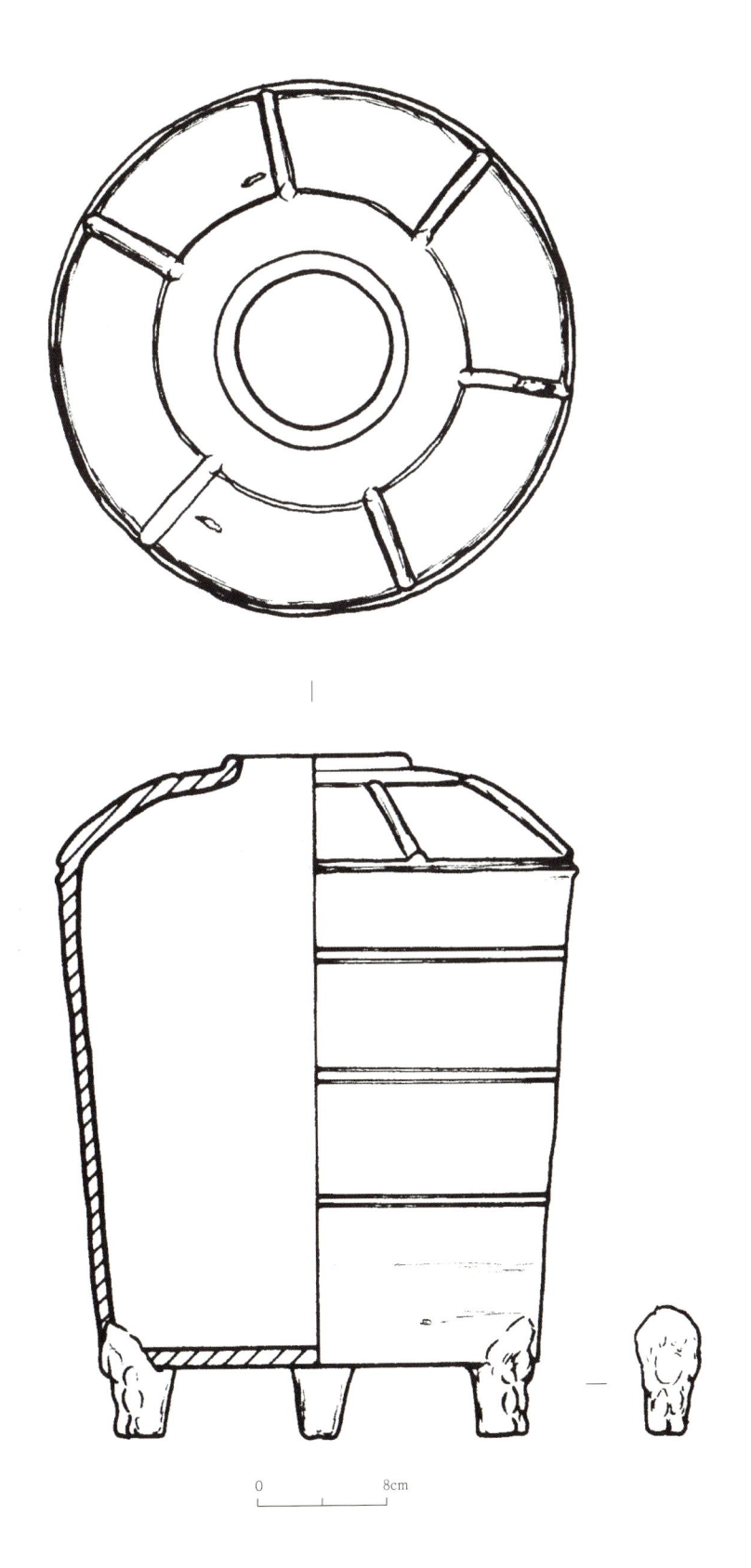

西汉晚期的绿釉陶囷，制作工艺与黄釉陶囷有所区别。肩部和足部一般为模制，腹部轮制，而后黏接。与三足相对应，其烧制方法为叠烧。

著录：西安市文物保护考古研究院：《西安市张家堡两座西汉墓葬的发掘》，《考古》2019年第2期。

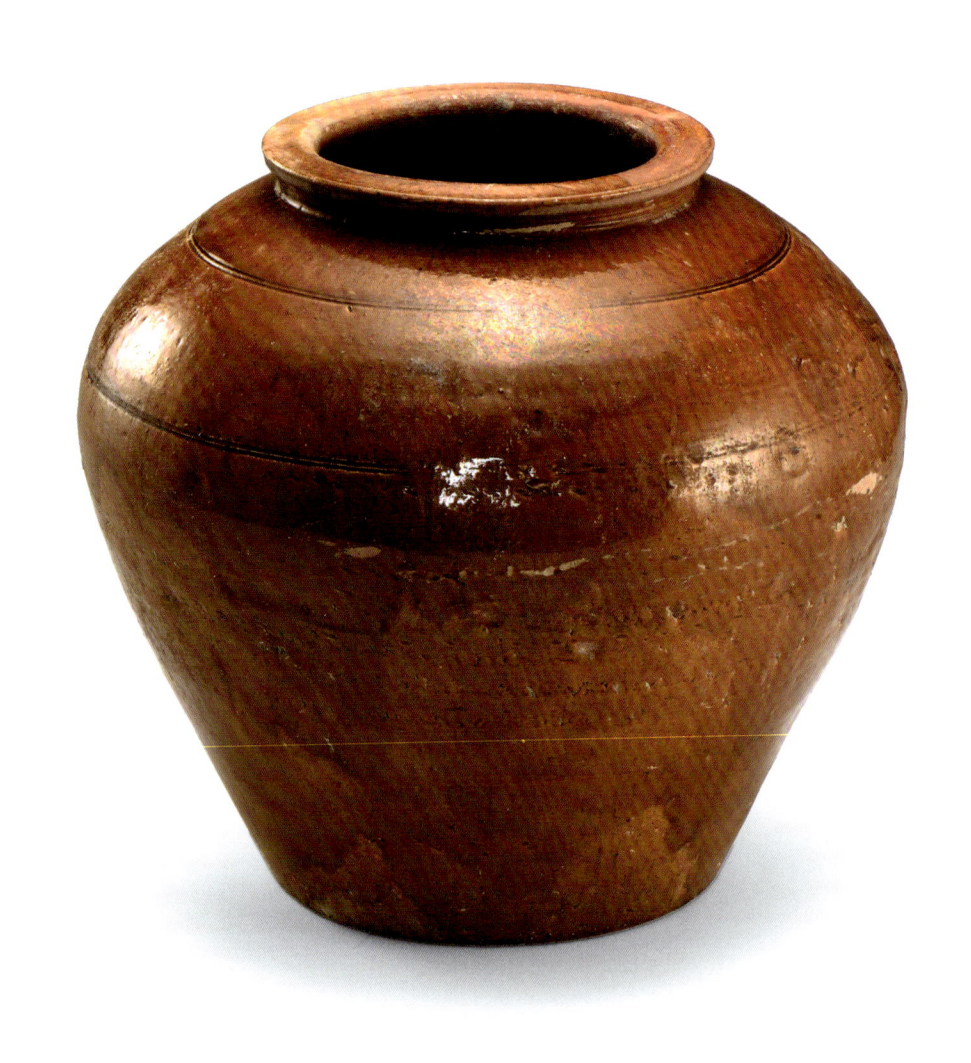

秦风汉韵 盛世长安
西安新出土文物精品展

酱黄釉陶罐

西汉中晚期

口径 17、腹径 32、底径 19、高 29 厘米

重 3.997 千克

2007 年，西安市未央区张家堡东区汉墓 M114 出土（M114:43）

泥质红陶，器表施酱黄色釉，底部无釉。轮制。口微侈，平折沿，沿面一周下凹，方唇，圆肩，鼓腹，平底。肩、上腹、下腹各饰两周一组凹弦纹。

0   4cm

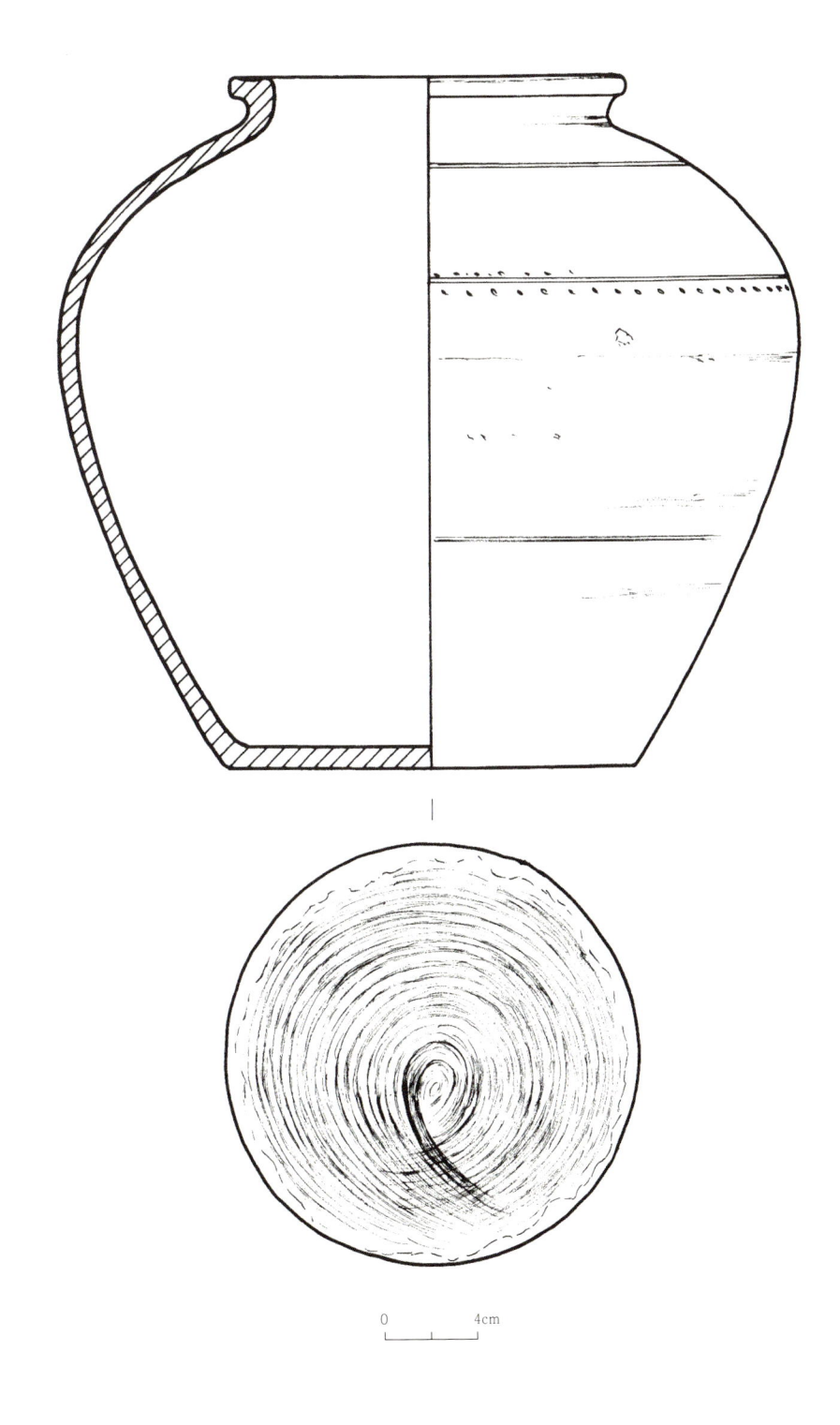

汉代盛食品的容器种类繁多，有瓿、瓵、瓮、缶、罍、瓶等。有些器名在文献中也没有明确概念。例如瓿，《尔雅·释器》："瓯、瓿谓之瓵。"《说文解字》："瓿，小缶也。"《广雅·释器》："瓿，缶也，又瓶也。"目前也有许多器名和考古发现的实物无法一一对应，如瓵，《说文解字》："瓵，下平缶也。"可能是所谓的"初平式陶罐"。汉代很少用罐这个名称，未来可能通过科技手段对容器内的残留物分析来解决器名对应这一问题。

著录：西安市文物保护考古研究院：《西安市张家堡两座西汉墓葬的发掘》，《考古》2019年第2期。

酱黄釉陶罐

西汉中晚期

口径 18.5、腹径 34.5、底径 18.5、高 28 厘米

重 5.19 千克

2007 年，西安市未央区张家堡东区汉墓 M114 出土（M114:24）

泥质红陶，器表施酱黄色釉，釉色不均，底部无釉。轮制。口微侈，方唇，唇面一周下凹，圆肩，鼓腹，平底内凹。肩饰两周凹弦纹，上腹部有一周戳印纹。口部有三处等距支烧痕迹。

黄釉陶罐，以轮制为主，底部内侧一般留有螺旋状拉坯痕，底部有旋削痕。也有分体模制后拼接的，在内壁拼接处有泥条加固痕迹。入窑焙烧前施釉，主要为刷釉，也有蘸釉者。

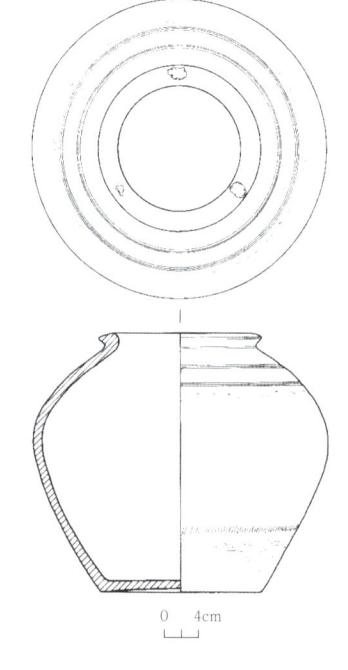

著录：西安市文物保护考古研究院：《西安市张家堡两座西汉墓葬的发掘》，《考古》2019 年第 2 期。

酱黄釉陶罐

西汉中晚期

口径 6.5、腹径 15.6、底径 8.4、高 15 厘米

重 0.703 千克

2007 年，西安市未央区张家堡东区汉墓 M114 出土（M114:30）

泥质红陶，器表施酱黄釉，底部无釉。轮制。侈口，方唇，唇面一周下凹，短束颈，圆肩，鼓腹，平底。

西汉晚期的绿釉陶罐肩部多有模印图案，其制法均为分体模制，而后拼接。口沿及底部无釉，均有一周环状烧结黏痕或支垫痕，其烧制方法当为叠烧。亦有少量轮制的，器表素面。

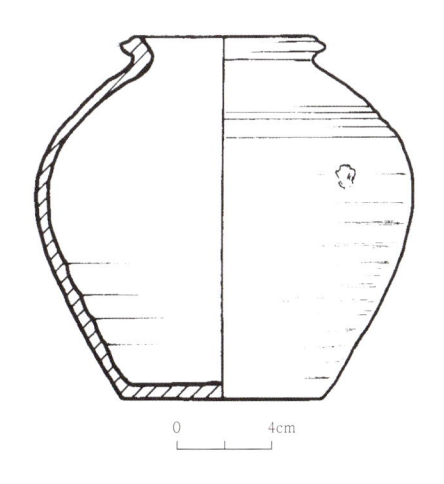

著录：西安市文物保护考古研究院：《西安市张家堡两座西汉墓葬的发掘》，《考古》2019 年第 2 期。

酱黄釉陶盘

西汉中晚期

口径 30.8、沿宽 1.9、底径 16.3、高 7.8 厘米

重 2.012 千克

2007 年，西安市未央区张家堡东区汉墓 M114 出土（M114:66）

  泥质红陶，通体施酱黄釉。轮制。敞口，平折沿，圆唇，浅折腹，平底，矮假圈足。口部有四处等距离支烧痕迹。

  盘，古代沐浴、盥洗器。《说文解字》："承盘也。"《礼记·内则》："进盥，少者奉盘，长者奉水。"先秦墓葬中常盘、匜同出。汉代少有同出者，说明盥洗的方式可能已经简化，而且用途可能也有所变化。《说文解字》："匜，似羹魁，柄中有道，可以注水、酒。"可见匜也用作注酒器。

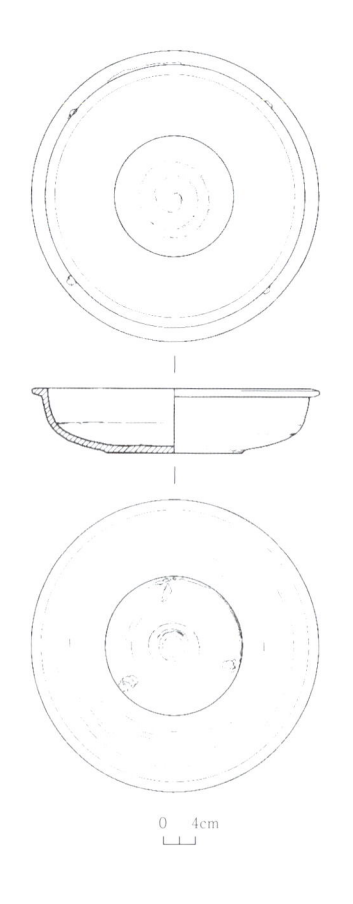

著录：西安市文物保护考古研究院：《西安市张家堡两座西汉墓葬的发掘》，《考古》2019 年第 2 期。

酱黄釉陶盘

西汉中晚期

口径 27.4、沿宽 1.7、底径 16.4、高 8 厘米

重 2.538 千克

2007 年，西安市未央区张家堡东区汉墓 M114 出土

（M114:37）

微残。泥质红陶，通体施酱黄釉。轮制。敞口，折沿外斜，圆唇，浅折腹，平底，矮假圈足。口部有四处等距支烧痕迹。

汉代用于盥洗的器皿有沐盘、沐盆和沐缶。《说文解字》："沐，濯发也。"《礼记·丧大记》："沐用瓦盘。"《说文解字》："浴，洒身也。"但根据考古资料，汉代沐、浴两词的区分已不甚严格。河北满城汉墓 M1 中出土的"常浴"铜盆[1]尺寸与徐州石桥西汉崖墓出土的"赵姬沐盘"[2]、长沙汤家岭西汉墓出土的"张端君沐盘"[3]容量相近，而贵州赫章 8 号汉墓出土的"同劳澡槃"[4]口径仅 27 厘米，显然不能用于洗澡。

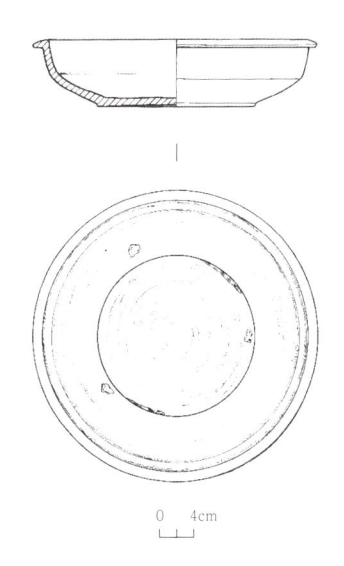

著录：西安市文物保护考古研究院：《西安市张家堡两座西汉墓葬的发掘》，《考古》2019 年第 2 期。

1 中国社会科学院考古研究所、河北省文物管理处：《满城汉墓发掘报告（上）》，文物出版社，1980 年，第 57-58 页。
2 徐州博物馆：《徐州石桥汉墓清理报告》，《文物》1984 年第 11 期。
3 湖南省博物馆：《长沙汤家岭西汉墓清理报告》，《考古》1966 年第 4 期。
4 贵州省博物馆、贵州省赫章县文化馆：《赫章可乐发掘报告》，《考古学报》1986 年第 2 期。

酱黄釉陶樽

西汉中晚期

盖径 22.2、盖高 15.8、口径 22.8、器身高 20、足高 6.1、通高 33.4 厘米

重 4.239 千克

2007 年，西安市未央区张家堡东区汉墓 M114 出土（M114:45）

泥质红陶，通体施酱黄釉。器身轮制，盖模制，足模制而后黏接。器盖博山形，子口内敛，其上模印山峦沟壑及动物形象。器身直口，方唇，直筒腹，平底，底边黏附三蹄形足。盖轮修，内壁有轮旋纹。

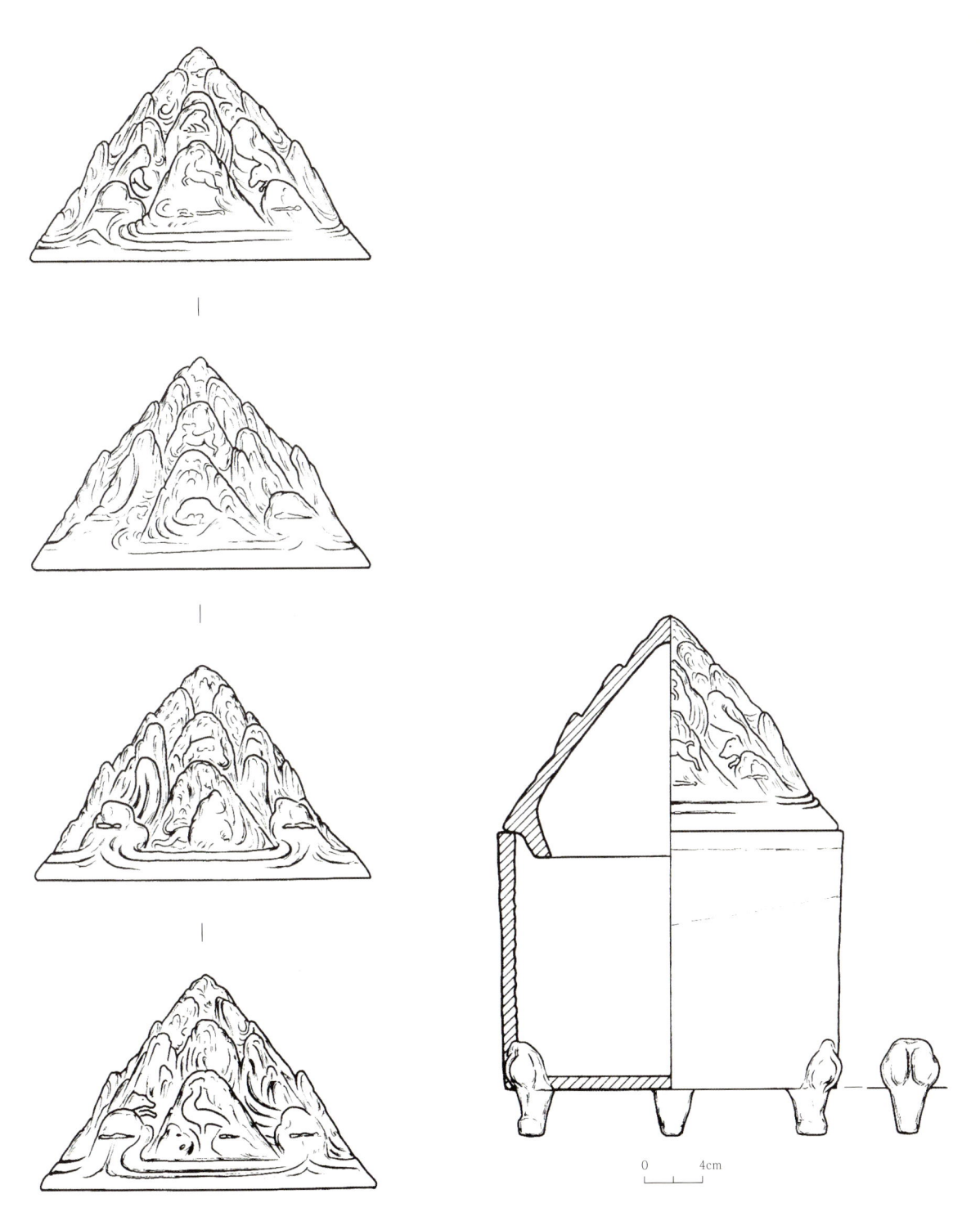

樽，也称尊，古代盛酒器。《说文解字》："尊，酒器也。"樽有盆形和筒形两大类，其下都有圈足或三足，盆形樽以圈足为主，而筒形樽以三足为主。其制作方法为博山形盖和足模制，腹轮制，而后黏接，陶坯上施釉后入窑焙烧，一般内腹及底不施釉。

著录：西安市文物保护考古研究院：《西安市张家堡两座西汉墓葬的发掘》，《考古》2019年第2期。

酱黄釉陶熏炉

西汉中晚期

盖径 10.3、盖高 7.8、盘径 10.8、盘深 7.1、柄径 3.3、柄高 8.4、座径 21.2、底径 13.2、通高 20.2 厘米

重 1.278 千克

2007 年，西安市未央区张家堡东区汉墓 M114 出土（M114:10）

上部残缺，底盘沿残。泥质红陶，通体施酱黄釉。盖模制，炉身与柄座分体轮制，而后黏接。器盖博山形，顶有数个镂孔。器身子口内敛，深腹，器身中部有一道台棱，圜底近平，空心柱形柄，底座浅盘形，敞口，平沿稍外斜，浅弧腹，平底。

0   4cm

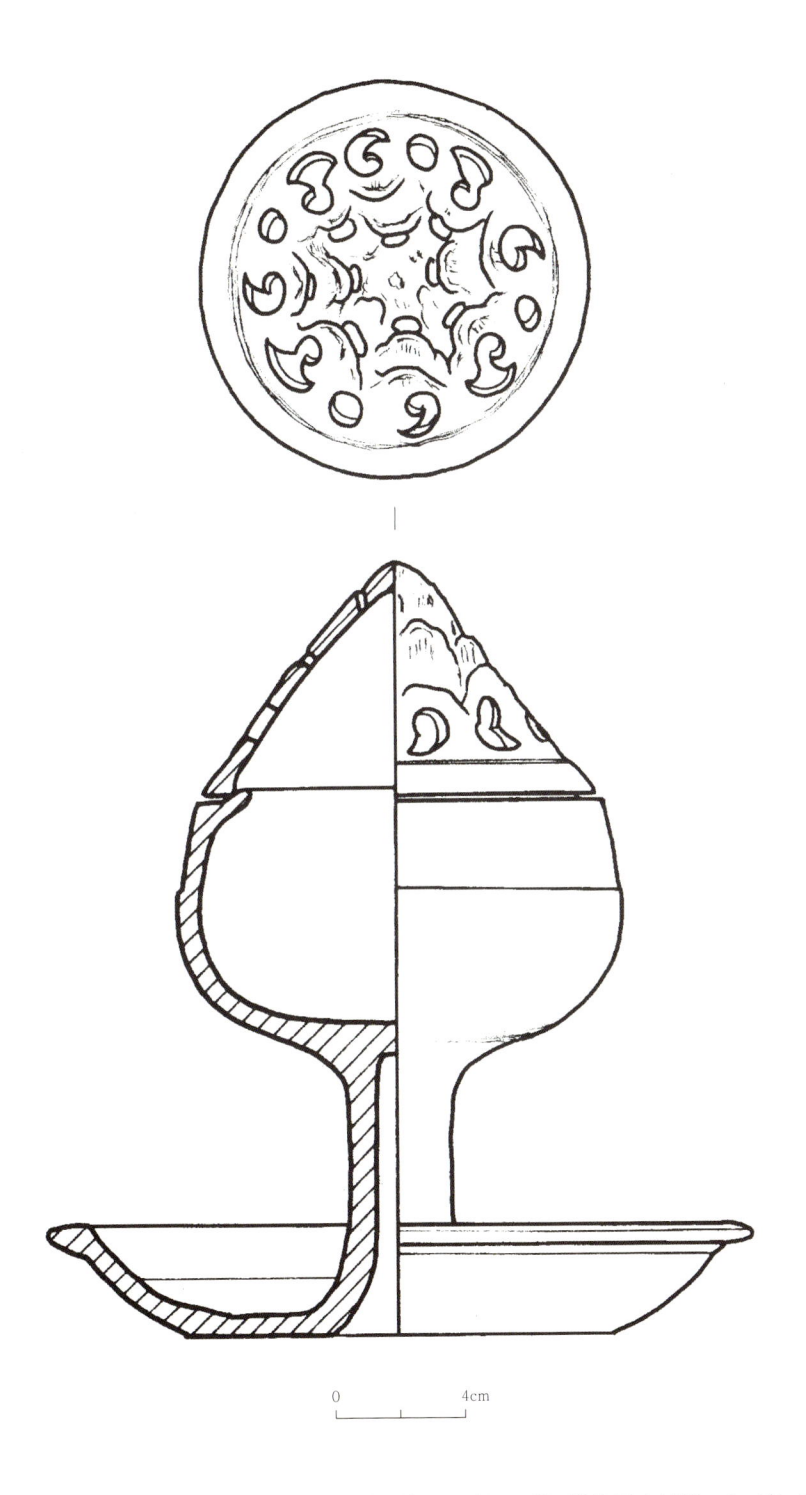

西汉陶明器的制作工艺有着明显的时代特征。西汉早期，器物组合以鼎、盒、壶、钫、罐、灶为主，陶质以泥质灰陶为主，器表多施彩绘，以红、白彩为主，鼎盖、腹、盒、壶、罐多为轮制，鼎耳、足、钫、方仓等为模制再拼接而成。西汉中期至中晚期，器物组合新出现樽和圆腹仓，陶质新出现泥质红陶，器表施酱黄釉。壶、罐已出现分体模制而后黏接的制作工艺，这两类器物的肩部出现模印图案。西汉晚期至新莽，器物组合以壶、罐、樽、仓、灶等为主，前期的仿铜陶礼器组合少见。陶质以泥质红陶为主，釉色多为墨绿色。大量流行模印图案装饰，模制或分体模制的器物而后黏接的方式制作工艺占大多数。

著录：西安市文物保护考古研究院：《西安市张家堡两座西汉墓葬的发掘》，《考古》2019年第2期。

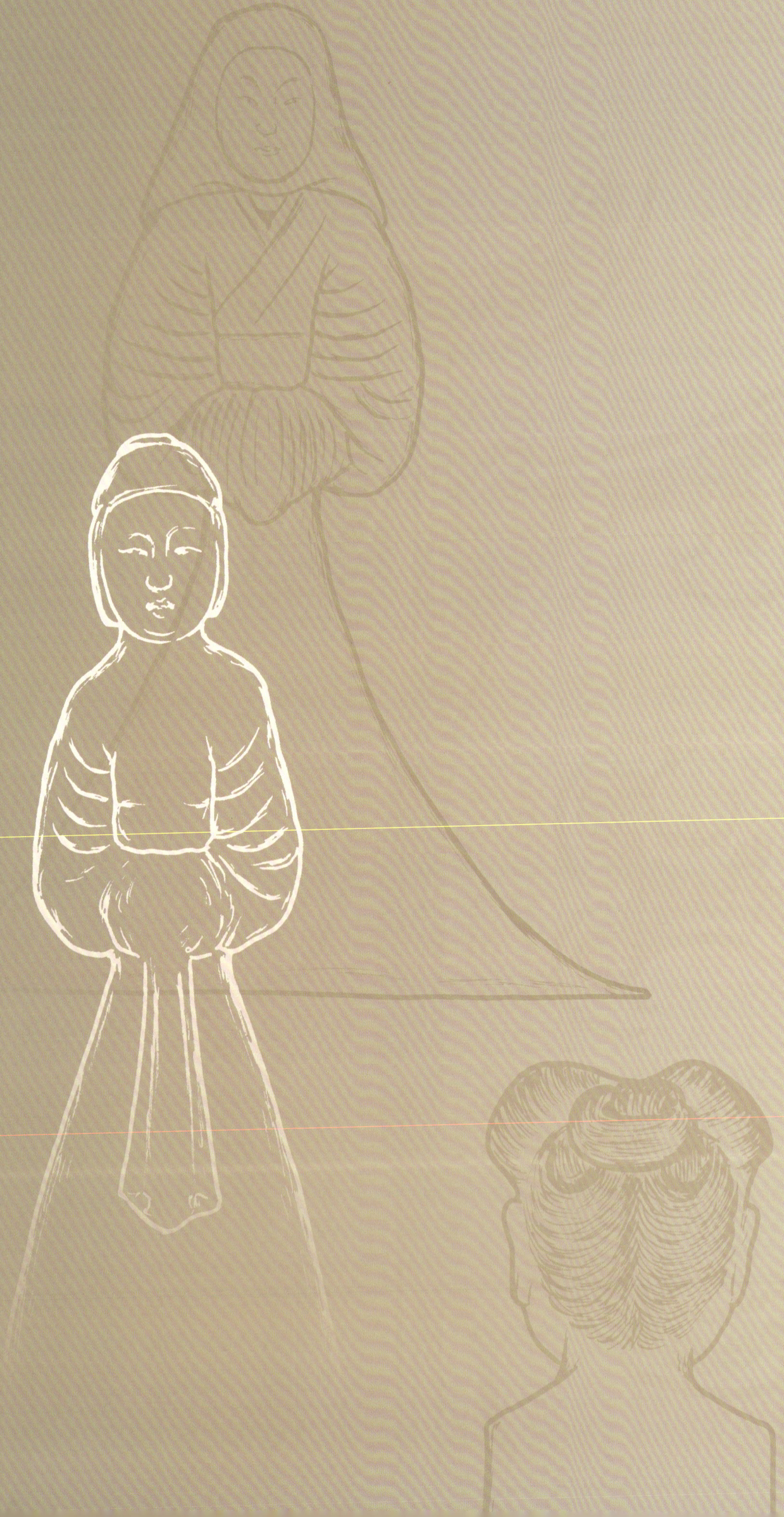

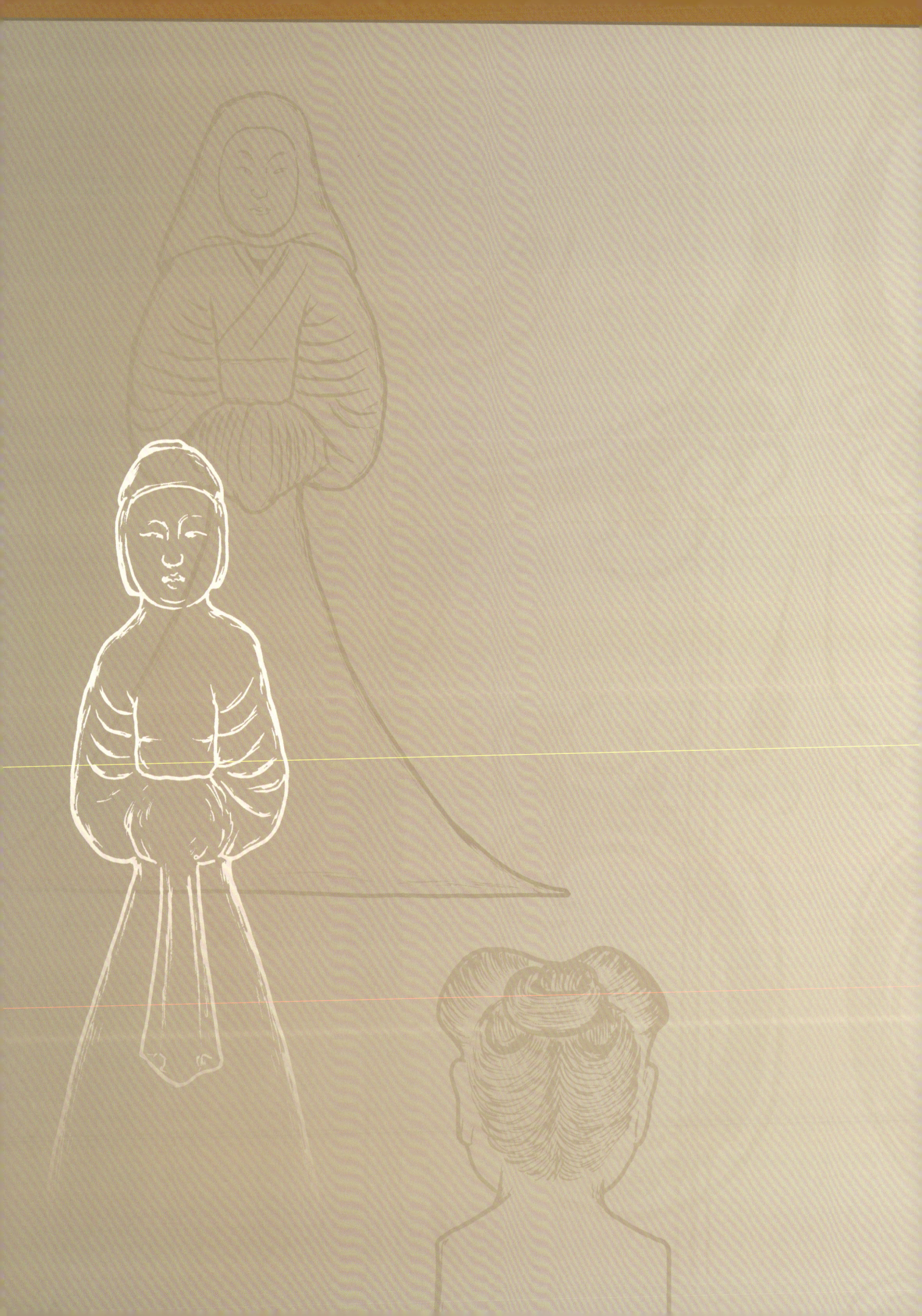

第三单元

秦雕汉刻

  人殉即以活人为死者陪葬，此现象在史前社会就已存在。新石器时期的大汶口文化、龙山文化以及青铜时代的齐家文化中皆有发现。随着阶级的不断分化和国家的产生，商代人殉制度达到鼎盛，其中安阳西北冈王陵区[1]内的人殉多达数千，商王武丁的配偶妇好墓[2]中的殉人至少有14个。一般情况下，被殉葬者都是死者的宠妾、侍从等，但也有战争中俘获的俘虏。人殉制度的支配思想是"事死如事生，事亡如事存"的思想观念，是人们对于死亡世界的认知，也是阶级分化产生的结果。《墨子·节葬》记载："天子杀殉，众者数百，寡者数十；将军大夫杀殉，众者数十，寡者数人"。随着社会发展和文明进步，这种残忍的殉葬行为在战国以后开始衰落，主要体现在人殉数量大为减少。然而汉以后的历史时期，人殉制度并未得到彻底革除，以活人殉葬的观念和做法也一直延续至清代。

  人殉制度是残忍的、丧失人性的，是一种陋俗。随着人殉制度的衰落，用以代替殉人而制作的木俑或烧制的陶俑逐渐出现，这是社会发展和生产力进步的结果。以俑陪葬最早出现于商代，但只是极个别现象，春秋晚期至战国时期开始流行。由于埋藏环境的影响，目前木俑主要发现于南方和西北地区，北方则以陶俑为主。早期的俑一般体型都很小，高度仅几厘米。至秦始皇时，陶俑的制作及随葬达到了顶峰，其数量、种类、质量、大小、布局皆举世罕见。秦以后的陶俑虽然造型更加多样，但在规模及大小方面，却无一能超越秦始皇陵兵马俑者。

  汉承秦制、糅周礼、融楚俗，其丧葬制度也不例外。汉代随葬器物中礼器的减少，模型明器的增多，陶俑的随葬，都是这一传承和融合的结果。西汉时期的陶俑，多出土于帝王陵陪葬俑坑及高级贵族墓葬中，墓葬等级越高，陶俑的体量越大。目前所见西汉时期陶俑种类有兵马俑、武士俑、舞俑、乐俑、侍俑等。西汉时期高等级墓葬中随葬的裸体俑（也称着衣俑）是这一时期最为典型而又独特的陶俑，这些陶俑下葬时应当均着帛衣或革甲，无臂者原应装有木制手臂。小型墓葬中只有极少数墓出土有陶俑，一般为男女侍俑，形体都很小，这体现出汉代以陶俑随葬有着严格的等级制度规定。

1 梁思永、高去寻：《侯家庄·1001号大墓》，历史语言研究所，1962年；《侯家庄·1002号大墓》，历史语言研究所，1965年；《侯家庄·1003号大墓》，历史语言研究所，1967年；《侯家庄·1217号大墓》，历史语言研究所，1968年；《侯家庄·1004号大墓》，历史语言研究所，1970年；《侯家庄·1500号大墓》，历史语言研究所，1974年；《侯家庄·1550号大墓》，历史语言研究所，1976年；《侯家庄·1129、1400、1443号大墓》，历史语言研究所，1996年。
2 中国社会科学院考古研究所：《殷墟妇好墓》，文物出版社，1980年。

着衣式骑马俑

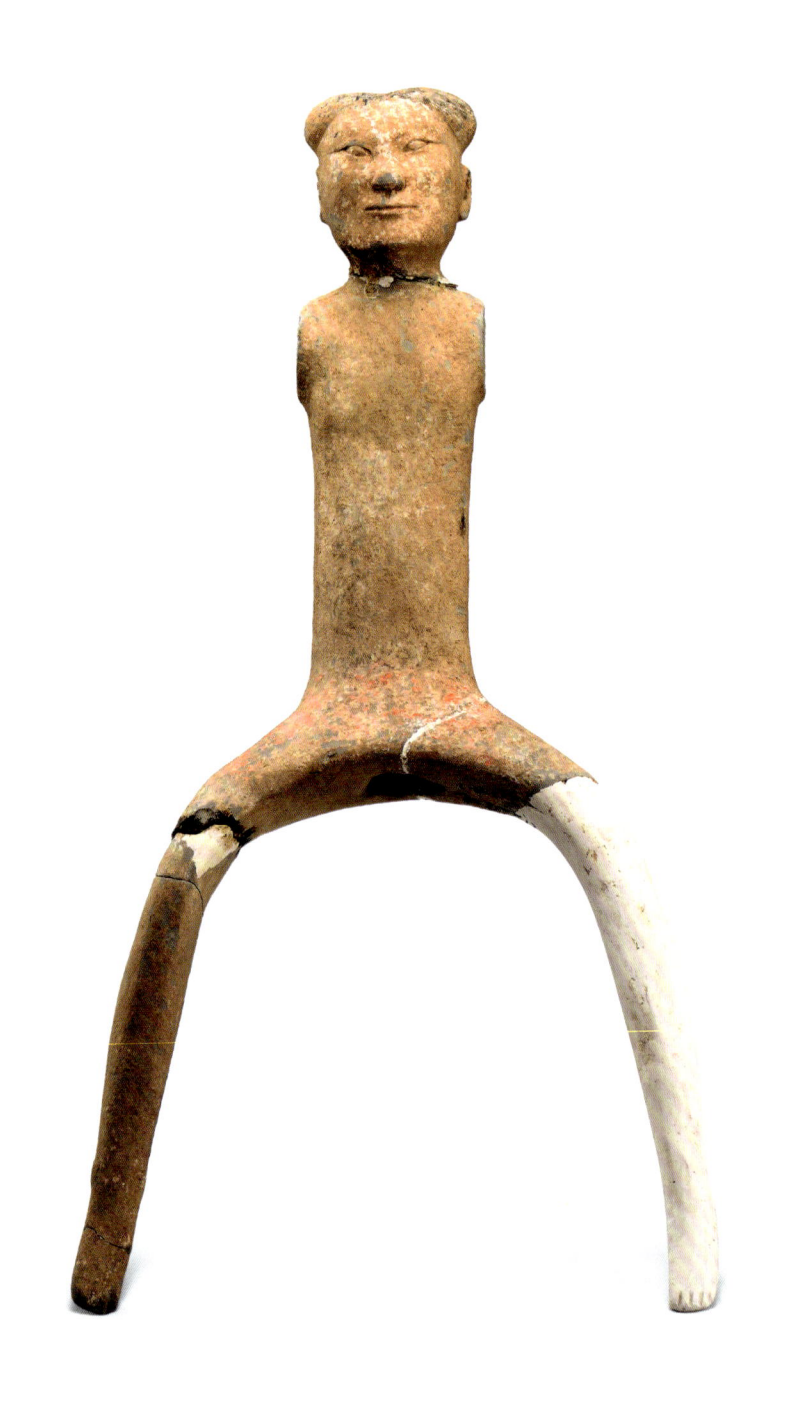

西汉早期

高 54 厘米

重 2.127 千克

2013年，西安市灞桥区潘村西安财经学院行知学院 J1 出土（J1:41）

脖颈、右腿及其他三处残断，黏接修复，左腿大部残缺，石膏修补。泥质灰陶，通体呈橙红色。裸体，无双臂，上身笔直，两腿分跨作骑马状。表情温和，圆脸，高鼻，凤眼，双唇紧闭，头发从前额中分梳于脑后，然后上盘脑后顶，打结插笄，脑后顶两侧发髻高凸如犄角。头发、目眉、胡须彩绘描画成赭黑色。腹腔中空，下部留一小孔，应为烧制时排气以及便于放置所用。

0   4cm

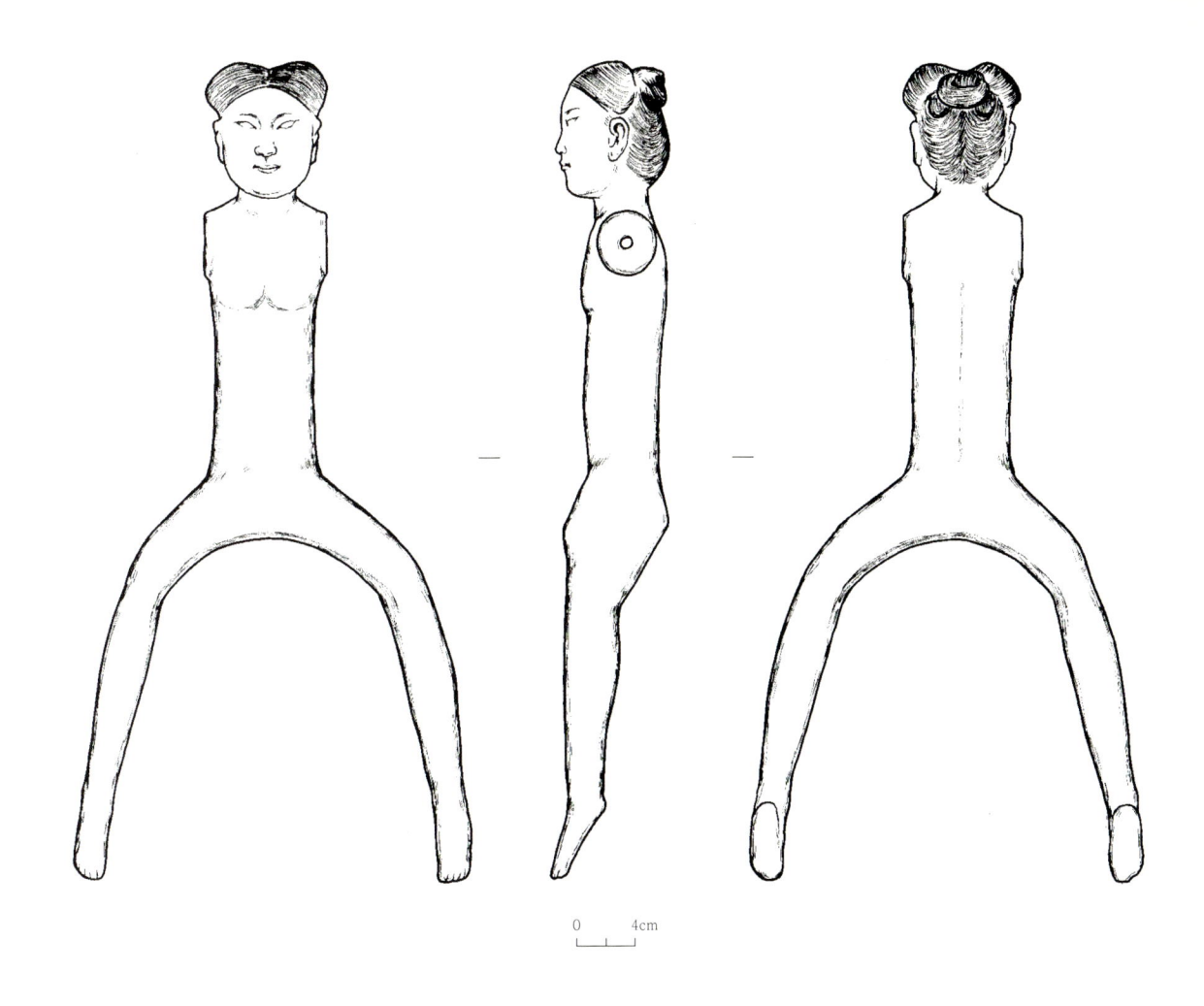

　　这批陶俑可复原者共 42 件，2013 年出土于灞桥区狄寨街道办潘村东侧、白鹿原西坡的西安财经学院行知学院校区北部。当时建设施工范围内勘探发现古墓葬数座，在发掘 3 号北朝墓葬时，于墓室外放范围内北部发现一圆形遗迹，最初以为是盗洞，往下发掘时发现洞很规则，周壁十分光滑，遂确定为井。发掘至底部，发现井内有大量陶俑残块，于是对其做了清理。该出土地点东距汉文帝母亲薄太后南陵约 1400 米，北距霸陵（江村大墓）约 1300 米，出土的陶俑与历年追缴的霸陵陵区出土陶俑形制相近，年代为西汉早期，原可能为薄太后陵或霸陵从葬坑陶俑，早年因平整坡地时被村民挖出并抛于此废弃井内。

　　陶俑的出现是人殉制度发展至文明社会的结果。人殉，即以活人为死人殉葬，这一现象自人类社会产生阶级就开始出现，盛行于商周时期，在中国一直延续至清代。人殉常存在于帝王、君王、奴隶主等贵族阶层，阶级分化是人殉产生的社会基础，对死亡世界的认知和"事死如事生"的观念是其主导思想。在古代人们的思想观念中，人之死亡相较于出生更为重要，丧葬礼仪既是对死者的哀思，也是对生者的安慰，丧葬制度体现着人们对死亡的认知，也是人们维系血缘关系和宗法制度的途径之一，同时对于生者实现其孝道理念、体现其身份地位和社会权力、维护其社会关系都有直接的现实意义。

著录：柴怡：《西安白鹿原新见汉代陶俑析论》，《考古与文物》2017 年第 4 期。

着衣式骑马俑

西汉早期

高 51 厘米

重 2.515 千克

2013 年，西安市灞桥区潘村西安财经学院行知学院 J1 出土（J1:1）

陶俑数处残断，黏接修复，左小腿以下残缺，石膏修补。泥质灰陶，通体呈橙红色。形制与前者相同。

0　4cm

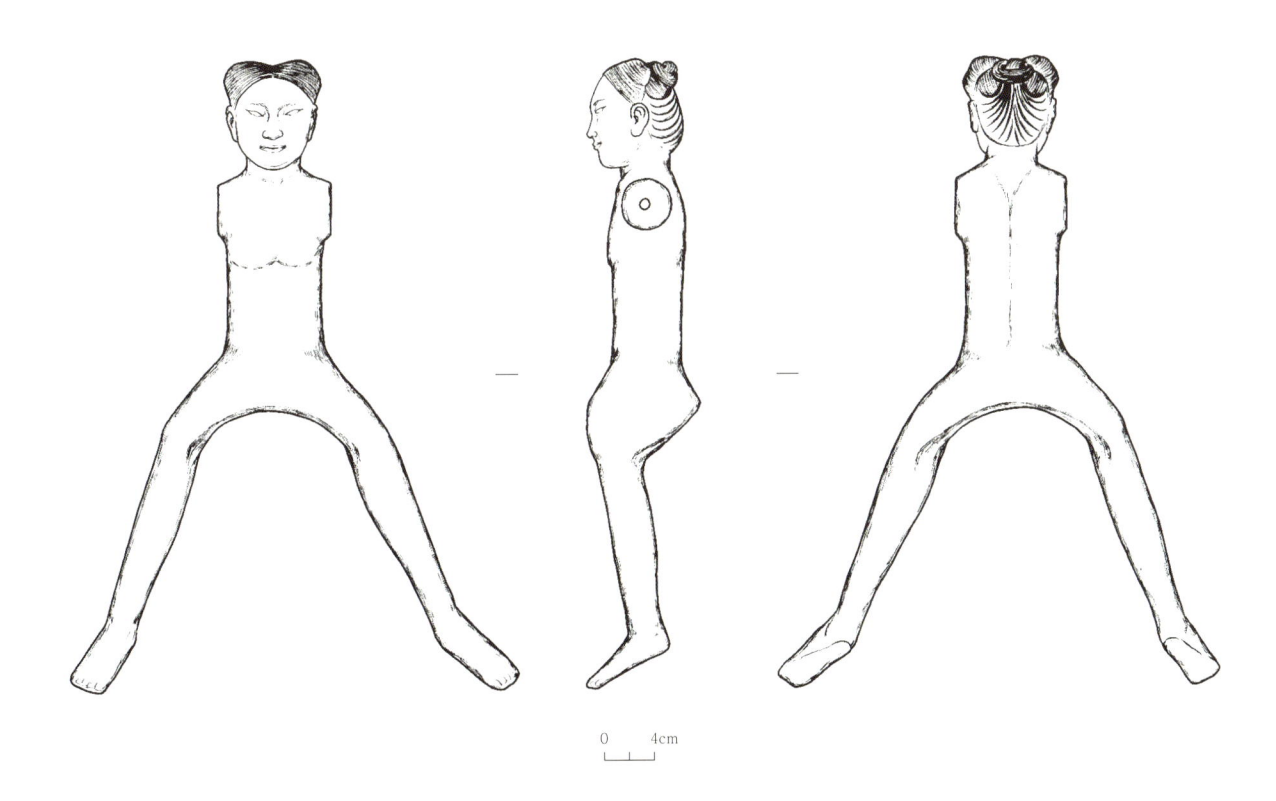

就目前发现来看，人殉现象在新石器时代已经存在。考古发现证实，分布在黄河下游地区、距今6500—4500年的大汶口文化中，就已经出现了人殉[1]。分布在钱塘江流域和太湖流域、距今5300—4500年左右的良渚文化也发现有人殉，其中1982—1986年发掘的上海青浦福泉山遗址良渚文化墓葬中，有3座墓包括M139、M144、M145都有人殉，时间贯穿良渚文化早、中、晚各期[2]。1987和1989年发掘的江苏新沂花厅遗址良渚文化墓葬中发现人殉现象[3]。

两周时期，人们开始用各种质地的俑代替活人为死者陪葬，希望死者进入另一个世界之后，依然如同生前一样，享受各种侍奉和待遇。此时，南方和北方皆盛行随葬木俑。迄今为止，考古所见时代最早的木俑可能是山西翼城大河口M1出土的木俑。该墓为竖穴土坑墓，墓葬东部二层台上发现漆木俑2件，高约120厘米，该墓二层台上还发现有漆木盾牌等物，发掘者认为墓主属伯一级贵族，墓葬时代为西周早期偏晚，墓主可能为霸伯[4]。关于这2件木俑，有学者认为木俑站立于墓主人脚端的二层台上，面朝墓主人方向，双手呈握持状，脚下各踩一个漆木乌龟，可能与接引墓主灵魂升天有关，或者护佑墓主攘除其他鬼神干扰，而并非殉人的替代品[5]。更有学者进一步指出这2件木俑即《周礼·夏官司马》记载的"方相氏"中的"大丧傩"俑，并认为之前陕西韩城梁带村M502出土的4件木俑也属"大丧傩"俑[6]。

著录：柴怡：《西安白鹿原新见汉代陶俑析论》，《考古与文物》2017年第4期。

1　山东省文物管理处、济南市博物馆：《大汶口：新石器时代墓葬发掘报告》，文物出版社，1974年。
2　孙维昌：《福泉山良渚文化墓地剖析》，《南方文物》1993年第3期。
3　南京博物院：《1987年江苏新沂花厅遗址的发掘》，《文物》1990年第2期。
4　山西省考古研究院、临汾市文物局、翼城县文物旅游局联合考古队、山西大学北方考古研究中心：《山西翼城大河口西周墓地一号墓发掘》，《考古学报》2020年第2期。
5　山西省考古研究所、山西博物院、首都博物馆：《呦呦鹿鸣：燕国公主眼里的霸国》，科学出版社，2014年，第18页。
6　田建文：《大河口和梁带村墓地出土的"大丧傩"俑及其他》，考古汇公众号，2018年1月10日。

着衣式骑马俑

西汉早期

高 51 厘米

重 2.202 千克

2013 年,西安市灞桥区潘村西安财经学院行知学院 J1 出土 (J1:32)

陶俑多处残断,黏接修复,左腿部分残缺,石膏修补。形制与前者相同。

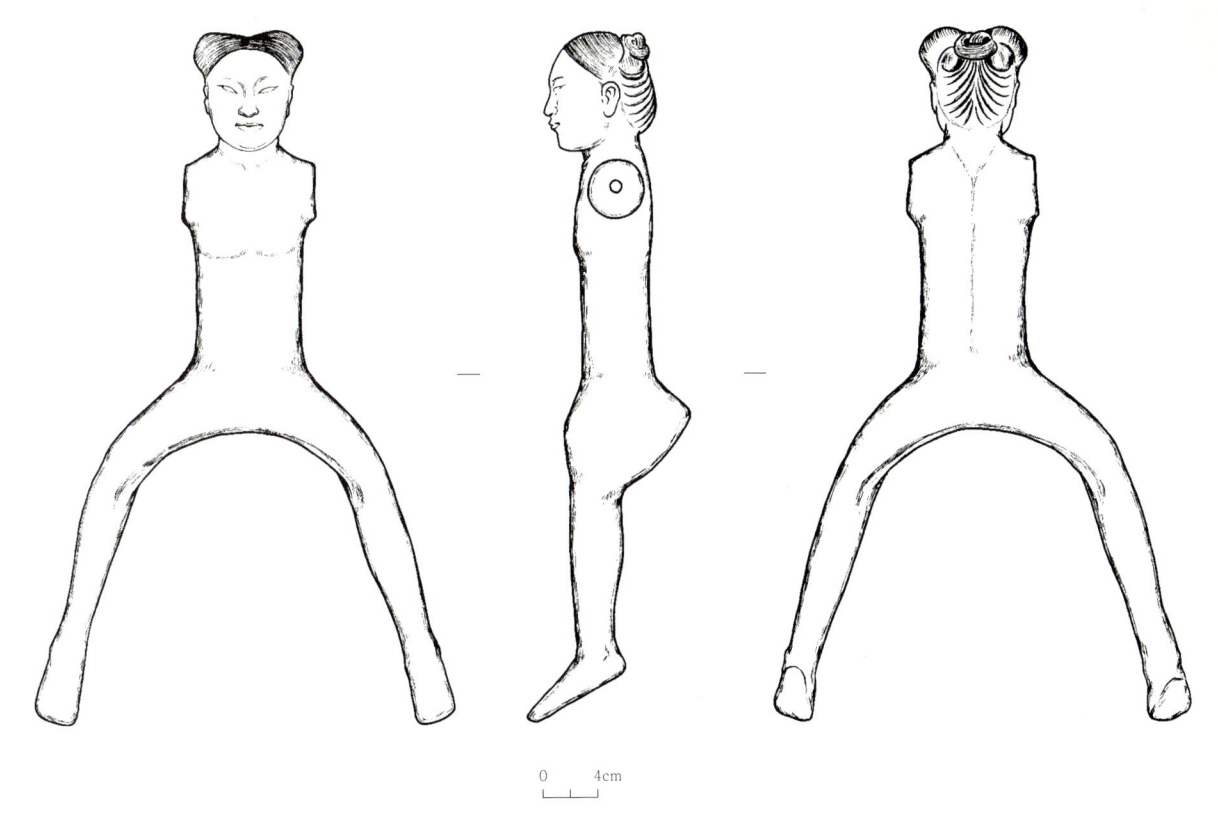

除了山西翼城大河口 M1 发现的木俑外，2007 年，陕西韩城梁带村 502 号西周末期带单墓道的大型墓葬也出土了 4 件木俑。该墓椁盖板上覆以竹席或芦席，木俑分别置于椁室顶上二层台的四角。这 4 件木俑均为站姿，头颈和躯体用整段木料雕刻，双臂及双脚分别雕刻，然后榫卯安装于躯体之上。眉目墨线勾画，发施黑彩，双臂前伸，2 件手呈抓握状，2 件手呈捧物状，高约 100 厘米。这几件木俑的出土意义重大，发掘者认为："在西周考古发现中尚属首次，将我国古代墓葬殉俑的历史提早到西周时期。其不仅比孔子说'始作俑者'的年代早 300 多年，而且提示了在杀人以殉已不流行的西周时期，以俑代人殉葬可能并非偶然。"[1]

1973—1979 年，山西省考古所在长子县牛家坡发现了一批东周墓葬，其中 7 号春秋晚期墓葬[2]出土了 4 件木俑。该墓的墓室西南角、东南角、墓主椁室西侧有 3 个殉人，3 个殉人均置于棺内，墓主椁室的东侧和北侧偏西则分别放置 2 件木俑。这 4 件木俑形制大小一致，分别雕刻出头、身躯、脚，脸部则以泥塑成，手臂与身躯分体制作，通体涂黑彩，以红彩勾画出袍服、腰带以及腰间的带钩。从衣着来看，应当具有一定的身份地位，而非一般的侍从和奴隶。其在墓葬中的位置也与殉人相同，说明这几件木俑与殉人的作用相同。

西周至春秋阶段，我国南方如湖北、湖南、河南信阳的楚墓盛行木质俑，北方地区如山东、山西、河南、陕西等地也盛行木质俑，只是因为受埋藏环境的影响，北方地区的木俑多难以保存下来，给大家形成错觉，以为北方并不盛行木俑。目前所见木俑多出土于南方地区，南方地区的木俑一般在雕刻后彩绘眉毛或衣物，有的木俑躯体、手臂单独制作，组装后再外穿丝织衣物。这些木俑制作精良，刻画细腻，彩绘艳丽，一般侧重于表现陶俑的身份和职业特征。

著录：柴怡：《西安白鹿原新见汉代陶俑析论》，《考古与文物》2017 年第 4 期。

---

1 陕西省考古研究院、渭南市文物保护考古研究所、韩城市景区管理委员会：《梁带村芮国墓地：二〇〇七年度发掘报告》，文物出版社，2010 年，第 11、12、47-49、224-225 页。
2 山西省考古研究所：《山西长子县东周墓》，《考古学报》1984 年第 4 期。

着衣式骑马俑

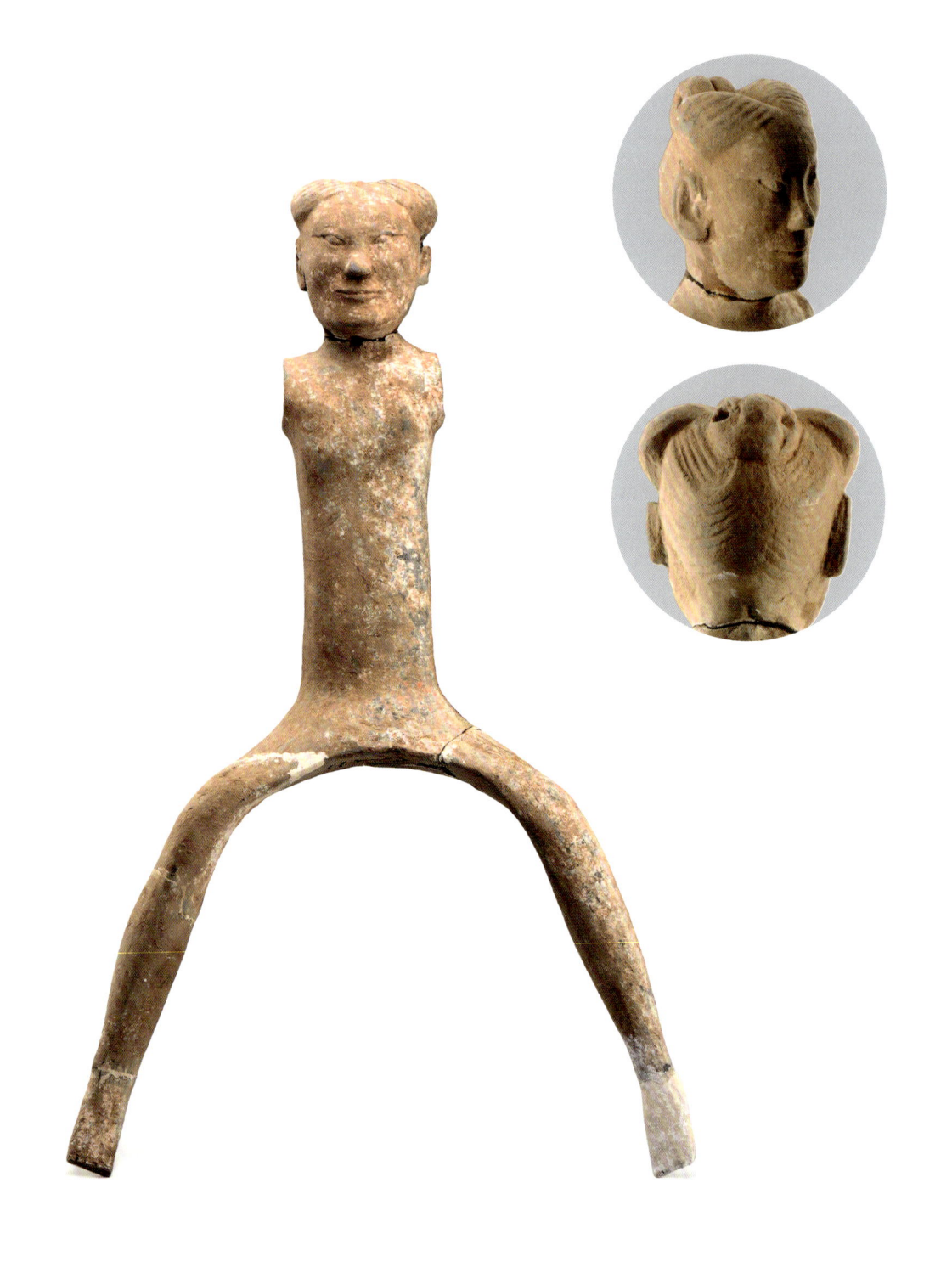

西汉早期

高 52 厘米

重 2.231 千克

2013 年，西安市灞桥区潘村西安财经学院行知学院 J1 出土（J1:14）

陶俑数处残断，黏接修复，左足残缺，石膏修补。形制与前者相同。

0 4cm

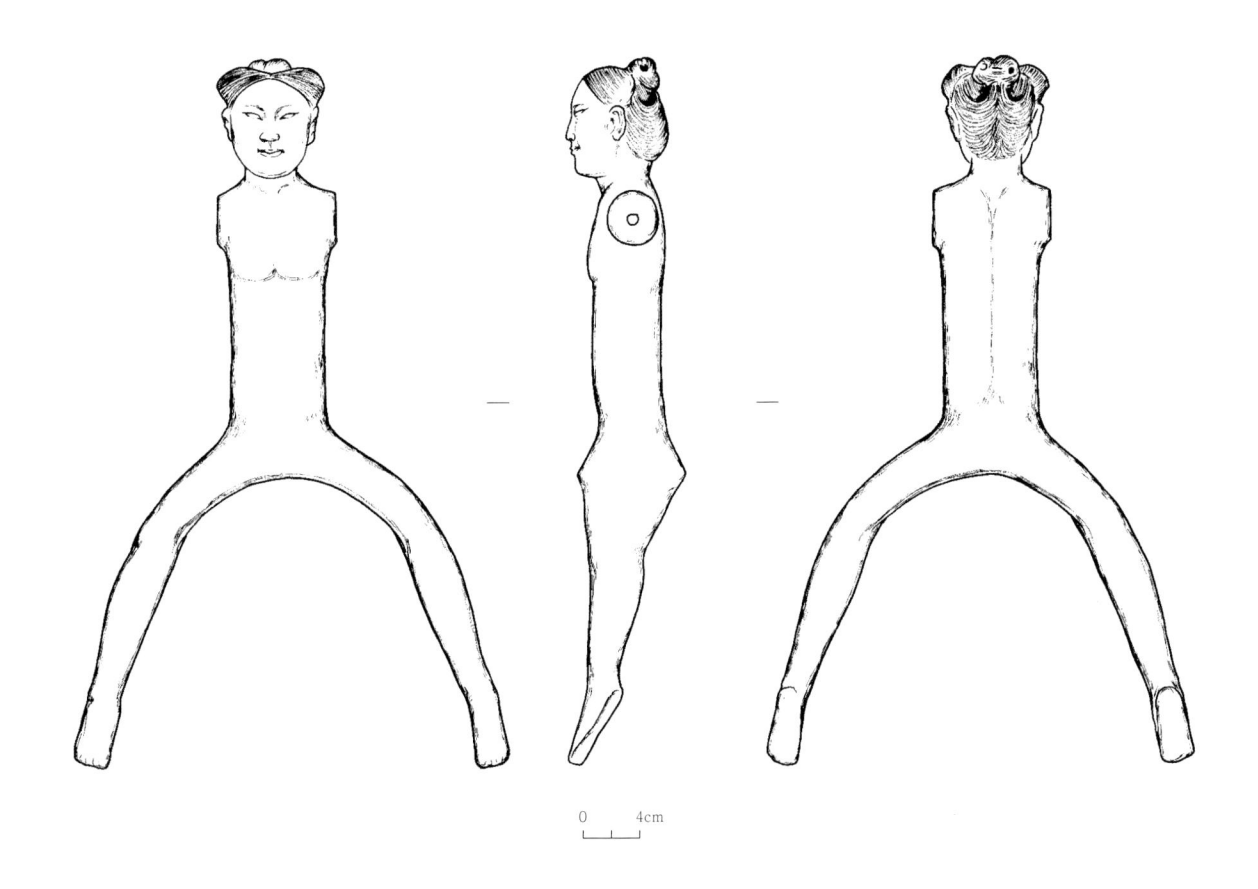

春秋晚期至战国时期，南方地区依然盛行随葬木俑，尤以楚墓最具代表。目前，考古发现随葬木俑主要集中于湖南长沙、河南信阳、湖北江陵等地。

1957年发掘的河南信阳长台关二号春秋晚期墓葬，东距东周时期的楚王城约400米。该墓为带墓道的大型竖穴土坑墓，椁内分割为7个室，共出土随葬品414件，其中木俑10件，2件木俑位于左侧室，4件木俑和1件彩绘木雕镇墓兽置于后室，2件置于左后侧室，1件置于右侧室。这些木俑身材修长，衣着华美，包括侍从俑、武士俑、伎乐俑、贵族俑等四个种类[1]。

湖南长沙楚墓出土了210件彩绘木俑[2]，保存完好，制作精致，色彩艳丽，不仅是我们研究墓葬俑的材料，也是研究当时楚国的社会生活和服饰的珍贵资料。此外，湖南长沙杨家湾6号楚墓也出土了50件塑衣木俑[3]，十分珍贵。

湖北江陵义地6号楚墓出土2件彩绘木俑，用整木雕刻而成，作侍立状，面部眼、眉为墨绘，发际涂墨，用朱、墨彩绘服饰[4]。造型雅致逼真，雕刻细腻匀称。

著录：柴怡：《西安白鹿原新见汉代陶俑析论》，《考古与文物》2017年第4期。

1　河南省文物研究所：《信阳楚墓》，文物出版社，1986年，第84-85、114-116页。
2　湖南省博物馆等：《长沙楚墓》，文物出版社，2000年，第395-400页。
3　湖南省文物管理委员会：《长沙杨家湾M006号墓清理简报》，《文物参考资料》1954年第12期。
4　江陵县文物局：《湖北江陵武昌义地楚墓》，《文物》1989年第3期。

着衣式骑马俑

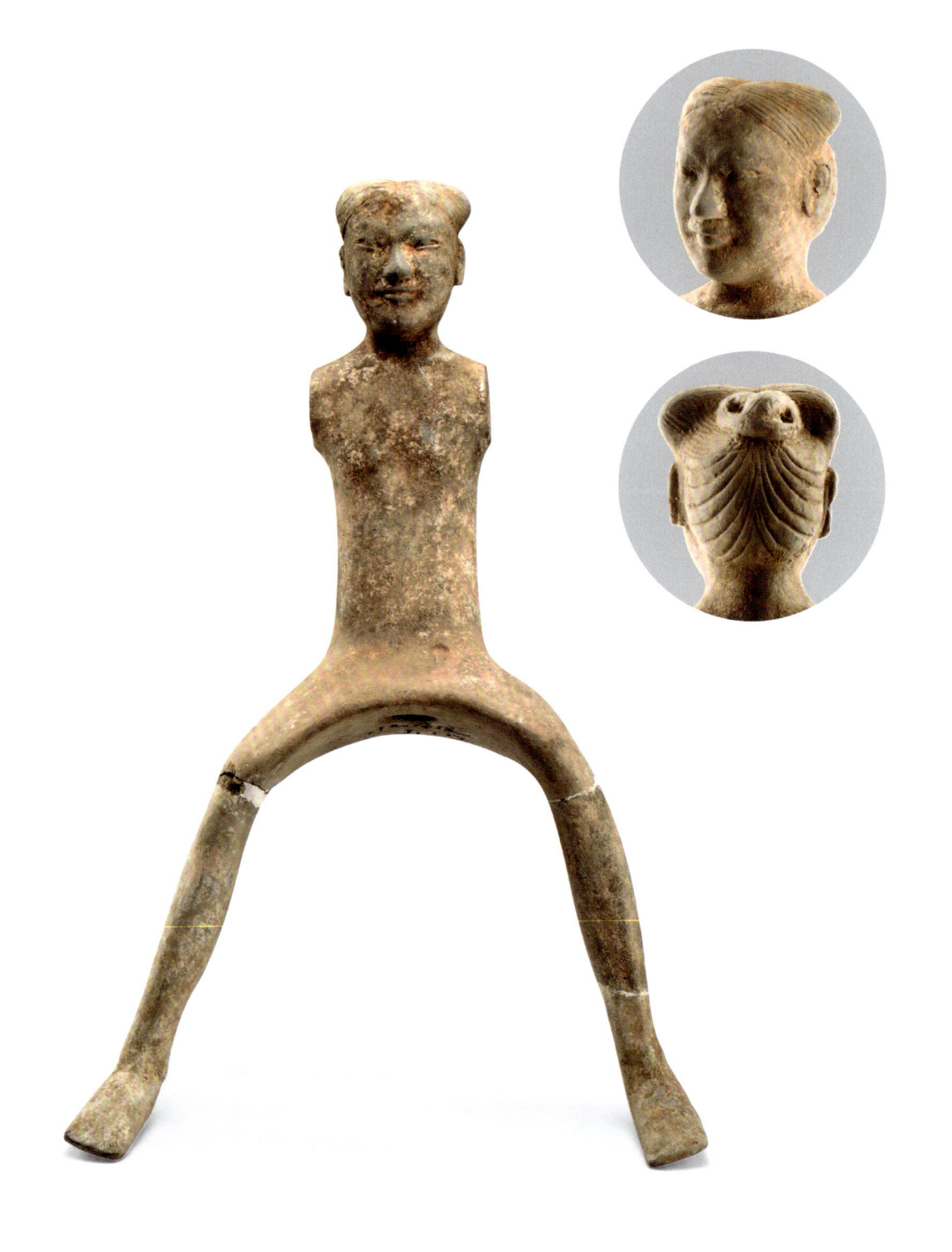

西汉早期

高 52 厘米

重 2.41 千克

2013 年，西安市灞桥区潘村西安财经学院行知学院 J1 出土（J1:17）

陶俑多处残断，黏接修复。形制与前者相同。

0　4cm

春秋战国时期，北方地区除了盛行随葬木俑以外，也出现了随葬陶俑的现象。

20世纪70年代末，在山东临淄齐国故城城南的郎家庄发掘了一座春秋末期至战国早期的齐国大型墓葬，编号为M1。该墓墓主椁室周围共有17个从葬坑，在主墓顶部和5号、15号从葬坑内共发现9个殉人，其身份为后宫姜婢、司乐、御者等，年龄在20—30岁。除此以外，在椁室北侧从葬坑之间有8只殉狗。在未被破坏的7个从葬坑中，有6个坑各出土一组陶俑，这批陶俑形体很小，高约10厘米，烧制火候较低，捏制成形，仅制作出陶俑面部大概轮廓，然后以黑彩勾画出眉眼。这批陶俑姿势多样，或躬身，或伸臂，或骑马表演，衣着有曳地长裙和甲胄，其身份应当是伎乐、仆从、杂耍类[1]。

早期北方地区的陶俑一般制作粗糙，烧制火候很低，多为侍从和武士，相较南方地区的木俑，形体较小，但明显健壮。制作陶俑先用陶泥塑造，之后入窑烧制，然后再彩绘眉毛、发髻、服饰等，色彩以朱、黑两色为主。

著录：柴怡，《西安白鹿原新见汉代陶俑析论》，《考古与文物》2017年第4期。

1　山东省博物馆：《临淄郎家庄一号东周殉人墓》，《考古学报》1977年第1期。

着衣式骑马俑

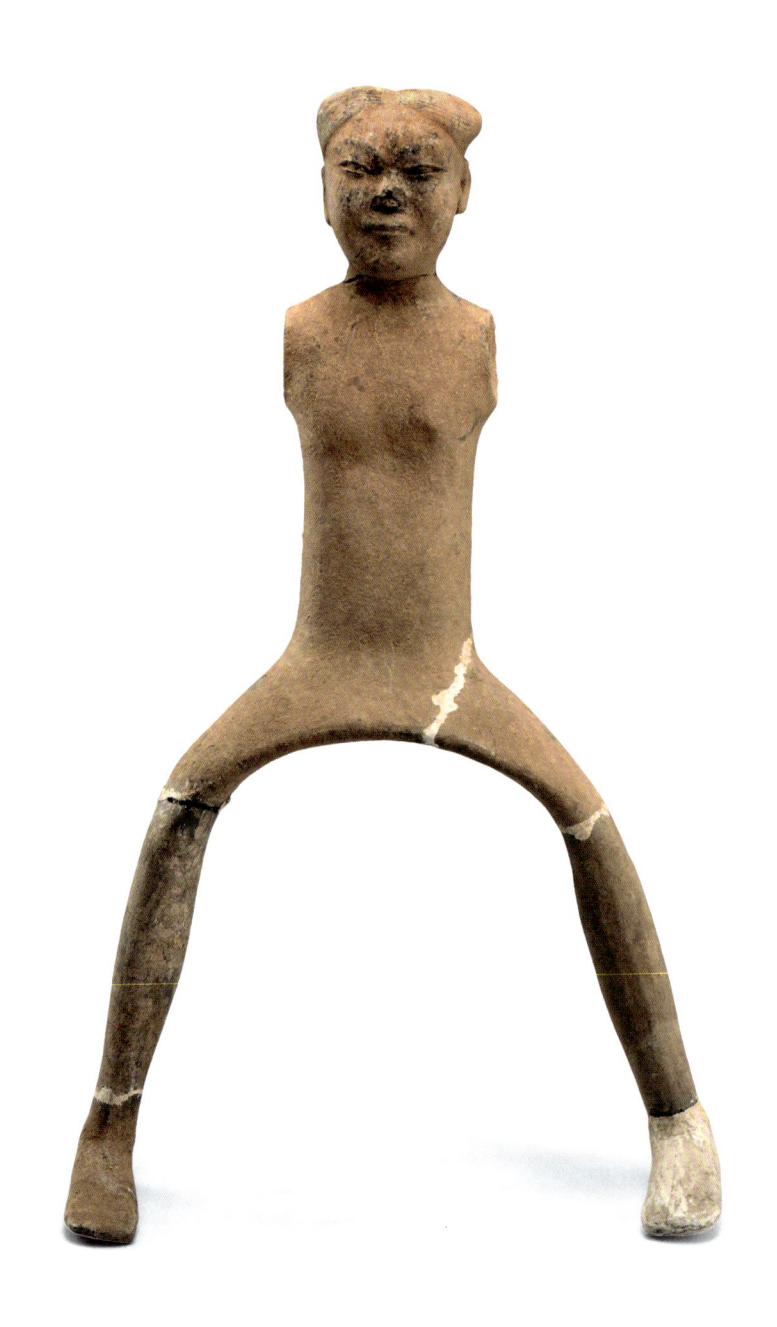

西汉早期

高 50 厘米

重 2.309 千克

2013 年，西安市灞桥区潘村西安财经学院行知学院 J1 出土（J1:20）

陶俑多处残断，黏接修复，左足残缺，石膏修补。形制与前者相同。

0　4cm

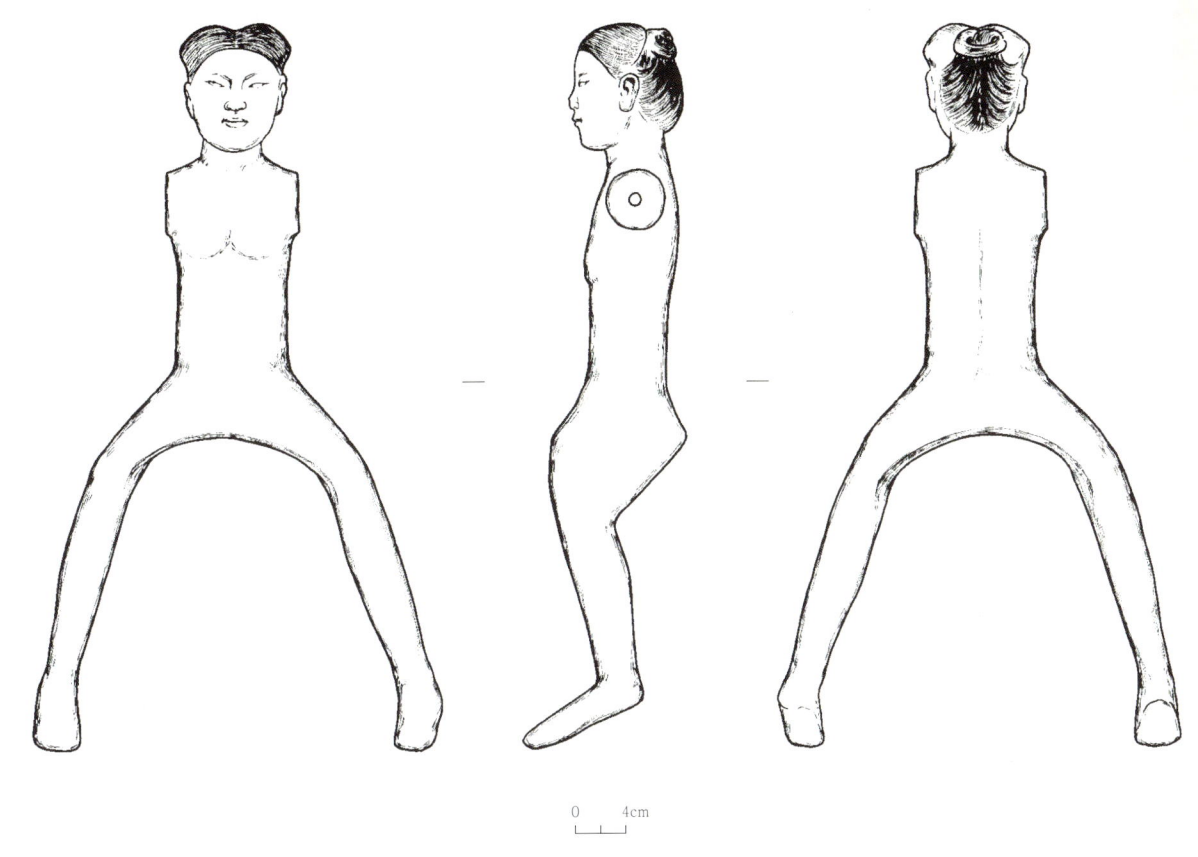

西安地区目前所见战国时期的俑为陶俑，且出土量很少。

其中咸阳塔儿坡墓地 28 区 57 号战国晚期墓葬随葬骑马俑 2 件，均为泥质灰陶，手工捏制，骑俑和马分开制作，通高约 22 厘米。陶俑头戴宽檐毡帽，面部宽平，五官戳刻，上穿紧领窄袖短袄，下穿短裤，脚蹬长靴，左臂下垂，右臂上抬作执缰状，衣领、袖口、下摆、帽檐皆施红彩；陶马脖颈较长，四肢粗短，两耳高竖，背上无鞍鞯，马头、颈部施红彩辔络。M57 形制为宽竖穴墓道土洞墓，坐东朝西，规模较小，墓室口南侧有上下两个小龛，上龛较小，内置两件骑马俑，下龛略大，内置陶鼎、盒、壶[1]。这 2 件骑马俑是目前所见最早的骑马俑，从陶俑服饰来看，具有明显的北方游牧民族特征，就制作工艺而言，陶俑面部更接近陶塑，马的形态和人物形态笨拙可爱，具有陶俑滥觞时的原始纯朴韵味，证明北方地区骑马俑可能起源于雄踞关中西部的秦国。

此外，西安茅坡村邮电学院 M123 出土陶侍立俑 5 件、骑马俑 1 件、跪坐御手俑 1 件[2]。这批陶俑形体很小，5 件侍立俑高 7—12 厘米，跪坐御手俑高 9 厘米，骑马俑通高约 24 厘米。5 件侍立俑中，3 件为螺髻，1 件为圆髻，1 件头戴巾帽，皆身穿左襟右衽长棉袍，棉袍领口紧收，领边、袖边均施红彩，挽髻俑皆双手拢于腹前，戴帽俑双手下垂。从衣着服饰来看，似均为男俑。骑马俑的人俑和马俑分开制作。这批陶俑泥质灰陶者胎质较致密，泥质红陶者胎质疏松。从塑造来看，较为粗糙，但比例准确，形式多样，其造型风格与秦始皇陵从葬坑兵马俑极为接近。M123 形制为宽竖穴墓道土洞墓，坐东朝西，规模较小，墓室口北侧有一小龛，5 件侍立俑置于小龛口，骑马俑置于墓室口南侧，御手俑置于墓室中部南侧，同出陶器有鼎、盒、甑、钵、鏊。关于墓葬年代，依据出土陶器，基本可以确定为战国晚期至秦统一时期，陶俑时代应当略早于秦始皇兵马俑，骑马俑头裹露髻巾帻，似乎承袭了塔儿坡骑马俑头戴毡帽的习俗。

著录：柴怡：《西安白鹿原新见汉代陶俑析论》，《考古与文物》2017 年第 4 期。

1　咸阳市文物考古研究所：《塔儿坡秦墓》，三秦出版社，1998 年，第 47、48、125、127、128 页；图版一、二。
2　西安市文物保护考古所：《西安南郊秦墓》，三秦出版社，2004 年，第 322-325 页；图版二、三。

着衣式骑马俑

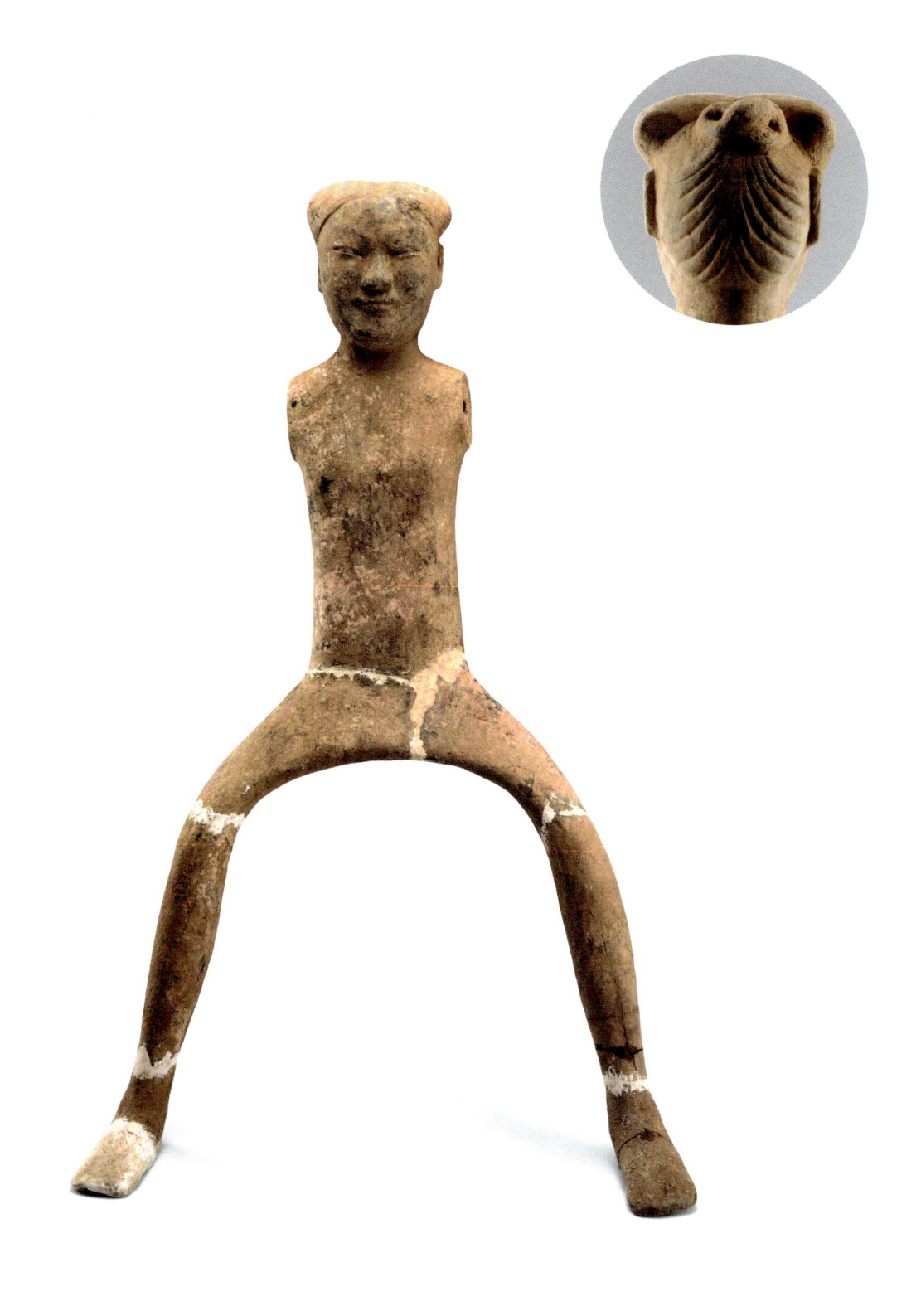

西汉早期

高 54 厘米

重 2.414 千克

2013 年，西安市灞桥区潘村西安财经学院行知学院 J1 出土（J1:21）

陶俑腰部以下多处残断，黏接修复，右足残缺，石膏修补。形制与前者相同。

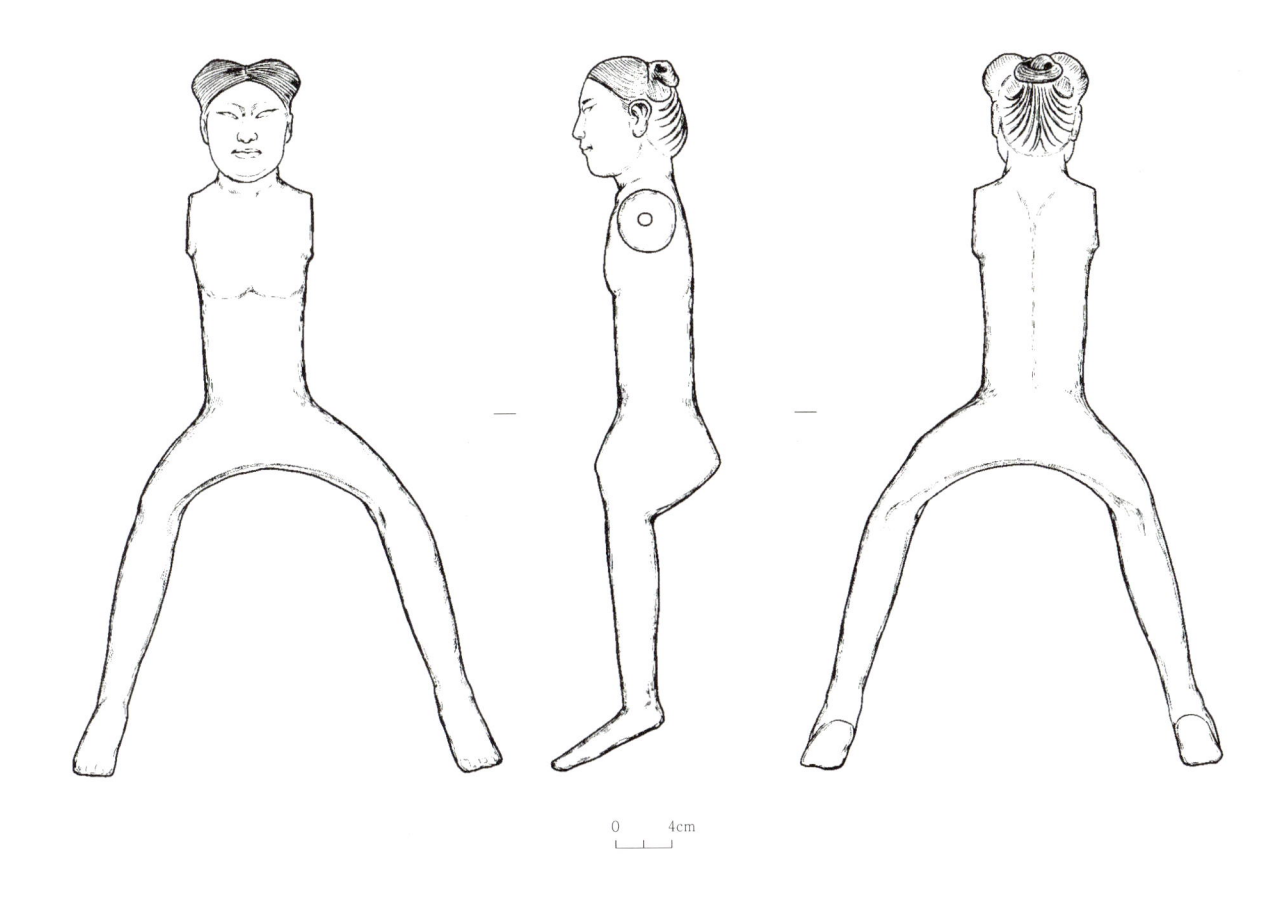

秦统一时期，以秦始皇兵马俑从葬坑为代表的中国古代陶俑随葬达到了鼎盛时期。1974年，位于陕西临潼骊山脚下的秦始皇陵兵马俑从葬坑的发现震惊世界，七千余件形体高大，等同真人的陶俑、陶马排列成整齐壮观的军阵，护卫着秦帝国的始皇帝嬴政之陵，这一发现空前绝后，被誉为"世界第八大奇迹"。

秦始皇帝陵位于骊山北麓，陵园坐南向北，平面呈南北长2187、东西宽972米的长方形，陵园内有内城，南北长1337米，东西宽598米。帝陵封土位于内城南半部，封土北侧成组的内城建筑基址可能为寝殿、便殿等陵寝遗址[1]，陵墙和内城墙垣四面各有一门址。从目前考古调查勘探情况来看，兵马俑坑、马厩坑、陪葬墓、动物坑等皆分布于陵园的东侧（兵马俑坑、马厩坑）和北侧（动物坑、K0007、K1401）、陵园墙垣和内城之间（东侧有K9801、K9901、K9902，西侧有K0004、K0005、珍禽异兽坑、马厩坑）、帝陵封土四周（东侧有K0101、K0202、K0203、K0204，南侧有K0001、K0002、K0006，西侧有K0003、铜车马坑，北侧有K0201、K0205）[2]。

著录：柴怡：《西安白鹿原新见汉代陶俑析论》，《考古与文物》2017年第4期。

[1] 秦始皇帝陵博物院：《秦始皇帝陵内城陵寝建筑勘探简报》，《秦始皇帝陵博物院·2012》，三秦出版社，2012年，第18-23页。
[2] 陕西省考古研究所、秦始皇兵马俑博物馆：《秦始皇帝陵园考古报告（1999）》，科学出版社，2000年；《秦始皇帝陵园考古报告（2000）》，文物出版社，2006年；《秦始皇帝陵园考古报告（2001-2003）》，科学出版社，2007年。

着衣式宦者立俑

西汉早期

高 57 厘米

重 2.767 千克

2013 年，西安市灞桥区潘村西安财经学院行知学院 J1 出土（J1:34）

头及两腿残断，左足残缺，黏接修复，残缺处石膏修补。泥质灰陶。通体施白衣，其外残存灰黑色印迹。站姿。头发由额际中分，梳至脑后，然后上折于头顶编绾成髻，髻内有横向笄孔，原应插有发笄。面较方阔，五官端正，目视下方，头发、须眉、瞳仁均以黑彩描绘。身体修长，体较健壮，无双臂，肩部截面呈圆形，稍内凹，中间有一圆孔，横贯胸腔，原应安装有木制双臂，双脚扁长，脚心各有一细圆孔，纵向贯穿双腿，可能随葬摆放时用来插物固定。五官均为模印，肚脐以细线刻出，下体未见男性特征，疑为宦者。陶俑原应穿着织物类服饰，因织物腐朽出土时呈裸体状。

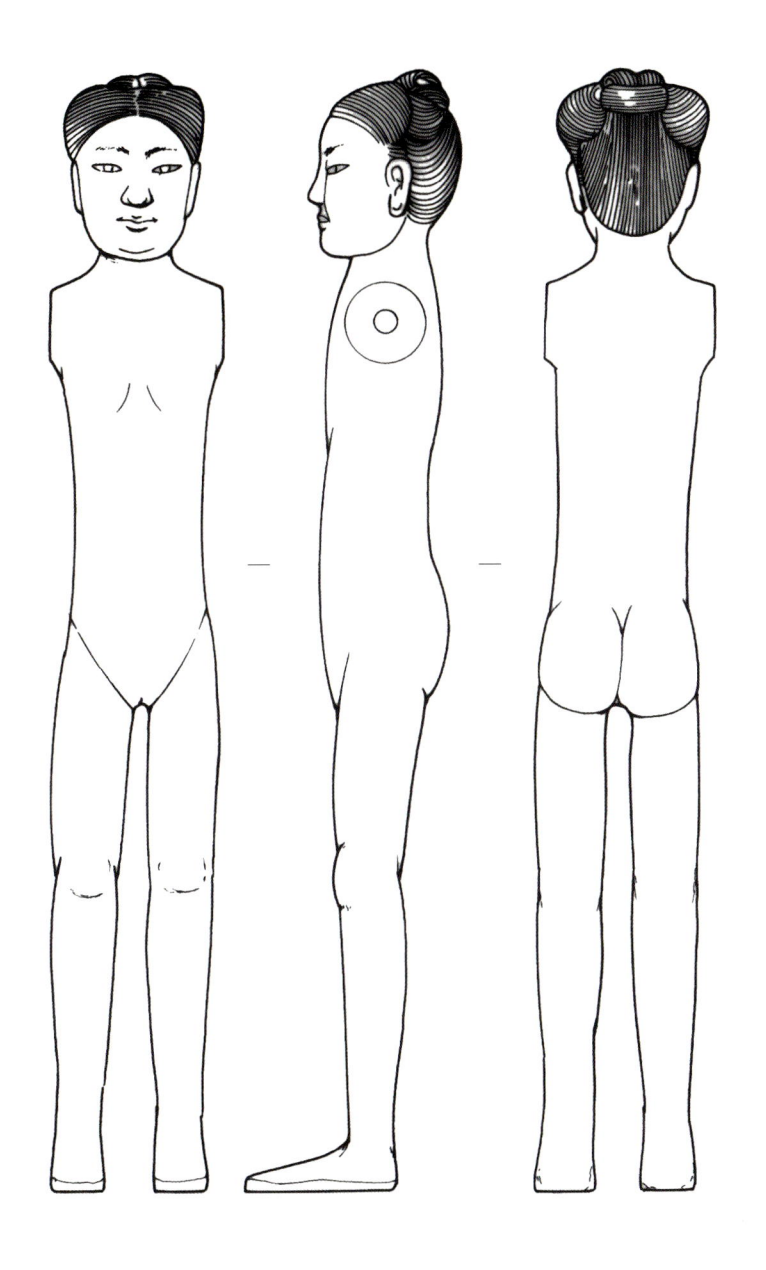

截至目前，秦始皇陵从葬坑已试掘了多个，包括一至三号兵马俑坑。依据目前已发掘的兵马俑排列方式推算，一、二、三号坑的总数大致如下：陶俑、陶马约 7000 件、战车约 100 乘。

秦始皇陵一号兵马俑坑为目前所见规模最大、气势最恢宏的从葬坑，东西长 230、南北宽 62、深约 4.5—6.5 米，面积 14260 平方米。

该坑尚未全部发掘清理，已发掘出土的陶马、陶俑约 2000 件，木质战车 20 乘。所有陶俑和车马皆排列有序。其中俑坑的东端有 210 个武士俑，排成三列横队，每列 70 人。这些武士俑身高比真人还要高大，面部神态、服饰、发式各不相同。前面 3 个领队身着铠甲，后边武士均穿短褐，腿扎裹腿，脚穿系带线履，束发，挽弓挎箭，手执弩机，似前锋部队。其后是由铠甲俑组成的主体部队，与 35 乘驷马战车间隔分布在 11 条东西向坑道内，形成 38 路纵队，每位士兵手执 3 米左右长的矛、戈、戟等长兵器。南北两侧和两端各有一列武士俑，似为卫队。其组合排列显然经过详细规划，并且可能有真实范本作为参考依据[1]。

著录：柴怡：《西安白鹿原新见汉代陶俑析论》，《考古与文物》2017 年第 4 期。

1　始皇陵秦俑坑考古发掘队：《临潼县秦俑坑试掘第一号简报》，《文物》1975 年第 11 期；秦始皇帝陵博物院：《秦始皇帝陵园考古报告（2009~2010）》，科学出版社，2012 年，第 22-24 页。

着衣式宦者立俑

西汉早期

高 57 厘米

重 2.591 千克

2013 年，西安市灞桥区潘村西安财经学院行知学院 J1 出土（J1:35）

腹部、腿脚残断，黏接修复，残缺处石膏修补。形制与前者相同。

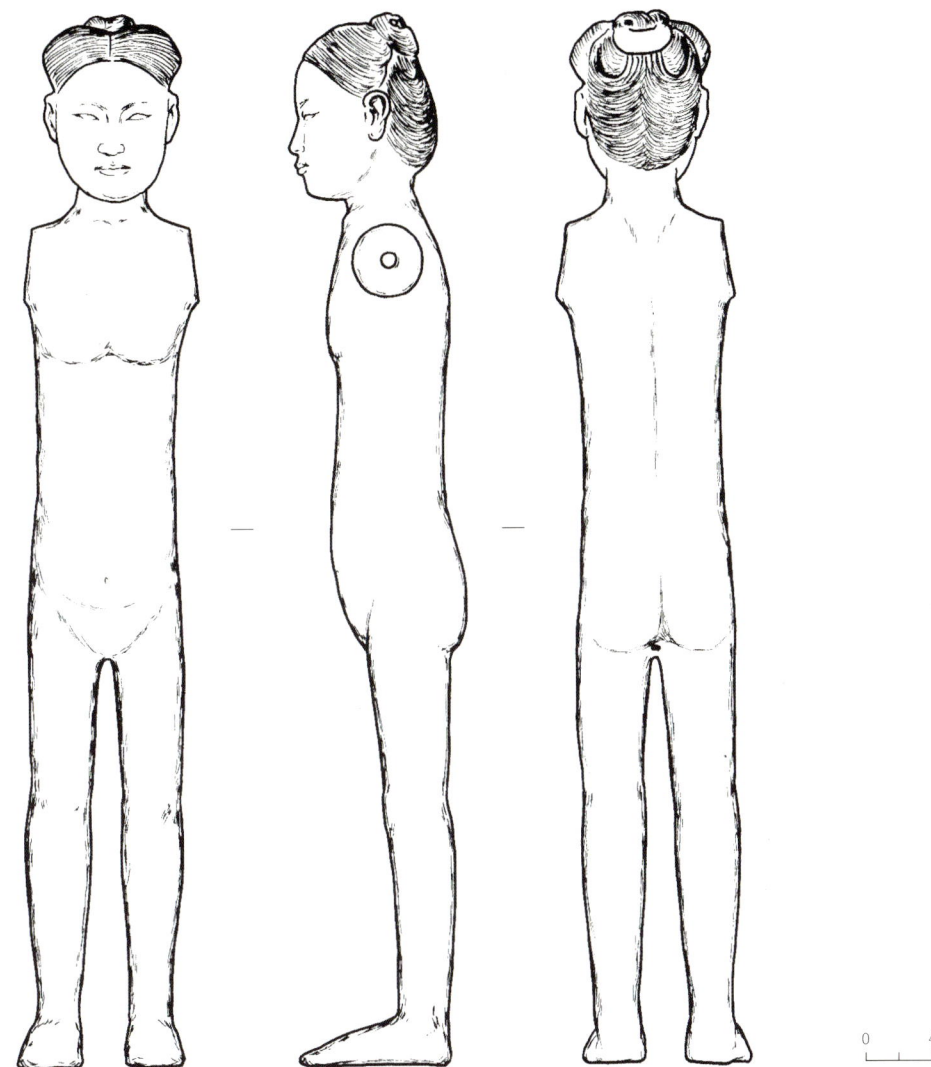

除秦始皇帝陵兵马俑从葬坑以外，汉代帝王陵也流行随葬兵马俑。长安作为西汉王朝国都，其十一帝陵皆在汉长安城周围，除了文帝刘恒霸陵、宣帝刘询杜陵位于渭河南侧的白鹿原和鸿固原以外，其余九座帝陵皆分布在渭河北岸咸阳原上，自西向东依次分为西、中、东三区。其中东区3座，中为高祖刘邦长陵，西为惠帝刘盈安陵，东为景帝刘启阳陵；西区2座，西为武帝刘彻茂陵，东为昭帝刘弗陵平陵；中区4座，中为元帝刘奭渭陵，西为成帝刘骜延陵，东为哀帝刘欣义陵，西北为平帝刘衎康陵[1]。

西汉十一陵中，目前以景帝刘启的阳陵所做考古工作最为详细，也最具代表性。阳陵是汉景帝和王皇后同茔异穴的合葬陵园，《汉书·景帝纪》载："（后元）三年（前141年）春正月……甲子，帝崩于未央宫……二月癸酉，葬阳陵。"《汉书·外戚传》载："孝景王皇后，武帝母也……后景帝十五岁，元朔三年（前126年）崩，合葬阳陵。"阳陵北临泾水，南隔渭河与汉长安城相对，东邻"泾渭之会"，是咸阳原上西汉九陵中最东端的一座，其西侧为汉高祖刘邦的长陵。自20世纪90年代以来，陕西省考古研究院对其进行了大规模的考古调查、勘探、发掘，取得了令人瞩目的发掘成果，并借此成立了汉阳陵考古陈列馆（今汉景帝阳陵博物院），于1999年9月30日，以博物馆室内陈列和从葬坑原址展示的方式正式对公众开放。

著录：柴怡：《西安白鹿原新见汉代陶俑析论》，《考古与文物》2017年第4期。

[1] 刘庆柱、李毓芳：《西汉十一陵》，陕西人民出版社，1987年。

着衣式宦者立俑

西汉早期

高 58 厘米

重 2.435 千克

2013 年，西安市灞桥区潘村西安财经学院行知学院 J1 出土（J1:2）

腹部、左腿残断，右腿残缺，黏接修复，残缺处石膏修补。形制与前者相同。

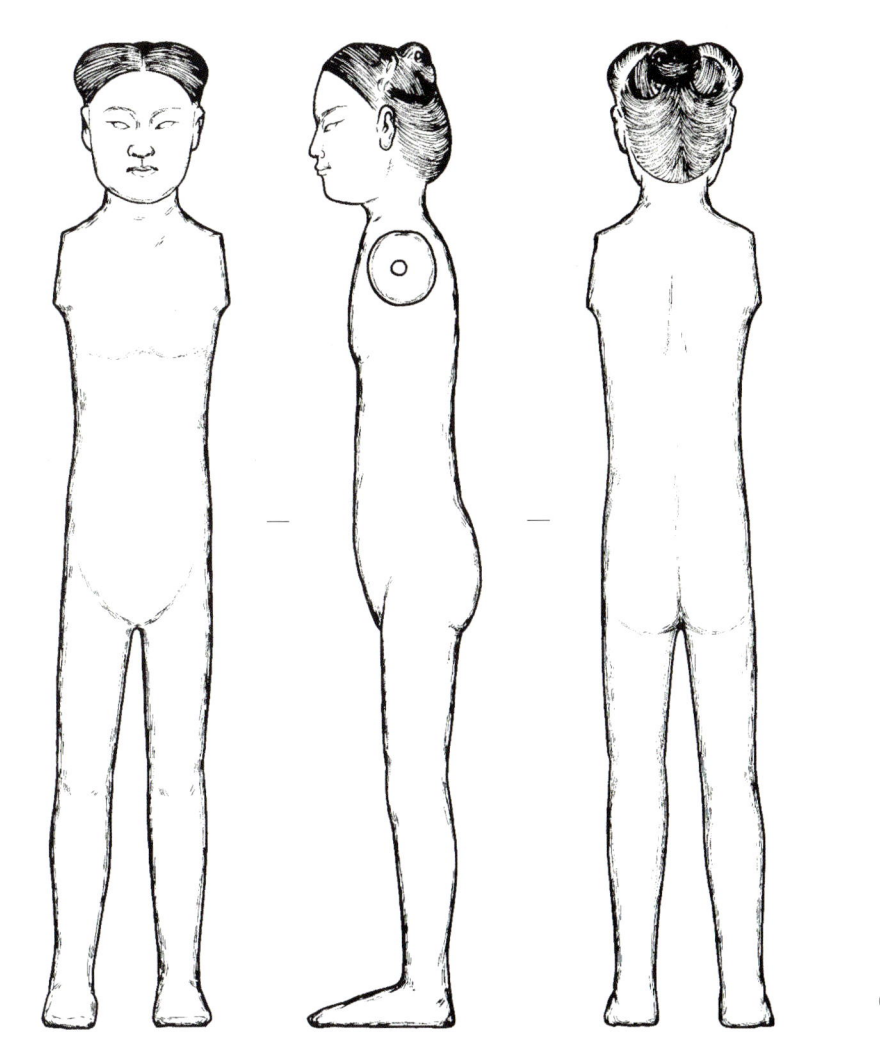

经过多年的考古调查、勘探和试掘，阳陵的平面布局、陵园结构已经十分明确。整个陵园大致呈不规则葫芦形。核心部分包括帝陵、后陵、从葬坑、陵庙等礼制建筑基本上分布于葫芦下腹部，其中帝陵坐西朝东，居于陵园中部偏西，后陵、南区从葬坑、北区从葬坑、一号建筑基址分别位于帝陵四角，嫔妃陪葬墓区和罗经石遗址位于帝陵南北两侧，呈左右对称之势，刑徒墓地和三处建筑基址分布在帝陵西侧，呈南北一字排列。陪葬墓园基本位于葫芦上腹部，目前探明各类墓葬5000余座，呈棋格状分布于帝陵东侧司马道的两侧。负责守护和管理阳陵的阳陵邑则分布在陵区的最东端，即葫芦口的位置[1]。

汉景帝阳陵除了陵园内的南区和北区从葬坑以外，帝陵封土四周还分布有86个从葬坑，基本和封土四边呈垂直向分布，宽度多在3.5米左右，最长的超过100米，最短的只有4米，但总体来说，其靠近封土一端排列都比较平齐，原坑深约3米，坑上堆积约5米。其中东侧有21座，11座分布在东墓道南侧，10座分布在东墓道北侧，从葬坑内为骑兵、步兵、动物俑，陶、铜、漆器等生活用具及兵器，车马器等；北侧有21座，11座分布在北墓道东侧，10座分布在北墓道西侧，从葬坑内有步兵俑、车辆、兵器、生活用具等；西侧有20座，9座位于西墓道南侧，11座位于西墓道北侧，从葬坑内为骑兵、步兵、动物俑，陶、铜、漆器等生活用具及兵器，车马器等；南侧有19座，10座位于南墓道东侧，9座位于南墓道西侧，其内随葬物品尚不清楚；除此之外，还有5座从葬坑位于帝陵东北角，呈南北向一字排列，其内有朱砂、漆皮、板灰等遗迹[2]。

著录：柴怡：《西安白鹿原新见汉代陶俑析论》，《考古与文物》2017年第4期。

---

1 陕西省考古研究所：《汉阳陵》，重庆出版社，2001年，前言第2、5页。
2 陕西省考古研究所：《汉阳陵》，重庆出版社，2001年，前言第2、3页。

着衣式女立俑

西汉早期

高 53 厘米

重 1.878 千克

2013 年，西安市灞桥区潘村西安财经学院行知学院 J1 出土（J1:16）

右肩、双腿残缺修复。泥质灰陶，通体呈橙红色。呈直立状，身材修长，双乳微凸，苗条匀称，两腿并立，面部清秀。头发、眉毛、瞳仁均以黑墨描绘，修眉细眼，樱桃小口。头发由额际中分拢于脑后，在发梢处绾结下垂，挽成椎髻。挺胸抬头，身体修长，无双臂。肩部为竖直圆面，中间有一圆孔，横贯胸腔，双脚脚心各有一细圆孔，细圆孔纵向贯穿双腿。眼、鼻孔、耳等部位模印，肚脐以细线刻画，足底平，制作精致，可辨脚趾。

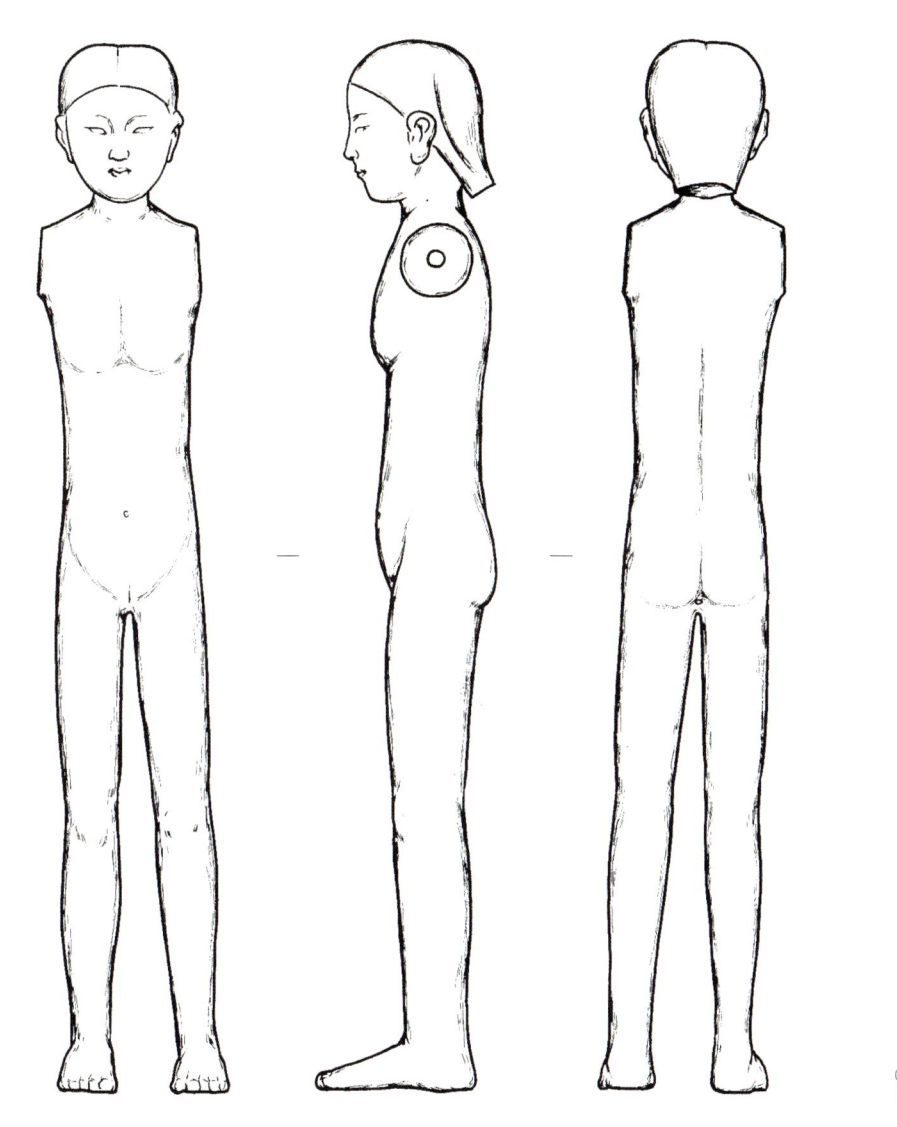

为了搞清楚阳陵周边从葬坑的形制和内涵，考古工作者对东墓道两侧的部分从葬坑做了试掘[1]。其中13号从葬坑长92、宽3米，为动物俑坑。其内为地下隧道式木结构框架，先在底部两侧铺长条方木地栿，再于地栿上横铺木地板，然后在地板上两侧置立柱，并于立柱间镶侧枋木，之后在侧枋木上横铺棚木，棚木上覆盖芦席，最后用枋木封门，就形成了一个密闭的空间，随葬的动物俑就置于这一空间内。该坑随葬动物俑可分为上下两层，中间以木板间隔，目前仅对上层做了清理，有19排235件彩绘陶山羊、28排458件彩绘陶狗、6排33件彩绘陶绵羊、2排54头小乳猪。11号从葬坑试掘了24平方米，发现有4辆木车分两列居于中间，26件骑兵呈四列分布于木车两侧，另有彩绘木马17件，铜、铁质兵器、车马器百余件。19号从葬坑试掘了12平方米，出土了4匹木马架1辆木车，20余件武士俑护卫于木车两侧，其后为10余件动物俑和陶器[2]。

关于汉景帝阳陵从葬坑内陶俑的性质，有学者认为帝陵南区和北区从葬坑面积、坑数、排列均相同，排列整齐，南北对称，似有一定规律，有武士俑群、粮仓等，"全面展现了汉代的军旅场景，可能与西汉当时的'南军''北军'有一定关系"[3]。那些穿铠甲的武士，着衣物、佩铁剑的士兵，还有骑马的勇士，应当分属于不同的军队，有不同的职责。

著录：柴怡：《西安白鹿原新见汉代陶俑析论》，《考古与文物》2017年第4期。

---

1 陕西省考古研究院：《汉阳陵帝陵东侧11-21号外藏坑发掘简报》，《考古与文物》2008年第3期。
2 陕西省考古研究所：《汉阳陵》，重庆出版社，2001年，前言第3页。
3 李岗：《浅议汉阳陵的营建规划》，《考古与文物》2006年第6期。

着衣式女立俑

西汉早期

高 54 厘米

重 1.788 千克

2013年，西安市灞桥区潘村西安财经学院行知学院 J1 出土（J1:39）

双腿残缺修复。形制与前者相同。

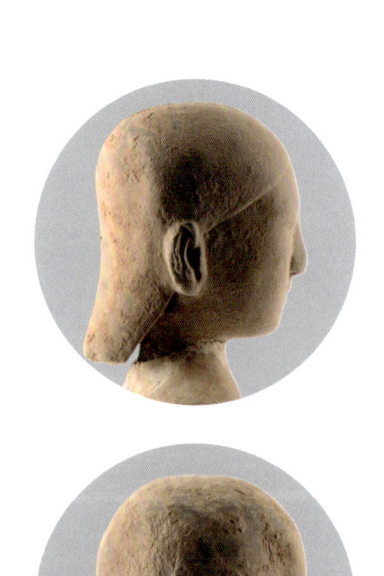

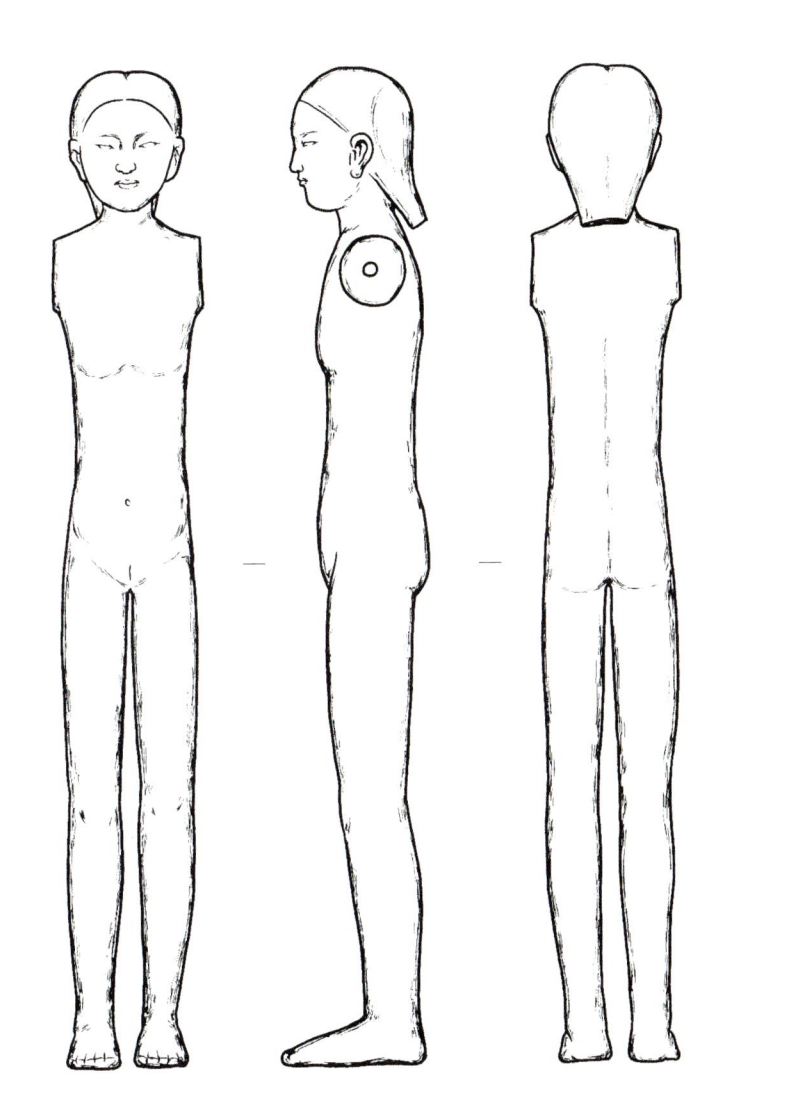

对于西汉帝陵及诸侯王陵墓出土的陶俑,学者常常依据陶俑的着衣方式将汉代陶俑分为两种类型:着衣式陶俑、塑衣式陶俑。

着衣式陶俑指陶俑塑造成裸体,然后外穿丝织类衣服,因出土时衣服等有机物已朽无存,因此被俗称为"裸体俑"。其制作工艺流程为:模制成型→局部黏接加塑→入窑烧制→绘彩着色→二次烘烤→木构件雕琢→组装着衣。由于在地下埋藏时间过长,受环境影响,丝织类衣物没有保存下来,所以陶俑出土时多呈现为裸体状。但是有部分陶俑遗存在填土上的衣物纹理,显示了衣物的种类,比如汉阳陵南区从葬坑有身穿铠甲的武士,也有头戴陌额和武弁的武士[1]。着衣式陶俑多发现于关中地区帝陵及高等级陪葬墓,因此有学者认为着衣式陶俑属西汉皇家专用品,除特赐外,一般不用于皇室以外的大臣[2]。

塑衣式陶俑指在陶胎成型时,就为陶俑塑造出衣物,然后入窑烧制,这样陶俑和衣物就是浑然一体。其制作工艺流程相对简单:模制成型→局部塑造→入窑烧制→绘彩着色。通过塑衣式陶俑,我们可以比较直观地了解汉代的服饰及穿着方式。比如汉景帝阳陵陪葬墓园出土的塑衣式陶俑,保存比较完好,衣物色泽艳丽,有立俑,有跽坐俑[3],其塑绘之精美、神韵之把控,代表着汉代陶塑艺术的最高水平,也是研究汉代服饰衣冠的第一手珍贵实物资料。

著录:柴怡:《西安白鹿原新见汉代陶俑析论》,《考古与文物》2017年第4期。

1 陕西省考古研究所:《汉阳陵》,重庆出版社,2001年,图53-59。
2 焦南峰:《论西汉"裸体"陶俑》,《追索流失海外的中国文物》,文物出版社,2008年,第17-24页。
3 陕西省考古研究所:《汉阳陵》,重庆出版社,2001年,图67-74。

着衣式女立俑

西汉早期

高 54 厘米

重 1.878 千克

2013 年，西安市灞桥区潘村西安财经学院行知学院 J1 出土（J1:5）

脖颈、右肩及双腿残断，黏接修复。形制与前者相同。

0　　4cm

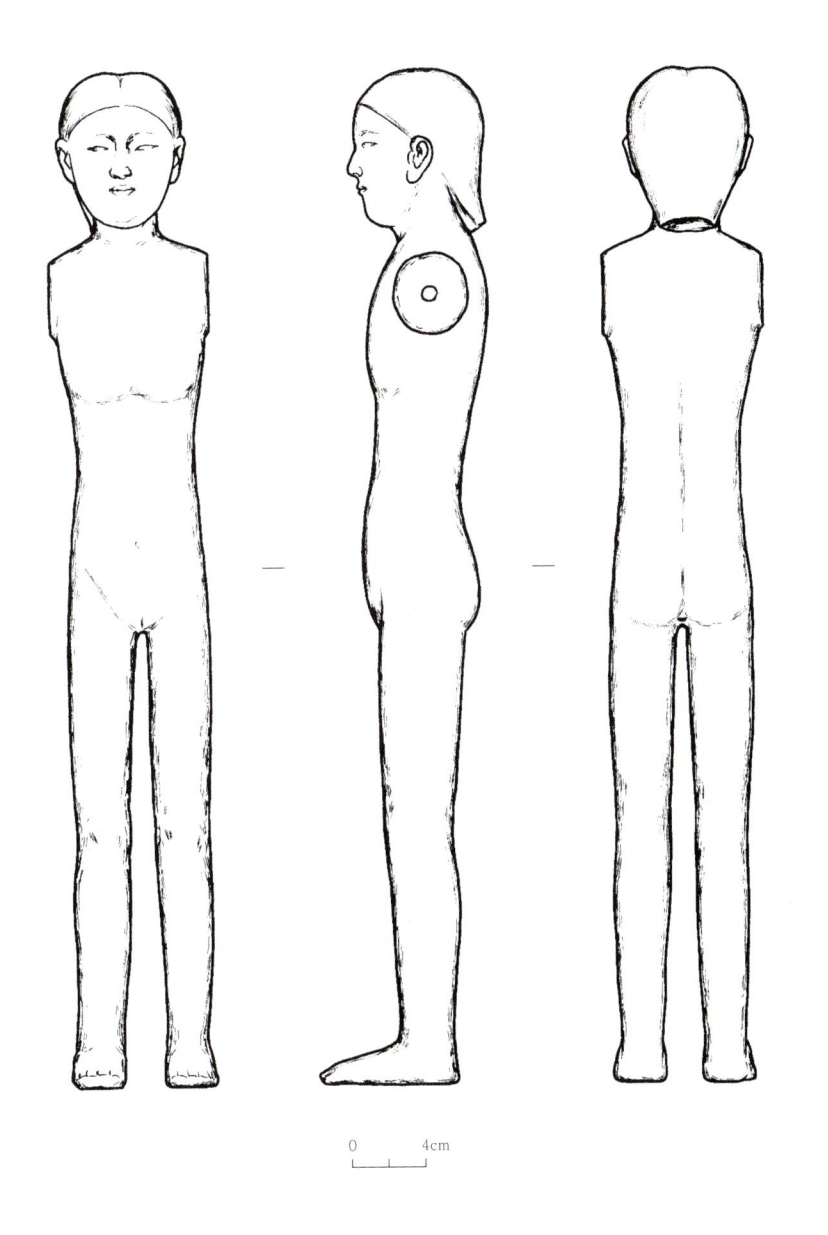

西汉时期，除了帝陵之外，诸侯王或者高等级贵族也可以随葬和帝陵相类似的陶俑，但在大小、种类和数量方面明显要少许多。汉阳陵帝陵四周的86座从葬坑只试掘了其中的11座，南区的24座从葬坑试掘了14座，就获得了数量众多的陶俑。陶俑的身份则主要依据陶俑的性别特征、衣着发式、手所执物、人物形体动作等综合判断，目前所见有将军俑、骑兵俑、步兵俑、男女侍从俑、御手俑、伎乐俑、门吏俑、宦者俑等。

就西汉京畿所在的西安地区来说，大型陶俑的出土除了帝王陵从葬坑以外，汉长安周边发掘的一些高级贵族墓也出土有大型陶俑。其中出土裸体着衣俑的高级贵族墓包括位于西安东南郊的沙坡"利成"积炭墓[1]、蓝田支家沟汉墓[2]、南郊凤栖原的张安世墓[3]、东郊的石家街汉墓[4]、咸阳三义村汉墓[5]等。出土大型塑衣陶俑的有杨家湾四号、五号汉墓[6]、栗家村一号汉墓[7]等。这些墓葬规模较大，墓主或身份高贵，或地位尊崇。墓葬年代基本集中于西汉早期到西汉中晚期。

出土的这些陶俑形体较大，高度多在60厘米左右，陶胎致密，塑造传神，彩绘艳丽，制作精良，其数量、质量、大小都是墓主人身份和地位的体现。而大型陶俑的随葬也应当是朝廷给予这些高级贵族的官葬内容之一。

著录：柴怡：《西安白鹿原新见汉代陶俑析论》，《考古与文物》2017年第4期。

1　郑洪春：《陕西新安机砖厂汉初积炭墓发掘报告》，《考古与文物》1990年第4期。
2　陕西省考古研究院：《陕西蓝田支家沟汉墓发掘简报》，《考古与文物》2013年第5期。
3　丁岩、张仲立、朱艳玲：《西汉一代重臣张安世家族墓考古揽胜》，《大众考古》2014年第12期。
4　西安市文物保护考古研究院：《西安东郊石家街发现汉代列侯级别墓葬》，《中国文物报》2013年8月16日第8版。
5　葛洪、严小琴、何倩：《咸阳三义村汉长陵陪葬墓出土白彩着衣式陶俑的研究》，《文物世界》2016年第4期。
6　陕西省文管会、博物馆，咸阳市博物馆杨家湾汉墓发掘小组：《咸阳杨家湾汉墓发掘简报》，《文物》1977年第10期。
7　朱连华、郭昕：《西安灞桥区栗家村汉墓》，《2019年中国重要考古发现》，文物出版社，2020年，第118-123页。

着衣式女立俑

西汉早期

高 52 厘米

重 1.871 千克

2013 年，西安市灞桥区潘村西安财经学院行知学院 J1 出土（J1:7）

左足、左膝等多处残缺修复。形制与前者相同。

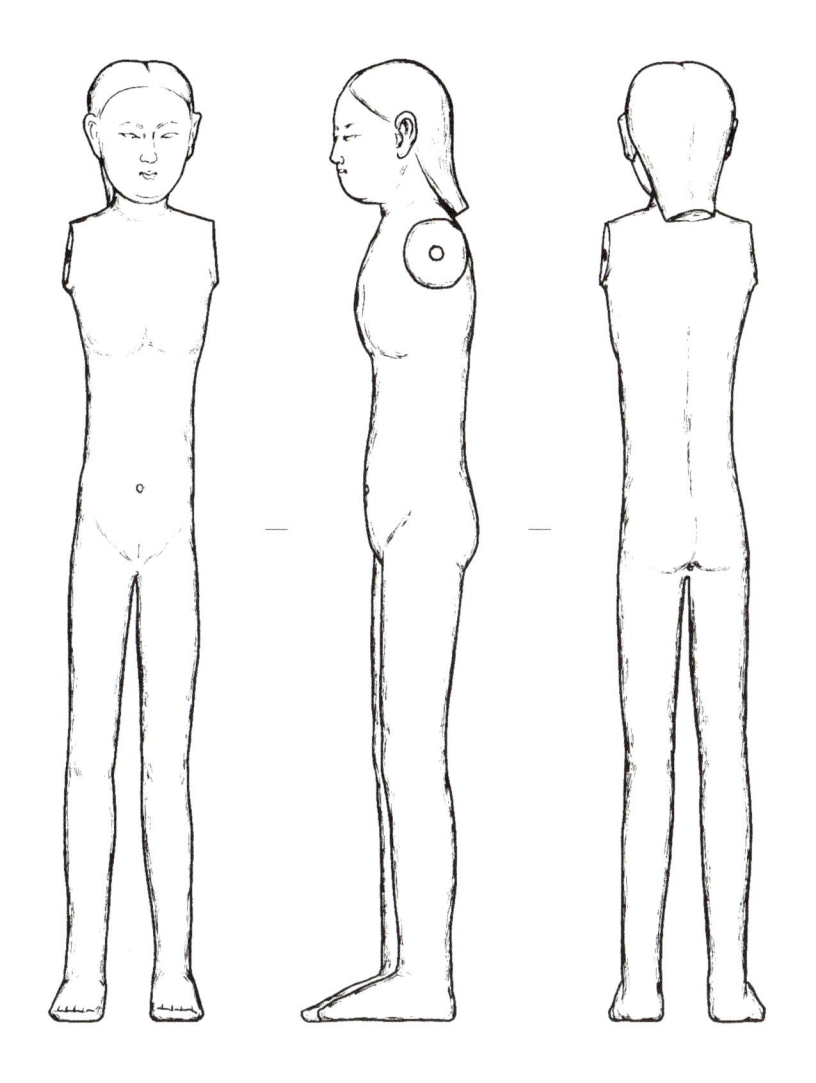

蓝田支家沟汉墓[1]位于蓝田县华胥镇支家沟村西约500米的灞河东岸二级台地上，北依骊山，南隔灞河与白鹿原相望。墓葬依山而建，平地起陵，上有覆斗形封土。墓葬为单墓道竖穴土圹墓，平面呈甲字形，坐东北朝西南，由陵园、封土、墓道、壁龛、前室、主墓室等组成。其中陵园东、北、西三面发现有墙垣，夯筑而成。封土底边长约44、宽40米，现存高10米，其中部偏南处有一祭祀坑，坑内包含动物骨骼、木炭以及封泥等。墓道残长34米，东壁有4个壁龛，西壁有2个壁龛，壁龛内有的空无一物，有的随葬陶俑和其他器物。前椁室长8、宽6.7米，东西两壁各有3个壁龛，龛内或为仓储类器物，或为俑类器物。主墓室长18、宽20.6米，内置墓主棺椁及随葬物品。发掘者认为墓主级别应不低于列侯一级，墓葬时代为武帝至昭帝之间，并具体推测墓主为汉武帝女鄂邑长公主[2]，亦有学者认为墓主为汉武帝第一任皇后陈皇后[3]。

支家沟汉墓共出土陶俑183件，包括男俑106件、女俑75件、宦者俑2件。陶俑主要置于墓道两侧壁龛、前室两侧壁龛以及主墓室内，尤以主墓室出土最多，有90余件。出土的陶俑均为着衣式陶俑，高度多在50—60厘米之间，因衣物腐朽出土时均呈裸体状，无双臂，肩臂连接处呈圆形，有中孔，说明原应安装有木制双臂。其中男俑或为头顶挽髻，或为头后挽髻，虽发型绾结不同，但男性特征明显。女俑均为椎髻，有的椎髻偏高，有的偏低。相较男俑而言，女俑胸部略微凸起，也有的和男俑一样扁平，但主要性别特征明显。简报中的两件宦者俑均为头顶挽髻，高度为58厘米，比一般男俑还要高一些，一个置于主墓室南侧回廊内，一件置于前室东壁7号壁龛内。

著录：柴怡：《西安白鹿原新见汉代陶俑析论》，《考古与文物》2017年第4期。

1 陕西省考古研究院：《陕西蓝田支家沟汉墓发掘简报》，《考古与文物》2013年第5期。
2 段毅：《蓝田支家沟汉墓墓主身份蠡测》，《考古与文物》2013年第6期。
3 谭青枝：《蓝田支家沟汉墓墓主考辨》，《中原文物》2022年第6期。

着衣式女立俑

西汉早期

高 54 厘米

重 1.796 千克

2013年，西安市灞桥区潘村西安财经学院行知学院 J1 出土（J1:40）

双腿残缺修复。形制与前者相同。

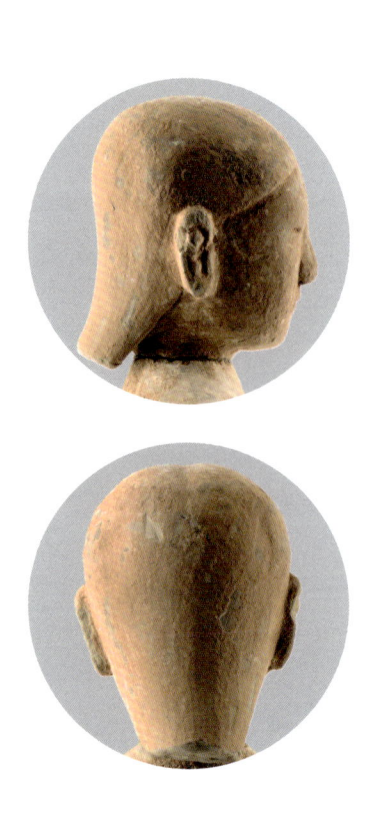

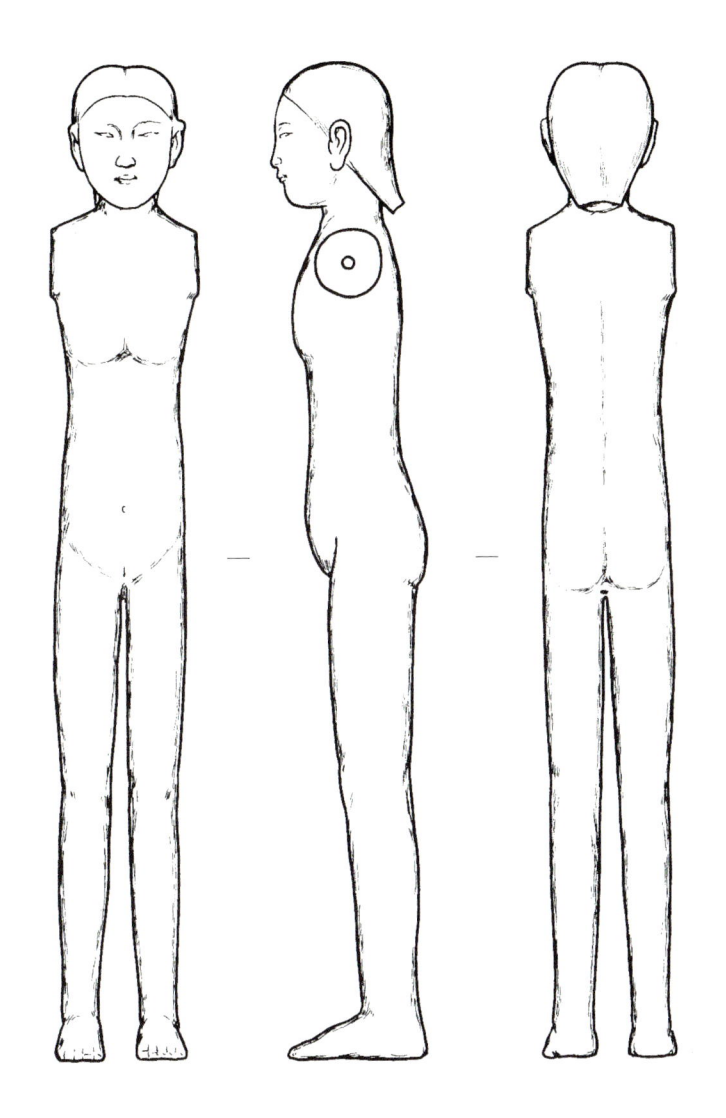

张安世墓位于西安南郊凤栖原,东接汉宣帝杜陵。经考古勘探,整个墓地面积约6万平方米。张安世墓园位于墓地核心区域,平面略呈方形,东西长约195、南北宽约159米,由1座甲字形大墓、6座从葬坑、1座中型墓、祠堂建筑基址、道路、排水系统及4条兆沟组成。墓园外东、北、西三侧祔葬有12座墓葬[1]。

张安世墓坐南朝北,墓道两侧有3个耳室,墓圹内有前后2个椁室,前椁室较小,内置车马器,后椁室很大,内置墓主棺椁。墓葬东西两侧共有6个从葬坑,每侧3个,均为南北向长条形,长6—38、宽4—5.5、深约5米,北端设阶梯式通道。在这些从葬坑中,随葬着2000多件陶俑、木俑以及木制小型马车、金属兵器等。陶俑和木俑均高约60厘米,陶皆为裸体着衣俑,头、躯体、双腿、足为陶质,双臂为木制,而后组装成形。每件俑一般配置1件兵器(剑、戟、弩),部分俑配置2件兵器,部分俑还背负箭囊。其中椁室边侧的陶俑大多配置铁戟,中部的陶俑大多配置弩机,显然蕴含着排兵布阵的军事意味。

其中主墓东南侧的6号从葬坑共出土着衣陶甲士俑500件、木甲士俑20余件,这些陶俑和木俑编列整齐,南北成列,东西成行,每个甲士俑配有一套武器,有铁质戈、戟、矛、剑、弩等,俑在队列中的位置不同,所配置的武器也不同。在木俑区域出土有青铜钟3件、青铜钺1件,另有铜印章和旗帜痕迹,说明这些木俑与军队指挥系统密切相关,而且11枚与军队官职相关的铜印章与木俑之间有着明显的从属或组合关系。该从葬坑是研究汉代军队编列编员和武器装配的珍贵资料。

著录:柴怡:《西安白鹿原新见汉代陶俑析论》,《考古与文物》2017年第4期。

---

[1] 丁岩、张仲立、朱艳玲:《西汉一代重臣张安世家族墓考古揽胜》,《大众考古》2014年第12期。

塑衣式男立俑

西汉早期

高 59 厘米

重 4.345 千克

2013 年，西安市灞桥区潘村西安财经学院行知学院 J1 出土（J1:28）

右肩、胸及衣袍下部残缺，石膏修复。泥质灰陶。通体施白衣，白衣外施红彩。头发全部拢于脑后，于头顶挽髻，其上戴平顶小冠，冠两侧残缺，内有横向笄孔。面部线条清晰，五官匀称，修眉细眼，面庞清瘦，神态恬静自然。内穿左襟右衽交领棉袍，外罩左襟右衽深衣，棉袍短立领较厚，露于深衣外，两袂较窄，袂口略收，腰系革带，下着窄腿裤。棉袍和深衣均施红彩，彩绘多已脱落，面部、领边、袂口、裤腿局部有残存。双手环于胸前，左手居上，右手居下，均半握拳，作持器械状，手指均已残缺。

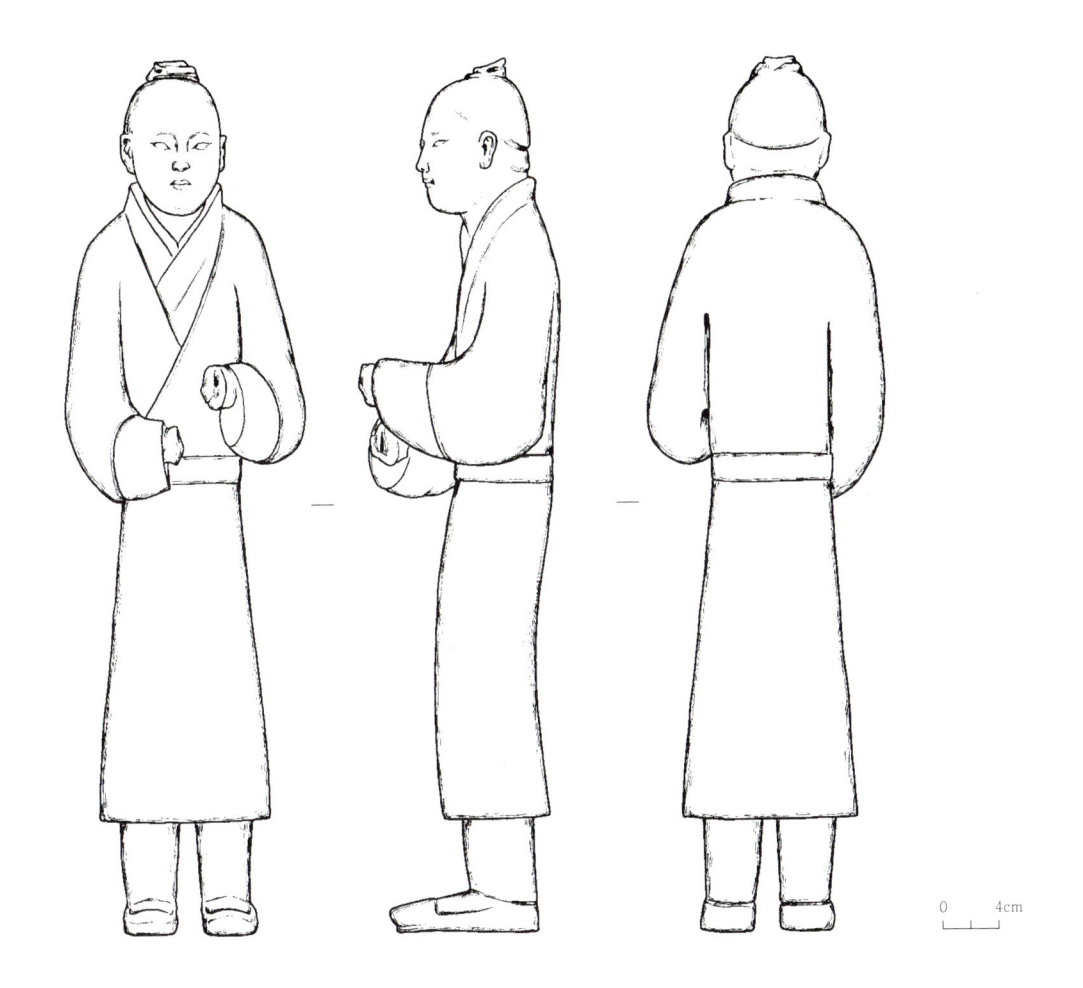

石家街汉墓¹位于西安市新城区太华路街道办东元西路东段石家街村，西距汉长安城东南角约 6 公里，2012 年西安市文物保护考古研究院配合城中村改造对其作了抢救性考古发掘。

　　墓葬坐北朝南，其上原有封土，现仅存封土底部。墓道南端压在南侧建筑物下，已发掘部分长 14.8、宽 15.5—18 米，西侧有 3 级台阶。墓道内靠近墓室处有东西并列的 2 个从葬坑。其中东侧从葬坑为砖筑，坑内被火烧毁且被盗严重，出土少量铜车马器等；西侧从葬坑为竖穴土圹，其内为木框架结构，南半部分因压于建筑物下未发掘，已发掘部分长 13.2、宽 3.5 米，该坑亦被火烧和盗扰，但随葬器物尚有保存，出土了大量陶俑、4 具马骨和铜车马器、铜带钩、铁剑等。墓室为竖穴土圹砖、木椁结构，土圹东西长 30.4、南北宽 24 米，东、西、北三面各有 4 级台阶，椁室外层为砖砌，内侧为木构，原应当有积炭。椁室经大火焚烧和盗扰，残存有石磬、玉片、陶俑等。墓葬东南有一从葬坑，为隧道式木框架结构，南侧因故未发掘，出土有铜壶、铜钫、铜盆、陶壶、漆木器等器物。该墓西侧从葬坑出土的大量陶俑均为着衣式陶俑，出土时因衣物腐朽烧毁皆呈无臂裸体状，在质地、大小及形制方面，均与汉阳陵从葬坑出土的着衣式男、女陶俑极为相似。

　　发掘者推断，该墓年代为西汉中晚期，墓主应为汉代高等级贵族，其身份至少应是"列侯"级别。

著录：柴怡：《西安白鹿原新见汉代陶俑析论》，《考古与文物》2017 年第 4 期。

1　西安市文物保护考古研究院：《西安东郊石家街发现汉代列侯级别墓葬》，《中国文物报》2013 年 8 月 16 日第 8 版。

塑衣式男立俑

西汉早期

高 59 厘米

重 4.3975 千克

2013 年，西安市灞桥区潘村西安财经学院行知学院 J1 出土（J1:3）

双足残缺，石膏修补。形制与前者相同。

杨家湾汉墓坐落于咸阳市北郊洪渎原上，西距高祖长陵约 4 公里，1965 年红旗公社社员整修梯田时发现墓葬南侧从葬坑，陕西省文物管理委员会协同咸阳市博物馆对其做了发掘清理，共发掘从葬坑 11 个[1]。因水土流失，从葬坑上部已被破坏。现存最大的坑南北长 3 米，东西宽 1 米；最小的南北长 2.65、东西宽 0.98 米。共出土彩绘陶俑约 2500 件，包括骑兵俑 583 件，立俑 1965 件。

杨家湾出土的陶俑均为塑衣式陶俑。其中骑马俑的马俑有大小两种，高约 68 和 50 厘米。骑俑和马俑皆分体制作，然后组合成套，马俑的臀部、尾部和骑俑的背上刻画有不同的数字记号，以便于组合配对。骑马俑皆有彩绘，马的毛色有黑、红、紫三种，马身彩绘出辔头和鞍鞯。骑俑服饰有红、白、绿、紫色等，有的骑俑披黑色铠甲，均作握缰执械状。立俑也分大小两种，高约 48.5 和 44.5 厘米。多右手握拳半举，左手握拳下垂，大多数穿武士服饰，有的外穿铠甲，结合同出的彩绘陶盾牌及陶俑手中的铁棍残段，这些俑原可能为手执戈、戟、剑和盾牌的士兵。部分武士俑背上有一小方袋，似为箭囊。

1970—1976 年对从葬坑北的 2 座汉墓做了发掘，墓葬规模大，结构复杂，发掘者认为墓主可能是汉代名将周勃、周亚夫父子[2]。

著录：柴怡：《西安白鹿原新见汉代陶俑析论》，《考古与文物》2017 年第 4 期。

1 陕西省文物管理委员会、咸阳市博物馆：《陕西省咸阳市杨家湾出土大批西汉彩绘陶俑》，《文物》1966 年第 3 期。
2 陕西省文管会、博物馆，咸阳市博物馆杨家湾汉墓发掘小组：《咸阳杨家湾汉墓发掘简报》，《文物》1977 年第 10 期。

塑衣式女立俑

西汉早期

高 24.3 厘米

重 0.671 千克

2003 年，西安市雁塔区世家星城 M209 出土（M209:2）

残，黏接修复。泥质灰陶。通体施白彩。站立姿，头发中分，拢于脑后，然后向上回折，以带束成垂髻，发梢偏于右侧下垂。面容清秀，五官紧凑，修眉细眼，神态端庄恬静。内穿交领衣，领边宽厚，外着左襟右衽交领长裙（深衣），双手拢于腹前，手隐袂内，束腰，裙摆呈喇叭形向后曳于地。

0 ——— 4cm

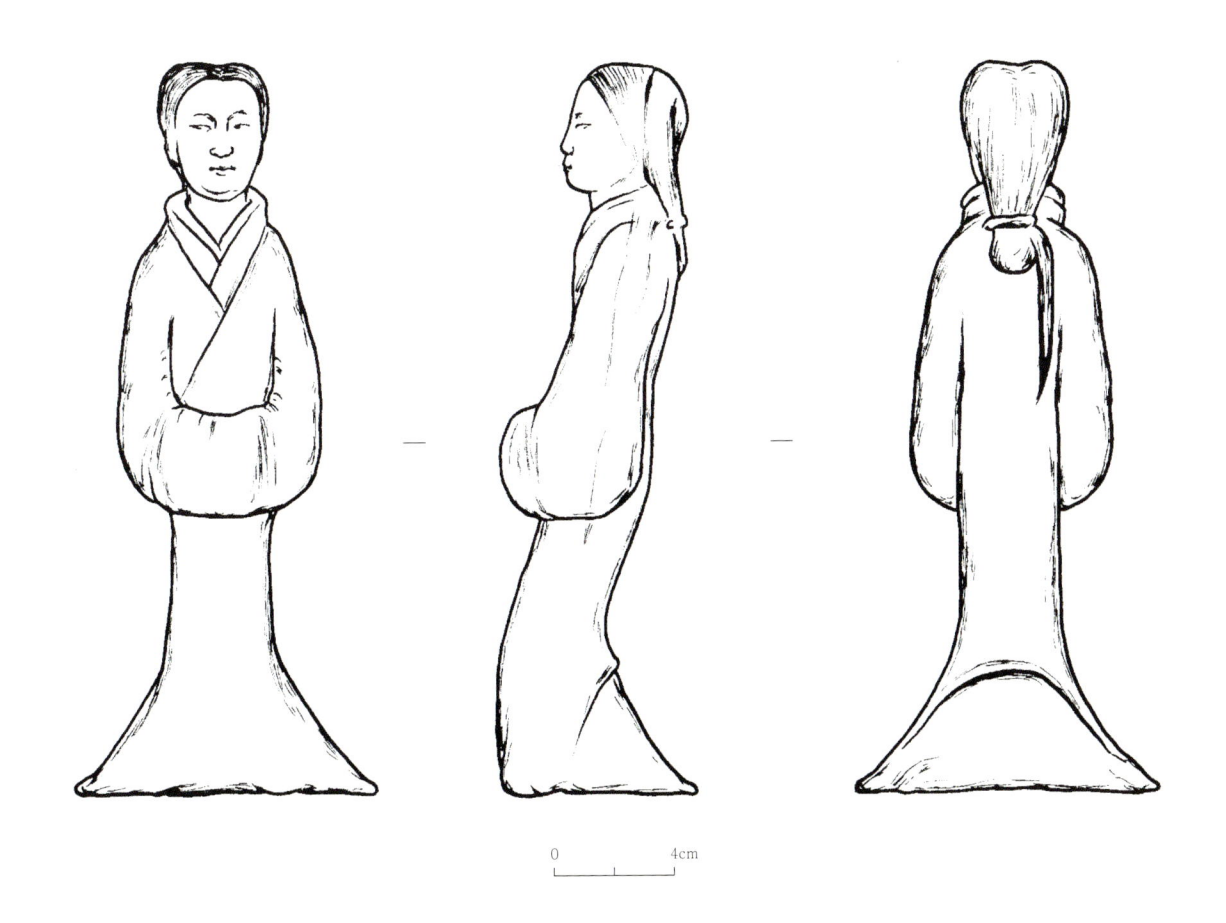

栗家村汉墓[1]位于西安市灞桥区狄寨街道栗家村西侧坡地上，东距薄太后南陵约2.8公里。2018—2019年，西安市文物保护考古研究院配合城市基本建设对其作了考古发掘。项目用地范围内共发掘西汉大中型墓葬4座、小型墓葬22座。其中M1葬规模最大，M2次之。

M1位于墓地最北部，平面呈甲字形，坐西朝东。墓道长34.4米、宽2.5—16.5米，两侧有之字形台阶。墓道中部偏西有一外藏椁，为木椁箱结构，内有4套相对完整的模型车马器组合。外藏椁西侧墓道南北两壁上各有1个土洞形耳室，内无随葬器物。墓室上口长20、宽18米，南、北、西三面分布8层"之"字形台阶。墓室内为多椁箱结构，由棺箱、东侧头箱及南北边箱组成。木椁周围填木炭。

该墓被盗扰，墓室内出土了一批塑衣陶俑，陶俑残片分散于整个椁室，修复成型者共43件，包括男女侍俑、女持物俑、舞俑、歌唱俑、敲击俑、弹奏俑、吹奏俑等。值得注意的是，东侧头箱内出土的陶俑与编钟、编磬等形成一组礼乐组合，这一组合中，跽坐俑有8件，包括敲钟俑、击磬俑、弹奏俑、吹奏俑各1件，歌唱俑4件；另有翩翩起舞的舞俑4件。俑群出土位置未被扰乱，组合完整，排列整齐，是研究汉代礼乐制度的宝贵资料。

[1] 朱连华、郭昕：《西安灞桥区栗家村汉墓》，《2019中国重要考古发现》，文物出版社，2020年，第118-123页。

塑衣式男立俑

西汉晚期

高 32 厘米

重 1.062 千克

2004 年，西安市雁塔区长延堡派出所 M1 出土（M1:3）

　　残，黏接修复。泥质灰陶。表面先施白衣，白衣上彩绘。立姿，黑发拢于脑后，上折于头顶挽成扁圆形平髻，髻外原彩绘白色包裹巾帻，鹅蛋脸，面容丰削适度，五官模糊，眉毛、眼珠黑彩描绘，唇涂红彩，面部彩绘几乎脱落殆尽。内穿交领禅衣，禅衣领边、袖边、下裾边缘皆施红彩，下着白色宽腿长绔，外穿黑色左襟右衽曲裾棉袍深衣，领边施白彩，袍长及脚踝上，衣衿向后缠围绕至右侧腰后，两袂略宽，袂口收窄，呈褶皱状，棉袍前裾平直，其下微露红色禅衣裾缘，后裾上弧，绔下足尖稍外露，脚蹬黑色履。腰系白色宽布带，两末端下垂于腹前。双手拢于腹前，手隐袂内。

0 4cm

汉长安城周边西汉晚期中小型墓葬出土的陶侍从立俑，可以长延堡派出所两座墓出土的一批陶俑作为典型代表。墓葬均坐东朝西，形制为长斜坡墓道砖室墓，墓室前端两侧各有一耳室，墓葬规模都比一般墓葬稍大，其中M1墓室长6、宽2.16米，M2墓室长5.5、宽1.87米。

M1出土26件陶俑，有塑衣男侍立俑25件、塑衣女侍立俑1件，因墓葬被盗扰，出土时散置于墓室内；M2出土16件陶俑，有塑衣男侍立俑11件、塑衣女侍立俑5件，出土时基本位于墓室两侧耳室内[1]。这批陶俑高度多在30厘米左右（其中1件高约15厘米），虽残碎较严重，但大多数可修复，部分彩绘保存也较好，是研究西汉中晚期京畿地区丧葬制度、社会习俗的珍贵实物资料。

著录：西安市文物保护考古研究院：《西安南郊西汉墓发掘简报》，《文物》2012年第10期。

---

[1] 西安市文物保护考古研究院：《西安南郊西汉墓发掘简报》，《文物》2012年第10期。

塑衣式男立俑

西汉晚期

高 32.6 厘米

重 1.035 千克

2004 年，西安市雁塔区长延堡派出所 M2 出土（M2:9）

部分残缺，石膏修补。泥质灰陶。表面先施白衣，白衣上彩绘。立姿，头微向右偏，黑发拢于脑后，上折于头顶挽成平髻，髻外原彩绘包裹巾帻，鹅蛋脸，面容丰削适度，五官紧凑，神情恬静自然，面施粉彩，眉毛、眼珠黑彩描绘，唇涂红彩。内穿白色交领禅衣，下着白色宽腿长裤，外穿黑色左襟右衽曲裾棉袍，袍长及脚面，领边施白彩，衣衿向右缠围绕至右侧腰后，两袂略宽，袂口收窄，呈褶皱状，棉袍前裾平直，其下足尖微露，后裾短而上弧，裾缘上形成六道弧形凸棱，其下露出白色禅衣和禅衣黑色裾缘以及脚跟，脚蹬黑色履。腰系白色抱腰，其外束宽革带。双手拢于腹前，手隐袂内。

除此之外，1998年陕西省考古研究所在西安北郊尤家庄发掘了一座西汉中晚期积沙墓[1]，墓室长5.5、宽3米，墓葬经两次盗扰，最后一次盗掘不晚于五代十国时期。该墓盗洞内出土陶俑6件，其中男俑3件，女俑3件。陶俑均为泥质灰陶，模制，通体彩绘，高度在30—33.5厘米，其造型风格与长延堡M2出土的陶俑相同。

著录：西安市文物保护考古研究院：《西安南郊西汉墓发掘简报》，《文物》2012年第10期。

1 陕西省考古研究院：《西安北郊汉代积沙墓发掘简报》，《考古与文物》2003年第5期。

塑衣式男立俑

西汉晚期
高 34 厘米
重 1.069 千克
2004 年，西安市雁塔区长延堡派出所 M2 出土（M2:23）

　　微残，黏接修复。泥质灰陶。立姿，黑发拢于脑后，上折于头顶挽成扁圆形平髻，髻外彩绘白色包裹巾帻。鹅蛋脸，面容丰削适度，神情恬静自然，面施粉彩，眉毛、眼珠黑彩描绘，唇涂红彩。内着白色交领禅衣，领边、袂边、裾缘均施红彩，下着白色宽腿长袴，外穿黑色左襟右衽曲裾棉袍，袍长及脚面，领边施白彩，衣衿向右缠围绕至右侧腰后，两袂较宽，袂口收窄，呈褶皱状，棉袍前裾平直，略短于禅衣，后裾上弧至膝，裾缘上有四道弧形凸棱，其下露出白色禅衣和禅衣红色裾缘。腰系红色抱腰，其外束略窄的白色革带。双手拢于腹前，手隐袂内。

0 ——— 4cm

西汉时期，随葬陶俑的形制规模及大小，与墓葬规格、墓主身份地位息息相关，墓葬级别越高，陶俑的个体越大，质量越好、数量越多，低级官吏和低等贵族只有极少数墓葬随葬陶俑，且陶俑个体较小，数量较少，质量较差。截至目前，西安地区已经发掘了数千座汉代中小型墓葬，但随葬陶俑的现象却并不普遍。

如汉长安城东郑王村发掘的 80 座西汉墓葬[1]，没有一座出土陶俑；龙首原发掘的 42 座西汉早期墓葬[2]，有 3 座墓出土陶俑。

著录：西安市文物保护考古研究院：《西安南郊西汉墓发掘简报》，《文物》2012 年第 10 期。

1 陕西省考古研究所：《西安北郊郑王村西汉墓》，三秦出版社，2008 年。
2 西安市文物保护考古所：《西安龙首原汉墓》，西北大学出版社，1999 年。

塑衣式女立俑

西汉晚期

高 31 厘米

重 1.148 千克

2004 年，西安市雁塔区长延堡派出所 M2 出土（M2:25）

　　残，已修复。泥质灰陶，通体施黑、白、红色彩。立姿，头外裹巾，状如风帽，鹅蛋脸，五官清晰，修眉细眼，面容丰削适度，神情恬静自然。身着左襟右衽交领棉深衣，双手拢于腹部，手隐袂内。胸下系带，束腰，裙摆宽大，呈燕尾形曳于地。

0 4cm

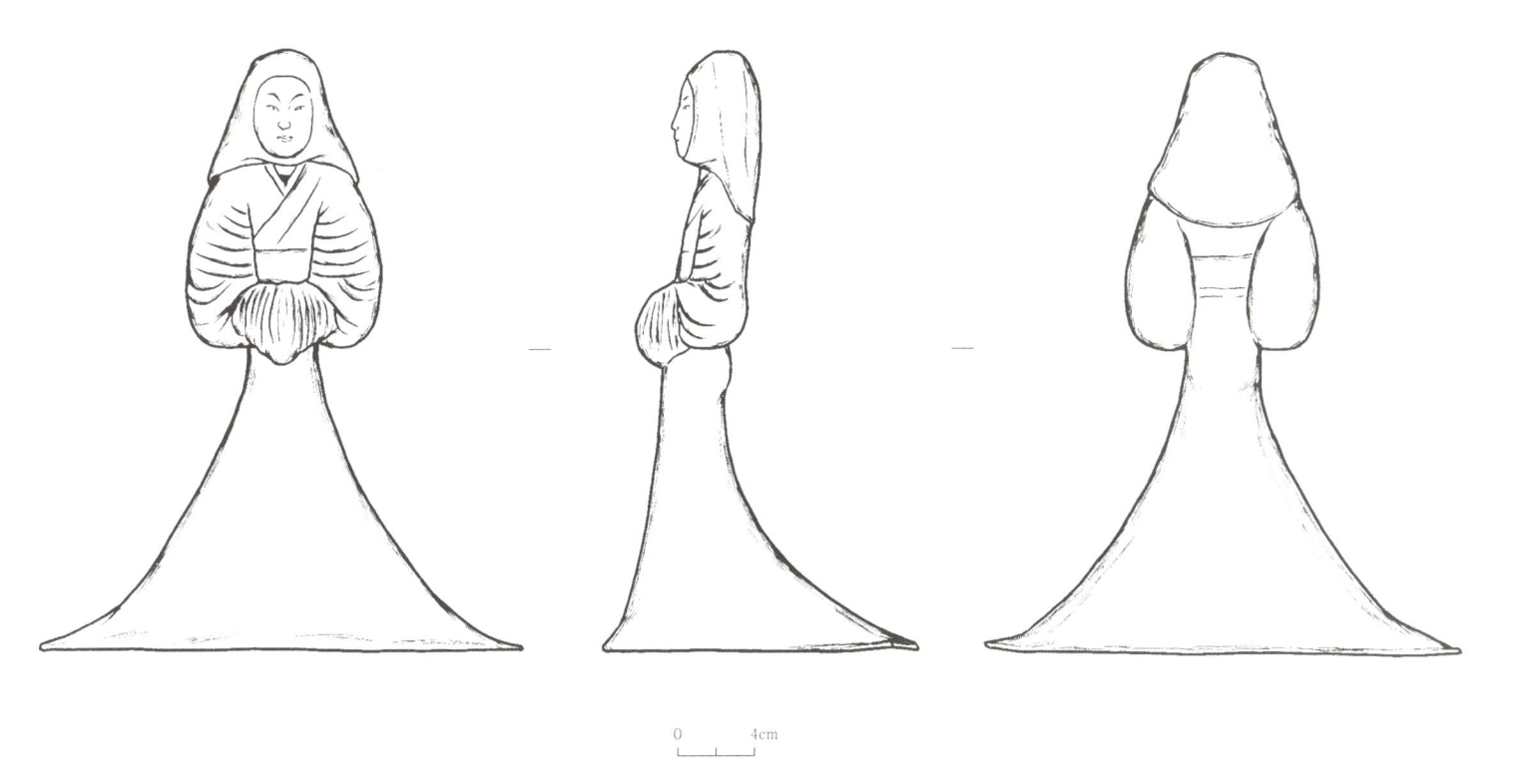

汉长安城周边中型墓葬中出土陶俑主要以乐俑为主，时代集中于西汉早期，尤以文帝到武帝前期居多。其中 1991 年西安北郊范南村西北医疗设备厂的 3 座墓葬均出土了跽坐乐俑和成组的乐器。

M89 出土塑衣彩绘女立俑 1 件，头部缺失，残高 20.1 厘米，出土于墓室口盗洞中[1]。M92 墓室和墓道底盗洞内出土跽坐乐俑 3 件，均双手曲肘前伸，其中 2 件作执物击打状，1 件作压弦弹奏状，同墓出土陶甬钟 5 件、钮钟 10 件、磬 19 件、翼兽形编钟架座 2 件、凤鸟龟座形编磬架座 2 件、兽形钩 6 件、铜瑟枘 6 件，皆为配套组合之乐器构件，但因盗扰发生了位移，具体配置已被扰乱[2]。M120 椁室前侧出土跽坐乐俑 1 件、翼兽形编钟架座 2 件、凤鸟龟座形编磬架座 2 件，同出有陶甬钟 3 件、钮钟 4 件、磬 15 件、兽形钩 2 件，该墓同样被盗扰[3]。

从这 3 座出土陶俑的墓葬来看，M89、M92 均为东西向宽竖穴墓道土洞墓，或坐东朝西，或坐西朝东，墓道均有一侧室，M120 为南北向竖穴土圹墓，南端左右两侧各有一侧室。其中 M120 规模最大，墓圹上口长 9 米、宽 5.7 米，底部长 7.6、宽 4.28 米；M92 规模居中，墓道上口长 4.6、宽 3.6 米，墓室长 4.7、宽 2.05 米；M89 规模最小，墓道上口长 2.7、宽 1.8 米，墓室长 4.16、宽 1.6 米，都比一般墓葬规模要大一些，墓主应当为中级或中下级贵族。

著录：西安市文物保护考古研究院：《西安南郊西汉墓发掘简报》，《文物》2012 年第 10 期。

1 西安市文物保护考古所：《西安龙首原汉墓》，西北大学出版社，1999 年，第 106-112 页。
2 西安市文物保护考古所：《西安龙首原汉墓》，西北大学出版社，1999 年，第 112-124 页。
3 西安市文物保护考古所：《西安龙首原汉墓》，西北大学出版社，1999 年，第 133-147 页。

塑衣式女立俑

西汉晚期

高 32 厘米

重 1.196 千克

2004 年，西安市雁塔区长延堡派出所 M2 出土（M2:8）

右侧裙角残缺，已修复。泥质灰陶，通体施白彩。形制与前者相同。

0 4cm

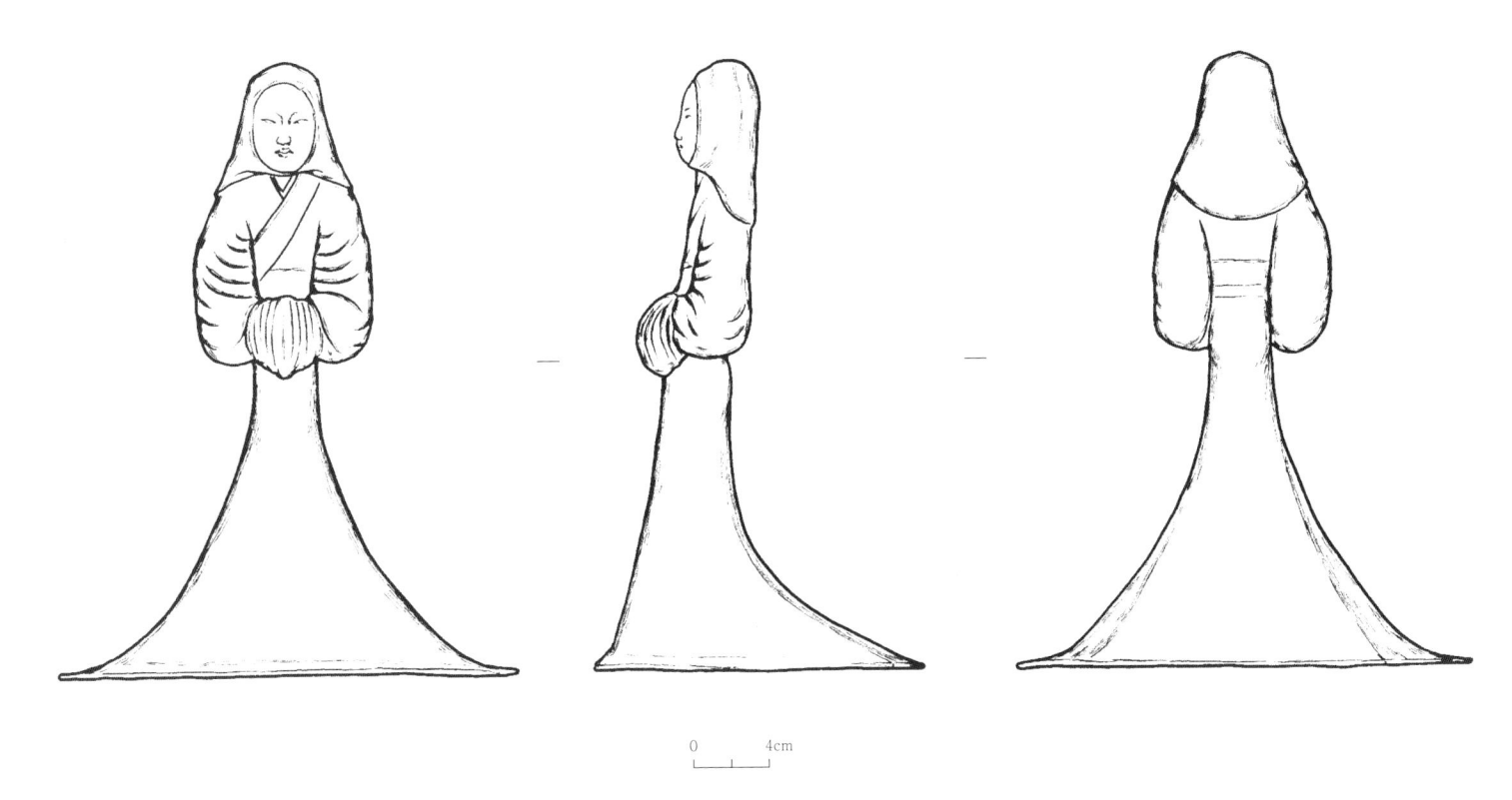

汉长安城京畿周边地区，西汉陶俑也有少量发现。

已刊发资料中，值得关注的是2005年周原纸白汉代墓地的两座中小型墓出土的陶俑。其中西汉早期高祖吕后时期的M2[1]出土塑衣男侍立俑1件（高23.4厘米）、女侍立俑1件（高18.6厘米）、跽坐男俑1件（高14.5厘米），立俑皆双手拢于袖内，神情恭敬，是侍从身份，跽坐男俑则头挽髻，双臂曲肘前伸，手握拳，作执缰状，其造型与秦始皇兵马俑御手俑相类似，应当为御手俑。除此之外，M2墓室前部同出还有陶马（长37、高41.8厘米）及陶牛、陶狗、陶猪、陶鸡等家禽家畜俑。

从出土位置来看，墓室口右侧的陶俑和陶马是一套完整的出行组合，陶马位于中部，头朝向墓道，跽坐男俑位于陶马之后，面朝向墓道，陶马右侧为男侍立俑，跽坐御手俑左侧为女侍立俑，陶牛等家禽家畜俑则位于墓室口左侧。值得注意的是，在陶马和御手俑后方有一漆木器，报告中认为"在椁的南部有长0.7、宽0.5米的头箱一个"，在平剖面图中将其编为21号，图注说明为"漆案"。漆器范围内空无他物，如若作为头箱，则可能盛装丝织品类随葬物，如作为漆案，则其上可能放置有其他漆木器，如今皆已朽无存，只剩下朱红色漆皮。但从其放置在陶马和御手俑正后边的特殊位置分析，该漆木器也有作为车的可能。

著录：西安市文物保护考古研究院：《西安南郊西汉墓发掘简报》，《文物》2012年第10期。

[1] 陕西省考古研究院、宝鸡市周原博物馆：《周原汉唐墓》，科学出版社，2014年，第15-21页。

塑衣式女立俑

西汉晚期

高 32 厘米

重 1.132 千克

2004 年，西安市雁塔区长延堡派出所 M2 出土（M2:10）

　　残缺，石膏修复黏接。泥质灰陶，通体施白衣，白衣上彩绘。立姿，头外裹巾，状如风帽，巾裹住两鬓及颔下，后侧下披至肩，巾内有衬，额前巾衬平齐，裹至眉上，两鬓巾衬稍外露。鹅蛋脸，面容清秀，五官紧凑，神情恬静自然。身着左襟右衽棉深衣，裙摆呈燕尾形曳于地，腰身特细，两袂较宽，袂口收窄，长裙局部残存黄彩，内穿交领中衣，领边和袂边均为红色。双手拢于腹前，手隐袂内。面施粉彩，眉毛及眼睛施黑彩，唇施红彩。

0   4cm

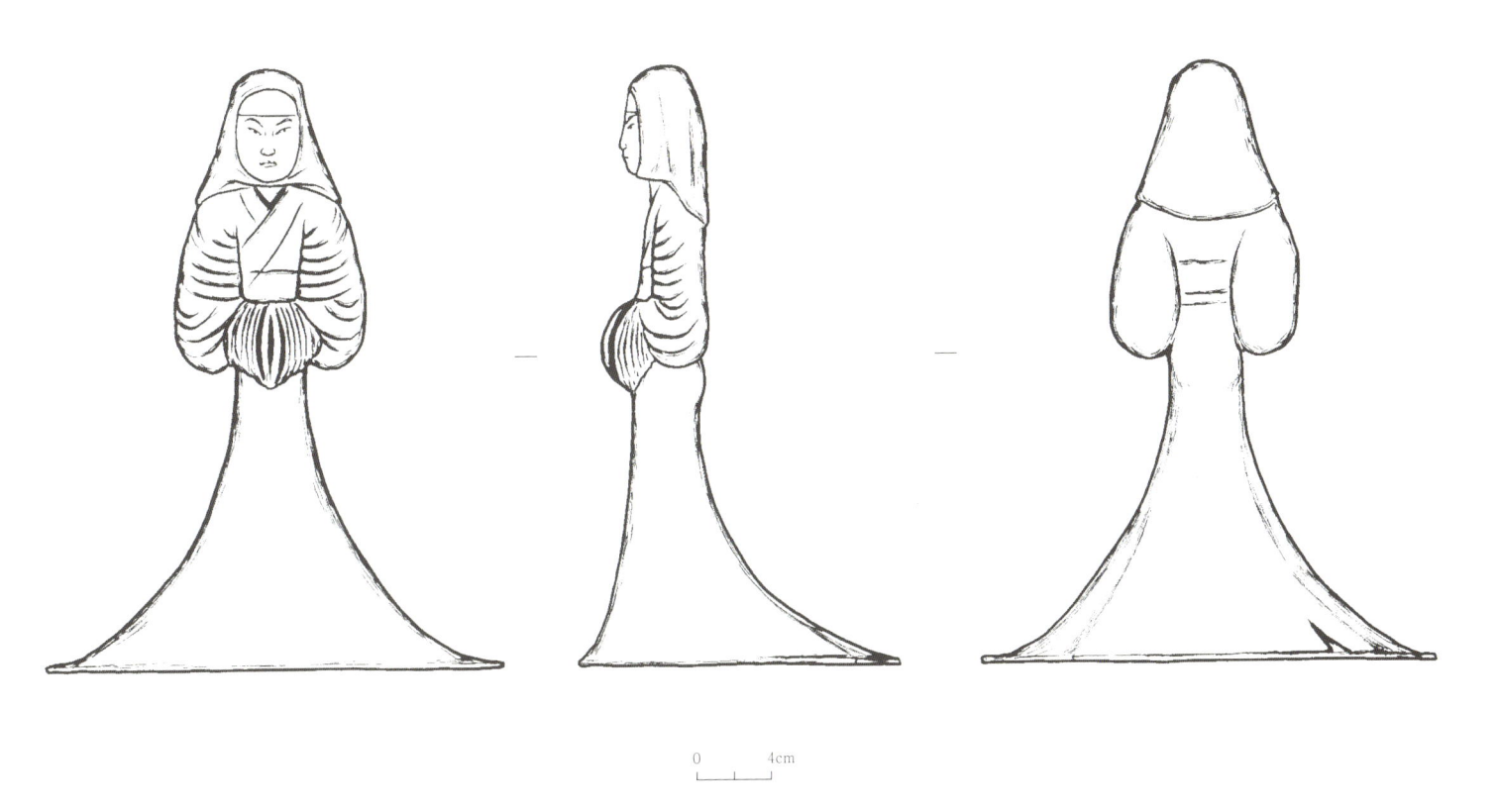

此外，2005年周原纸白墓地还有3座西汉文帝、景帝时期的墓出土有陶俑。M10[1]出土塑衣侍立女俑1件、跪坐男御手俑1件、陶马头1件、陶牛1件；M11[2]出土跪坐男御手俑1件、陶马1件、陶牛1件；M16[3]出土塑衣女侍立俑3件、跪坐女乐俑1件、陶牛1件、陶马1件。前2座墓御手俑、陶马、陶牛出土位置皆不如M2摆放整齐，但从配置来看，御手俑应当是和陶马组合在一起。纸白的这4座墓规模都不大，均为竖穴墓道土洞墓，墓道最大的是M10，长3.2米、宽2米，墓室最大的为M16，长3.8米、宽1.48米，可以说都是小型墓葬，但却出土了少量侍从俑和御手俑，因此发掘者认为"纸白墓地或许与汉代美阳县有关，墓主人身份较为特殊"[4]。

著录：西安市文物保护考古研究院：《西安南郊西汉墓发掘简报》，《文物》2012年第10期。

[1] 陕西省考古研究院、宝鸡市周原博物馆：《周原汉唐墓》，科学出版社，2014年，第33-38页。
[2] 陕西省考古研究院、宝鸡市周原博物馆：《周原汉唐墓》，科学出版社，2014年，第38-44页。
[3] 陕西省考古研究院、宝鸡市周原博物馆：《周原汉唐墓》，科学出版社，2014年，第64-69页。
[4] 陕西省考古研究院、宝鸡市周原博物馆：《周原汉唐墓》，科学出版社，2014年，第192页。

塑衣式女立俑

西汉晚期

高 31.5 厘米

重 1.146 千克

2004 年，西安市雁塔区长延堡派出所 M2 出土（M2:13）

裙摆两侧下缘稍残缺，石膏修补。泥质灰陶，通体以黑白二彩为主。立姿，头裹淡粉色巾，状如风帽，巾裹住两鬓及颔下，后侧下披至肩，巾内有巾衬，额前巾衬平齐，裹至眉上，两鬓巾衬稍外露。鹅蛋脸，面容丰削适度，神态端庄恬静，五官紧凑，面部较模糊。身着黑色左襟右衽棉深衣，裙摆呈心形拖于地，腰身特细，两袂较宽。内穿黑色交领中衣，领边和袂边均为雪青色。双手拢于腹前，手隐袂内。眉眼施黑彩、唇施红彩，多已脱落。

分析归纳这些中小型墓葬出土陶俑，主要有以下特点：一、陶俑随葬数量较少，一般多则数十件，少则五六件；二、陶俑尺寸都比较小，高度多在 30 厘米左右，比帝王陵和高级贵族墓陶俑小了一半；三、陶俑制作都比较粗糙，面部刻画模糊，远不如高级贵族墓葬随葬陶俑精致；四、种类比较单一，均为塑衣男女侍从俑和乐俑，既没有骑马俑，也没有武士俑，而少量乐俑也只有等级较高的中等贵族才能使用。这些都透露出陶俑在丧葬中的配置有着严格的制度和等级约束，作为西汉京畿长安，这种制度的执行落实尤其到位。

著录：西安市文物保护考古研究院：《西安南郊西汉墓发掘简报》，《文物》2012 年第 10 期。

第三单元 秦雕汉刻

塑衣式男立俑

西汉晚期

高 34.5 厘米

重 1.194 千克

2006 年，西安市南郊雁塔区曲江雁湖小区 M24 出土（M24:11）

头部微残，彩绘部分脱落。泥质红陶，通体施白彩。立姿，头发拢于脑后，上挽成平髻。鹅蛋脸，五官较模糊，面容丰削适度，神情恬静自然，面施白彩，唇部残留红彩。内穿白色交领长衫，外着左襟右衽曲裾棉袍，袍长及脚面，衣衿向右缠围绕至右侧腰后，领边、袂口施白彩，下着白色长裤，脚尖稍外露。双手拢于腹前，手隐袂内。长袍原施黑彩，现基本脱落殆尽。

0   4cm

曲江雁湖小区 M24 为坐南朝北的斜坡墓道砖室墓，出土器物 39 件（组），器类有陶灯、俑，铜刷、车马器、铺首等。根据墓葬和器物形制、器物组合判断该墓年代应为西汉晚期。

塑衣式女立俑

西汉晚期

高 26.5 厘米

重 0.533 千克

2006 年，西安市雁塔区曲江雁湖小区 M24 出土（M24:36）

彩绘有脱落。泥质红陶，通体施白衣，白衣上彩绘。站姿，黑发拢于脑部，上挽成发髻，其外裹巾。鹅蛋脸，面容丰削适度，神情恬静自然，五官较清晰，修眉细眼。内穿交领衫，外着左襟右衽白色长袍，袍长及地，腰束布带，于腹前打结，末端下垂。双手拢于腹前，手隐袂内。

0   4cm

  陶俑作为人殉的替代品，在亡者的地下世界具有十分重要的作用，"事死如事生"的思想观念从古至今都支配着人们对亡者丧事的操办。人们朴素地认为，人死亡是去了另一个世界继续生存，灵魂永不会灭亡。所以，他们生前怎样生活，死后依然要和生前一样：有居住的地方，即墓穴，里边有棺椁、棺床等；有生活所用的一切，即各种随葬器物。有身份、有地位的人还有一定的侍从和仆人，就是各类陶俑。没有身份地位，生前也无侍从和仆人的死后一般没有陶俑类随葬。就墓葬大小结构而言，也与生前具有密切关系。有地位的贵族使用大型墓葬，墓葬里边有各种功能性结构分割，如同其生前的居住环境一样。有天井的墓葬除了修建工程因素之外，也象征着墓主的地下宅邸，一进又一进的院落。这些都反映着古代人们对死亡的朴素认知和对亡者的美好祝福。

  考古发现证实，"事死如事生"的丧葬观念和社会等级制度相结合，形成了汉代陶俑随葬制度的核心，陶俑的种类和使用皆严格遵循社会等级制度。

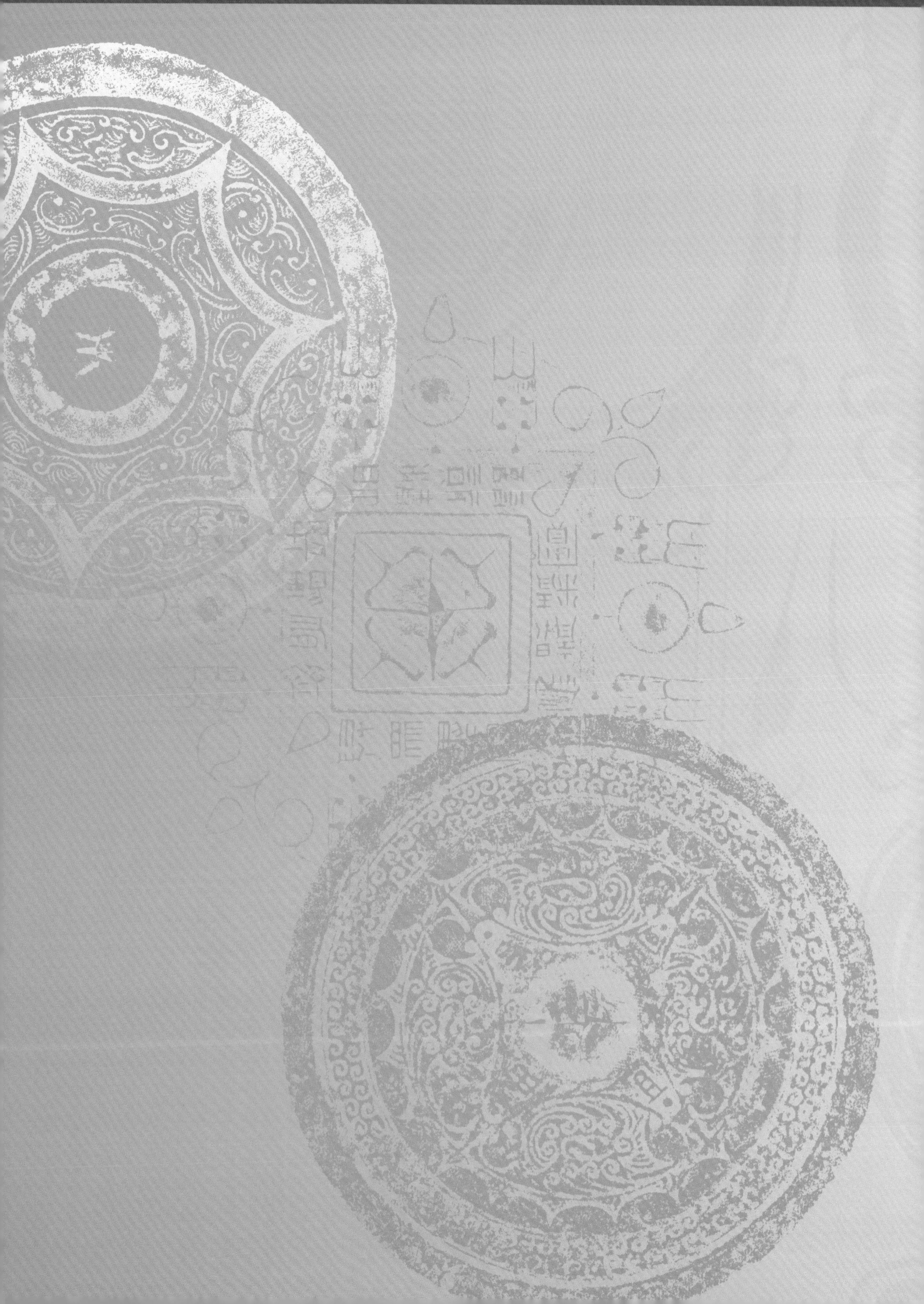

第四单元

整衣鉴容

　　铜镜是古代人们用于照容妆奁的生活用具。从世界范围看，铜镜分为东西两大系统：以古代中国为代表的东方文明古国的圆形带钮镜；以古代埃及、希腊、罗马等为代表的西方文明古国的圆形有柄镜。根据考古资料，我国目前所见最早的铜镜为公元前2000年左右的齐家文化中[1]。夏商周三代，国之大事，在祀与戎，在王朝礼制的制约下，青铜礼器发展高度繁荣，实用器如铜镜的发展则十分缓慢。春秋战国，周王室逐渐衰微，诸侯纷纷争霸，社会处于剧烈变革期，王朝礼制出现松弛，意识形态领域发生新的变化，生产力迅速发展，这一阶段，作为实用器的铜镜逐渐增多，但使用范围有限，多见于上层贵族中。秦汉时期，国家制度、社会基础、礼制都发生了巨大变化，随着这一转变，铜镜也开始大范围普及到人们的日常生活中，迎来了铜镜发展的第一个高峰。考古材料体现出，秦汉的葬物制度已经由商周时期的礼器核心组合转为日用模型明器核心组合，这一"事死如事生"的思想观念使得大量的古代铜镜被埋藏于墓葬中，在经历数千年之后，方得以重见天日。

　　关于铜镜的功用，从考古资料来看，照容理妆始终是其主要功能，其他的诸如宗教信仰、辟邪等则只是基于这种基本功用的延伸和转化。

　　秦汉铜镜，继承了战国铜镜的发展成果，在文帝、景帝和武帝时期，开始形成全新的特点，不但出现新的品类，而且在铸造、合金成分、纹饰布局、铭文使用等方面都取得了质的飞跃，兼顾了实用效果、艺术审美、价值理念、思想表达，形成自己的特点。这一特点从两汉一直延续到魏晋南北朝，直至隋唐以降，才被新的发展变化所取代。

　　考古所见铜镜多出土于墓葬中，其放置以墓主头部旁侧最为多见，这也是由其照容的基本功用所决定的。这些铜镜多被置于漆盒内，有的外裹布绢，有的配套有镜刷，是铜镜在当时生活中的真实体现。

---

[1] 青海省文物考古研究所、北京大学考古文博学院：《贵南尕马台》，科学出版社，2016年。

蟠螭菱纹镜

西汉早期

直径 18.35 厘米

重 405.5 克

1998 年，西安市未央区尤家庄陕西省交通学校 M167 出土（M167:6）

器表有较多绿锈，无锈处呈红褐色。圆形，镜体较厚，镜面微凸，镜背中心为三弦钮，钮部有穿，无钮座。钮外围绕两周细凸弦纹和一周凹面圈带，圈带外两周凸弦纹内为主纹区。主纹区内分布三个螭龙纹和三个多重菱形纹，菱形纹上勾连一蜷曲螭龙纹，底纹为细密圆涡纹、螺纹、三角纹组成的云雷纹。主纹区外为一周粗凸弦纹、一周短斜线纹。缘边卷凸。出土时置于墓主左腿下。

蟠螭纹镜流行于战国和西汉早期，西汉中期以后趋于消失。此类镜均为三弦钮，镜体较大，有的直径近20厘米。由于蟠螭纹镜的纹饰繁缛且相互勾连、缠绕在一起，导致纹饰变形不易辨认，因此学界又或称之为螭龙纹镜，或称之为蟠虺纹镜。此面铜镜体大而厚重，制作精良，螭龙身躯可辨，共出有半两钱以及鼎、盒、缶等陶器，是西汉早期蟠螭纹镜中的佳作之一。

著录：程林泉、韩国河：《长安汉镜》，陕西人民出版社，2002年，第48页，图版5，图6-1。

蟠螭连弧纹镜

西汉中期

直径 14.3 厘米

重 196.5 克

1999年，西安市未央区郑王庄雅荷城市花园M78出土（M78:13）

局部有绿色和红褐色锈斑，有裂纹。圆形，镜体较薄，镜面微凸，器表呈银灰色。镜背中心为三弦钮，钮部有穿，无钮座。钮外围绕一周凹面圈带，圈带外两周凸弦纹内为主纹区，主纹区内为七内向凹面连弧纹叠压于蟠螭纹之上，连弧纹内有三个完整的蟠螭纹和三个半身蟠螭纹，完整的呈双线S形，顾首，眼睛为小乳钉状，身躯中部有两短足，尾部卷曲，每个蟠螭纹都不尽相同，各有差异，连弧纹外七区内的蟠螭纹多呈C形，其中四个区内可辨有一个半蟠螭纹，其余三个区不可详辨。底纹为细密的螺纹。缘边卷凸。出土时置于墓主头部左上方。

西汉早期的蟠螭纹镜配置纹饰主要为菱形纹，或配置 3—4 个菱形纹，但同时也出现内向连弧纹作为配置纹饰。此面镜体较薄，镜面光亮如银，含锡量高，共出有陶鼎、盒、钫、方仓及五铢钱，墓葬时代约当武帝时期。

著录：程林泉、韩国河：《长安汉镜》，陕西人民出版社，2002年，第50页，图版8，图7-1。

"常乐未央"四乳铭文镜

西汉早期

直径 8.8 厘米

重 62.2 克

1999 年，西安市未央区郑王庄雅荷城市花园 M10 出土（M10:2）

器表布满红褐色和绿色锈斑，有一道裂纹。圆形，镜体较薄，镜面外凸，呈铅灰色。镜背中心为三弦钮，钮部有穿，无钮座。钮外为一周凹面方格和一周凸线方格，方格四角与凹面 V 形纹相对接，方格四边中部各向外伸出一双弧线三角纹，三角纹顶端伸出一凸线至边缘凸弦纹，凸线中部有一圆座乳钉，乳钉两侧各一铭文，铭文逆时针旋读，为"常樂未央，長毋相忘"，铭文篆隶体，字体较大。缘边卷凸。

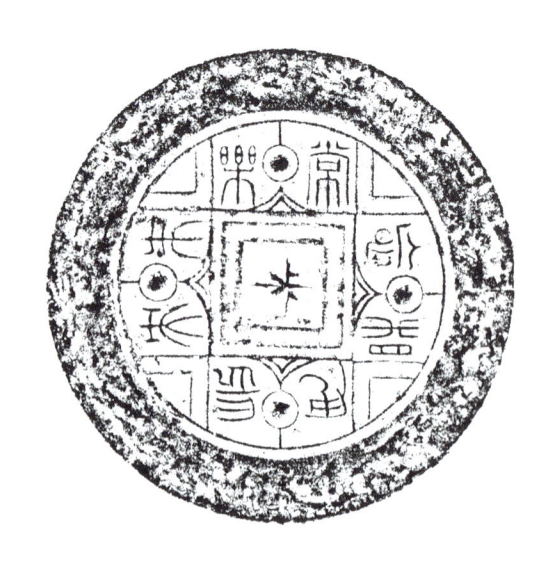

"常乐未央"四乳铭文镜是四乳铭文镜之一种，除此外，四乳铭文镜还有"家常富贵"铭和"见日之光"铭。此类镜镜缘有卷凸缘、平缘和内向连弧纹缘。"常乐未央"铭四乳铭文镜大部分为三弦钮、卷凸缘，铭文为"常樂"，共出半两钱，时代多在西汉早期。少部分为半球形钮、内向连弧纹缘，铭文为"長樂"，年代稍晚，约在武帝时期。

著录: 程林泉、韩国河：《长安汉镜》，陕西人民出版社，2002 年，第 78 页，图版 21-2，图 17-2。

四乳八草叶纹镜

西汉中期

直径 17.6 厘米

重 528 克

2000 年，西安市长安县上塔坡村华杰健身体育 M27 出土（M27:3）

器表布满绿色和蓝色锈斑。圆形，镜面微凸，镜背中心为半球形钮，钮部有穿，柿蒂纹钮座。座外为一周凹面带状方格，之外两周单线方格内夹一周草叶纹，四边中部为单层麦穗，麦穗下向外伸出两片下卷的麦叶，麦穗两侧为带状短线纹界边，四角各伸出一花苞。方格外主纹区为草叶纹，其中方格四边中部各向外伸出一枝叶，枝叶中部有一圆座乳钉，枝尖有一花苞，圆座以下为三条短线与方格相连，以上为一条短线与花苞相连，枝叶两侧各伸出一双叠层麦穗，麦穗下向外伸出两片稍下卷的麦叶，方格四角各伸出一枝叶，两侧叶片下卷，枝尖有一花苞。缘面为十六内向连弧纹。出土于墓主头部一侧。

草叶纹镜是西汉新出现的铜镜，流行于西汉早期和中期，中期以后比较少见。其中如这面铜镜的四乳八草叶纹镜是草叶纹镜的常见类型，占整个草叶纹镜的一半多，是其主流铜镜。

M27 为坐南朝北的竖穴墓道土洞墓，出土器物 5 件（组），同出器物有陶钫、陶罐、石砚、铜钱（五铢）。根据墓葬和器物形制、器物组合判断该墓年代为西汉中期。

"日光"铭四乳八草叶纹镜

西汉中期

直径 15.8 厘米

重 514 克

2003年,西安市雁塔区潘家庄世家星城住宅小区 M96 出土 (M96:1)

器表呈亮银色,局部有绿色锈斑,镜钮残,黏接修复。圆形,镜面微凸。镜背中心为半球形钮,钮部有穿,柿蒂纹钮座。座外两周凹面带状方格内夹一周铭文,铭文顺时针旋读,为"见日之光,天下大阳,长毋相忘",四角各有一相对重三角纹装饰,铭文字体方正,为篆隶体。方格外四周中部各向外伸出一枝叶纹,枝干下部伸出两片下卷的叶片,中部有一圆座乳钉,枝尖有一花苞,枝叶两侧为双叠层麦穗,方格四角亦各伸出一枝叶,枝干两侧叶片下卷,枝尖有一花苞。缘面为十六内向连弧纹。

草叶纹镜的镜体一般在 10—15 厘米之间，少数超过 15 厘米，表面光亮，制作精良，寓意美好。此类镜出土量以山东最多，陕西次之，且镜范在山东多有出土，指示山东一带应是此类镜的铸造和流行中心，西汉京畿长安是其另一个流行中心。

著录：程林泉、张小丽：《西汉草叶纹镜探研》，《汉长安城考古与汉文化》，科学出版社，2008年，第451页，图6。

"清明"铭四乳八草叶纹镜

西汉中期

直径 13.5 厘米

重 221 克

1999年，西安市未央区郑王庄雅荷城市花园 M9 出土（M9:2）

局部有红褐色锈斑，镜钮有裂痕。圆形，镜面微凸，器表呈亮银色。镜背中心为半球形钮，钮部有穿，柿蒂纹钮座。座外有一周凹面带状方格，之外为一周铭文和一周双线方格，铭文逆时针旋读，为"㻌锡有齐，㻌㻌异容，为静精贵，谓质清明"，四角各有一花苞，铭文字体方正，为篆隶体。双线方格外四周中部各向外伸出一枝叶纹，枝干中部有一圆座乳钉，枝尖有一花苞，枝叶两侧为双叠层麦穗，方格四角亦各伸出一枝叶，枝干两侧叶片下卷，枝尖有一花苞，外围一周细弦纹穿过花苞与麦穗尖。缘面为十六内向连弧纹。因盗扰原始位置不明，出土时置于墓室中部偏南。

草叶纹镜铭文以八字铭文、十二字铭文为主，少数为四字铭或十六字铭，多为四乳八草叶纹镜，内容以"见日之光"最为多见，"长富贵"次之，表达了人们对美好生活的祈愿。

著录：程林泉、韩国河：《长安汉镜》，陕西人民出版社，2002年，第60页，图版10-2，图11-3；程林泉、张小丽：《西汉草叶纹镜探研》，《汉长安城考古与汉文化》，科学出版社，2008年，第450页，图4。

星云纹镜

西汉中期

直径 15.8 厘米

重 575.9 克

1991年，西安市未央区范南村西北医疗设备厂福利区 M95 出土（M95:24）

  局部有绿色锈斑，残断，黏接修复。圆形，镜面微凸，表面呈铅灰色。镜背中心为连峰钮，由八个小圆座乳钉围绕一较大的圆座乳钉组成，钮部有穿，钮外围绕一周凸弦纹，弦纹内侧四个圆座乳钉上各伸出一曲线与镜钮相连，形成花瓣簇拥花蕊之状。之外一周十六内向连弧纹凸面圈带。圈带外主纹区为两周短线纹（以凸弦纹界边）之间夹一周星云纹和四乳钉，乳钉下为并蒂四叶纹（每叶呈蝙蝠形，中间伸出一刺形枝干，两边各有一圆形叶片）钮座，每组星云纹由十一个圆座乳钉组成，圆座乳钉之间皆以弧线（每组三条）相勾连。缘面为十六内向连弧纹，每四个连弧纹间有一个尖刺纹从外周凸弦纹上伸出。出土时置于墓主头部右上方。

  星云纹镜又称百乳镜，因其形状似天文星象而得名星云纹镜，是西汉中期新出的镜类，大约出现于武帝时期，流行于昭、宣时期，西汉晚期基本不见。从纹饰构图来看，星云纹镜与西汉早期的蟠螭（虺）纹镜之间应当有着密切的渊源。

著录：程林泉、韩国河：《长安汉镜》，陕西人民出版社，2002年，第72页，图版18-1，图15-1。

星云纹镜

西汉中期

直径 9.8 厘米

重 168.5 克

2000年，西安市未央区郑王庄雅荷城市花园 M168 出土（M168:3）

缘面有红褐色和绿色锈斑。圆形，镜面微凸，表面呈银灰色，局部光亮。镜背中心为连峰形钮，钮部有穿，钮外围绕两周凸弦纹，内侧凸弦纹向内旋伸出三个小尖角及三组弧线（每组两条）与镜钮相连，形成花瓣簇拥花蕊之状。之外一周十六内向连弧纹凸面圈带。圈带外为主纹区，两周短线纹和凸弦纹之间夹一周星云纹和四个圆座乳钉，每组星云纹由五个大小不一的圆座乳钉组成，中间一个稍偏于外侧，两边各有两个相连的乳钉，稍偏于内侧，中间乳钉与短线纹之间以线段相连接，与两边最外侧的乳钉以弧线（由三条单弧线组成）相连接，组与组之间的内侧两个乳钉之间以弧线（由三条微弧线组成）连接，形成一个弧线四边形。缘面为十六内向连弧纹。因盗扰原始位置不明，出土时位于墓室口。

星云纹镜制作精良，多出土于西汉都城长安周边。镜体一般在10—15厘米，极少数小于10或略大于15厘米。

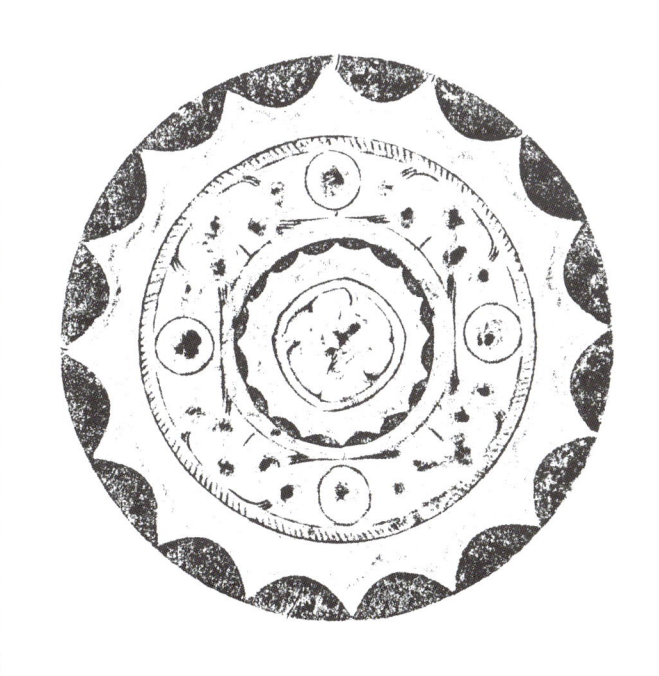

著录：程林泉、韩国河：《长安汉镜》，陕西人民出版社，2002年，第72页，图版19-1，图15-5。

四乳四虺镜

新莽时期

直径 8 厘米

重 135 克

2000 年,西安市灞桥区纺织城西北国棉五厂 M5 出土(M5:1)

局部有红褐色和蓝色锈斑。圆形,镜面微凸,表面呈银灰色。镜背中心为半球形钮,钮部有穿,圆形钮座。座外两周凸弦纹之间夹八组短线纹,每组三条,钮座与凸弦纹之间亦有四组短线纹,每组三条。凸弦纹外主纹区四个圆座乳钉和四虺相间分布,四虺呈双线 S 形,前后有三角形或 Y 形装饰,之外一周短斜线纹(凸弦纹界边)。宽平素缘。出土时置于墓主头部北侧。

四乳四虺镜最早出现于西汉中晚期,流行于西汉中晚期至新莽时期,进入东汉以后渐趋消失。此类镜出土量不多,镜体一般厚重,制作精良,直径多在 7—10 厘米,少数超过 10 厘米,但都不大于 15 厘米。

国棉五厂 M5 为坐南朝北的竖穴墓道土洞墓,出土器物 3 件,同出器物有陶罐、铜钱(大泉五十)。根据墓葬和器物形制、器物组合判断该墓年代为新莽时期。

"昭明"铭圈带镜

西汉中晚期

直径 10.9 厘米

重 233 克

1999 年，西安市未央区尤郑王庄雅荷城市花园 M92 出土（M92:1）

　　局部有红褐色和绿色锈斑。圆形，镜面微凸，器表呈银灰色。镜背中心为半球形钮，钮部有穿，并蒂八联珠纹钮座（每个圆珠均象征一叶片，每两片叶子共用一枝干）。座外两周凸面圈带间夹一周短斜线纹（短斜线纹内外均界以凸弦纹），凸面圈带外为主纹区，其内两周凸弦纹和短斜线纹之间夹一周铭文，内容为"内清质以昭明，光辉象夫日月，心忽扬而愿忠，然雍塞而不泄"，铭文书体为变篆体，笔画清晰，结构疏朗，首尾之间以卷云纹符号相间隔。窄平素缘。出土时置于墓主头部左侧。

　　"内清质以昭明"铭镜简称昭明镜，出现于西汉中期后段，流行于西汉晚期和新莽时期，进入东汉以后渐趋消失。此类镜应是受日光镜的影响而产生，是西汉晚期数量仅次于日光镜的一类铜镜。

著录：程林泉、韩国河：《长安汉镜》，陕西人民出版社，2002 年，第 115 页，图版 45-1，图 30-8。

"昭明"铭圈带镜

西汉中晚期

直径 9.9 厘米

重 171.3 克

1998 年，西安市未央区尤家庄陕西省交通学校 M224 出土（M224:2）

器表有较多红褐色和绿色锈斑，镜钮有裂纹。圆形，镜面微凸，无锈处呈铅灰色，局部呈亮银色。镜背中心为半球形钮，钮部有穿，并蒂十二联珠纹钮座（四个单珠和四个并枝珠相间分布，单珠外侧各伸出三条短线，与外侧凸面圈带相接）。凸面圈带外为主纹区，其内两周凸弦纹和短斜线纹之间夹一周铭文"内清質以昭明，光輝象夫日月，心忽楊而願忠"，铭文书体为篆隶式变体，笔画较细，字体清秀，首尾之间以"十"字相间隔。宽平素缘。出土时置于墓主头部右上方。

昭明镜镜体一般比较厚重，制作精良，出土时保存状况较好，镜体较日光镜略大，直径多在 10 厘米左右，一般不超过 15 厘米。此类镜最完整的铭文是"内清质以昭明，光辉象夫日月。心忽扬而愿忠，然壅塞而不泄"，但大多数镜铭则以镜体大小而有所省减。书体前期多为变篆体，后期则偏于篆隶式变体，而且铭文中多加"而"字。

著录：程林泉、韩国河：《长安汉镜》，陕西人民出版社，2002 年，第 115 页，图 30-9。

"日光"铭圈带镜

西汉中期

直径 10.8 厘米

重 231.1 克

2000 年,西安市未央区陕西移动通讯公司西安分公司 M36 出土（M36:10）

局部有少量绿色锈斑。圆形,镜面微凸,体小,表面呈亮银色。镜背中心为半球形钮,钮部有穿,圆形钮座。座外有两周高凸棱圈带,钮座外伸出四组短线（每组四条）与内周圈带相连,内外两周圈带之间分布四对短弧线纹,每对两组相向分布,每组三条。之外两周短斜线纹（一侧以凸弦纹界边）之间夹一周铭文"见日之光,長毋相忘",每两个字铭之间以卷云纹符号相间隔。宽平素缘。出土时置于墓主头部右上方。

"见日之光"铭镜简称日光镜,起源于西汉早期,流行于西汉中期和晚期,进入东汉以后渐趋消失,是西汉中、晚期的主要镜类,其出土量将近占到同期铜镜出土量的三分之一多。

著录:程林泉、韩国河：《长安汉镜》,陕西人民出版社,2002年,第 94 页,图版 36-2,图 23-2。

"见日之光"镜

西汉晚期

直径 6.8 厘米

重 34.4 克

1996年，西安市未央区尤家庄西安市电信局第二长途通信大楼 M14 出土（M14:17）

局部有少量绿锈，镜面有裂纹。圆形，镜面微凸，表面呈红褐色。镜背中心为半球形钮，钮部有穿，圆形钮座。座外两周凸弦纹，凸弦纹外为主纹区，其内为两周凸弦纹夹一周铭文"见日之光，天下大明"，铭文书体为篆隶式变体，每字铭间以月牙纹（或称短弧线）相间隔，最外一周短斜线纹。宽平素缘。出土于墓室中部偏北。

日光镜体一般较小，直径多在6—7厘米，鲜有超过10厘米者。有学者认为小型的日光镜可能是专门为死者随葬制作的"冥镜"，同时也不排除作为玩赏镜的可能。

著录：程林泉、韩国河：《长安汉镜》，陕西人民出版社，2002年，第101页，图版39-2，图25-8。

"见日之光"四乳铭文镜

西汉中期

直径 8.2 厘米

重 61 克

1998 年，西安市未央区尤家庄陕西省交通学校 M13 出土（M13:10）

镜体表面布满红褐色锈斑，间有少量绿色和蓝色铜锈，局部残损。圆形，镜体较薄，镜面平直。镜背中心为三弦钮，钮部有穿，无钮座。钮外为双线方格，方格四角各对应一双线 V 形纹，方格外四周中部各伸出一花叶，圆座乳钉压于枝干中部，枝干顶端有一花苞，下部两侧各有一小乳钉形叶片，圆座乳钉两侧各分布一字铭，逆时针旋读为"见日之光，天下大明"，铭文为篆隶式，主纹区外一周凸弦纹。镜缘为十四内向连弧纹。出土时置于墓主头部右侧。

《长安汉镜》将此镜归入四乳铭文镜中，实际上，这面铜镜是一面综合了草叶纹、博局纹、四乳纹、"日光"铭等多种因素于一体的铜镜，具有承上启下的纽带作用，是西汉中期独有的一类铜镜。

著录：程林泉、韩国河：《长安汉镜》，陕西人民出版社，2002 年，第 80 页，图版 22-2，图 18-1。

七乳瑞兽禽鸟镜

西汉晚期

直径 16.5 厘米

重 763.2 克

2000 年，西安市未央区尤家庄荣海住宅小区 M2 出土（M2:20）

镜面有少量红褐色锈斑。圆形，镜体大面厚重，镜面外凸，表面多呈铅灰色，局部呈亮银色。镜背中心为半球形钮，钮部有穿，圆形钮座。座外九个圆座乳钉和九朵草叶纹相间分布，其外两周凸弦纹之间为一周S形勾连夔纹。主纹区内两周短线纹和凸弦纹之间有七个圆座乳钉和七个瑞兽禽鸟相间分布，每个圆座乳钉外侧围绕八内向连弧纹，圆座间瑞兽禽鸟分别为：羽人跪弄多支灯、蟾蜍、独角兽、白虎、雀鸟、朱雀、青龙，空隙间饰以三叶草和卷云纹。宽缘上由内向外依次为一周锯齿纹、一周凸面宽弦纹、一周双线波折纹、一周锯齿纹。出土时置于墓主右肩部外侧。

此类镜又被称为"七子镜"，流行于新莽前后，多体大而制作精良，图案精美，反映了汉代人们对天人关系的认知，开辟了魏晋南北朝神兽镜的先河。

著录：程林泉、韩国河：《长安汉镜》，陕西人民出版社，2002年，第142页，图版55-1，图41-1。

"日有熹"连弧铭带镜

西汉晚期

直径 17.65 厘米

重 761 克

1991年，西安市未央区范南村西北医疗设备厂福利区 M135 出土（M135:8）

镜面有大量红褐色和绿色锈斑，断裂拼合。圆形，镜面微凸，镜体大而厚重。镜背中心为半球形钮，钮部有穿，并蒂十二联珠纹钮座（每三个联珠纹之间伸出一Y形枝将其分为四组，每一组中部的圆珠外侧各伸出三条一组短线与外侧凸弦纹相接）。座外依次为一周凸弦纹、一周短线纹、一周凸面圈带、一周八内向连弧纹，连弧纹之间有变形山字纹、短弧线纹（每组三条）、变形山字纹和卷云纹组成的纹饰相间分布，之外两周短线纹和凸弦纹之间夹一周铭文带，其文顺时针旋读为"日有熹，月有富。乐毋有事宜酒食，居而必安毋悬患。竽瑟侍兮心志驩，栄已茂年固常然"，铭文书体为汉篆隶，字体方正，首尾之间以一短横线间隔。宽平素缘。出土时置于墓主头部上方漆盒内。

此类镜流行于西汉中晚期到西汉晚期，和"清白"铭铜镜构图方式相同，唯铭文书体略有差异。

著录：程林泉、韩国河：《长安汉镜》，陕西人民出版社，2002年，第122页，图版47-2，图33。

"家常富贵"四乳铭文镜

西汉中期

直径 9.1 厘米

重 143 克

1999 年,西安市未央区尤家庄陕西省交通学校 M281 出土(M281:2)

镜面部分有红褐色和绿色锈斑。圆形,镜体较厚,镜面微凸,缘边较厚,表面多呈铅灰色,局部呈亮银色。镜背中心为半球形钮,钮部有穿,圆形钮座。座外一周凸弦纹和一周十六内向连弧纹,之外两周短线纹圈带之间四个圆座乳钉和"家常富贵"四字铭相间分布,字铭书体为汉隶,方正规整。缘边亦为十六内向连弧纹。出土时置于墓主头部左上方。

四乳铭文镜出现于西汉早期,流行于西汉早期至西汉中晚期,之后被西汉晚期流行的新镜类四乳四虺镜所代替。此类镜最初出现为四乳钉配八字铭,配置方式多样,字铭以"常乐未央,长毋相忘"为主,西汉中期形成定式,即四乳钉和四字铭相间分布,字铭则以"家常富贵"为主。

著录:程林泉、韩国河:《长安汉镜》,陕西人民出版社,2002 年,第 80 页,图版 23-1,图 18-3。

→"作佳竟"四神博局镜

新莽时期

直径 16.65 厘米

重 619.4 克

1997 年,西安市未央区乡镇企业培训中心 M2 出土(M2:2)

镜面部分有蓝色锈斑。圆形,宽缘,镜面微凸。镜背中心为半球形钮,钮部有穿。圆形钮座,座外双线方格(内细外宽)与单线方格间十二个圆座乳钉和十二地支铭(顺时针依次分布)相间分布,"子午"居中相对,圆座外单线方格内四角各伸出一月牙纹。双线方格外至镜缘内为主纹区,为博局纹和四神纹。方格每边中部各伸出一双线 T 形纹,与 L 形纹相对分布,T 形纹两侧各有一圆座乳钉,V 形纹与方格四角相对分布,四个 V 形纹两侧各有一物与四神相对分布,其中青龙对羽人,玄武对羚羊,白虎对蟾蜍,朱雀对鸾鸟,空隙间分布小的卷云纹或月牙纹。博局纹外两周弦纹中间夹一周铭文,顺时针旋读为"作佳竟哉真大好,上有仙人不知老,渴饮玉池饥食枣,浮游天下敖三海,寿如金石保"。铭文外一周短线纹。宽缘上由内至外分别为一周锯齿纹、一周凸弦纹、一周连续 S 形枝蔓(云气)纹。

著录：程林泉、韩国河：《长安汉镜》，陕西人民出版社，2002年，第132页，图版51，图38。

221

云纹博局镜

东汉中晚期

直径 6.65 厘米

重 42.5 克

1998 年，西安市未央区薛家寨西航公司家属区 M5 出土（M5:7）

镜面布满红褐色和绿色锈斑。圆形，镜体较厚，镜面微凸。镜背中心为半球形钮，钮部有穿，圆形钮座。座外为双线方格，方格四边中部各伸出一双线 T 形纹与 L 形纹相对，方格四角与 V 形纹相对，V 形纹两侧各有一卷云纹相对分布，应是圆座乳钉的变化和替代，之外一周凸弦纹和一周短线纹。宽平素缘。出土时置于墓主头部上方。

博局镜又名规矩镜，出现于西汉中期，流行于西汉晚期至东汉中晚期。东汉中期，博局镜纹饰开始简化，其 T、L、V 形纹或部分被省去，或全部被省去，亦不再有铭文出现，这也标志着博局镜开始走向衰落。

著录：程林泉、韩国河：《长安汉镜》，陕西人民出版社，2002年，第137页，图40-5。

双龙（翼兽）对峙镜

东汉中晚期

直径 11.35 厘米

重 182.4 克

1995 年，西安市未央区中国机械进出口公司西北分公司出土（采集1）

  镜面有红褐色和绿色锈斑。圆形，镜面外凸，外缘尖斜。镜背中心为半球形钮，钮部有穿，圆形钮座。座外主纹饰为二翼龙（二翼兽）隔钮对峙，两翼龙（翼兽）形态抽象，张嘴躬身，双角后扬，长尾后甩，腹部有散开的翼羽。主纹饰外两周凸弦纹和一周短线纹。缘面由内至外分别为一周锯齿纹、一周凸弦纹、一周波折纹。

  龙虎纹镜出现于东汉早期后段，流行于东汉中期和晚期，纪年镜多在东汉晚期。西安地区出土的此类以双虎对峙镜和龙虎对峙镜为主，双龙镜、三虎镜出土量则很少。

著录：程林泉、韩国河：《长安汉镜》，陕西人民出版社，2002年，第153页，图版60-1，图47-1。

变形四叶纹镜

东汉晚期

直径 10.7 厘米

重 108.5 克

1992 年，西安市未央区范南村西北医疗设备厂福利区 M158 出土（M158:8）

镜面布满褐色和绿色锈斑。圆形，体较薄，镜面外凸，外缘尖斜。镜背中心为半球形钮，钮部有穿，圆形钮座。座外分布变形四叶，四叶呈蝙蝠形，中部伸出箭头形叶尖，两侧各伸出一肥圆尖尾下卷的叶片，每叶叶柄向下一分为二散开，互相连接，绕钮闭合，每一叶柄分叉间各有一字铭，逆时针合读为"君宜高官"，四叶间各饰一卷体夔龙纹，夔龙呈侧面形象，头部居中，头后伸出龙角，尾部上卷，绕至头顶。之外一周二十内向连弧纹，最外一周细密云雷纹。出土于墓室西南部。

变形四叶纹镜是东汉晚期和曹魏时期流行的镜类，出土纪年铜镜多集中于东汉桓帝和灵帝时期。铜镜四叶变化多端，四叶间多饰以夔纹和凤鸟纹，叶内侧铭文以"君宜高官"为主。

著录：程林泉、韩国河：《长安汉镜》，陕西人民出版社，2002年，第149页，图版59-2，图45-2。

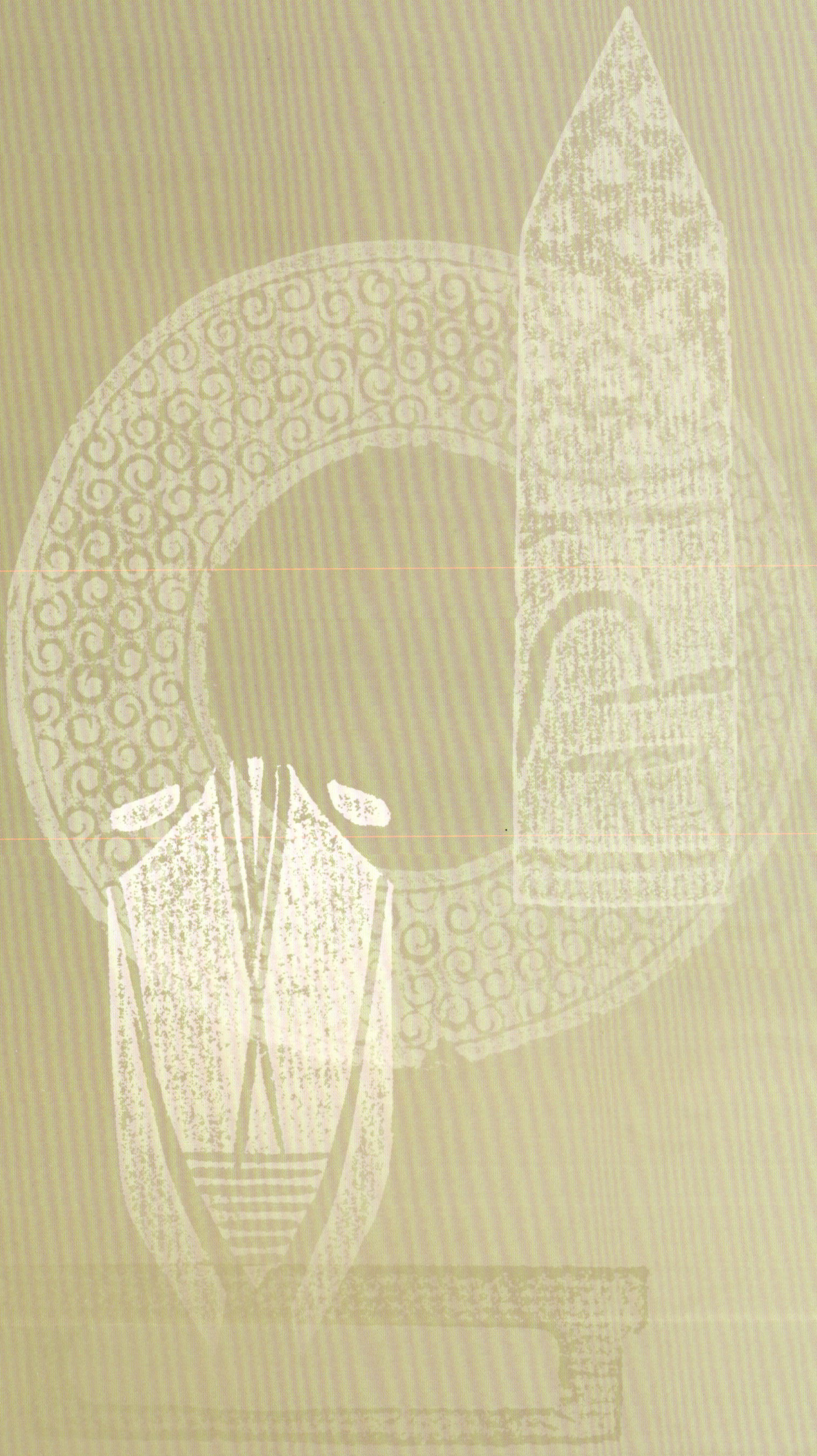

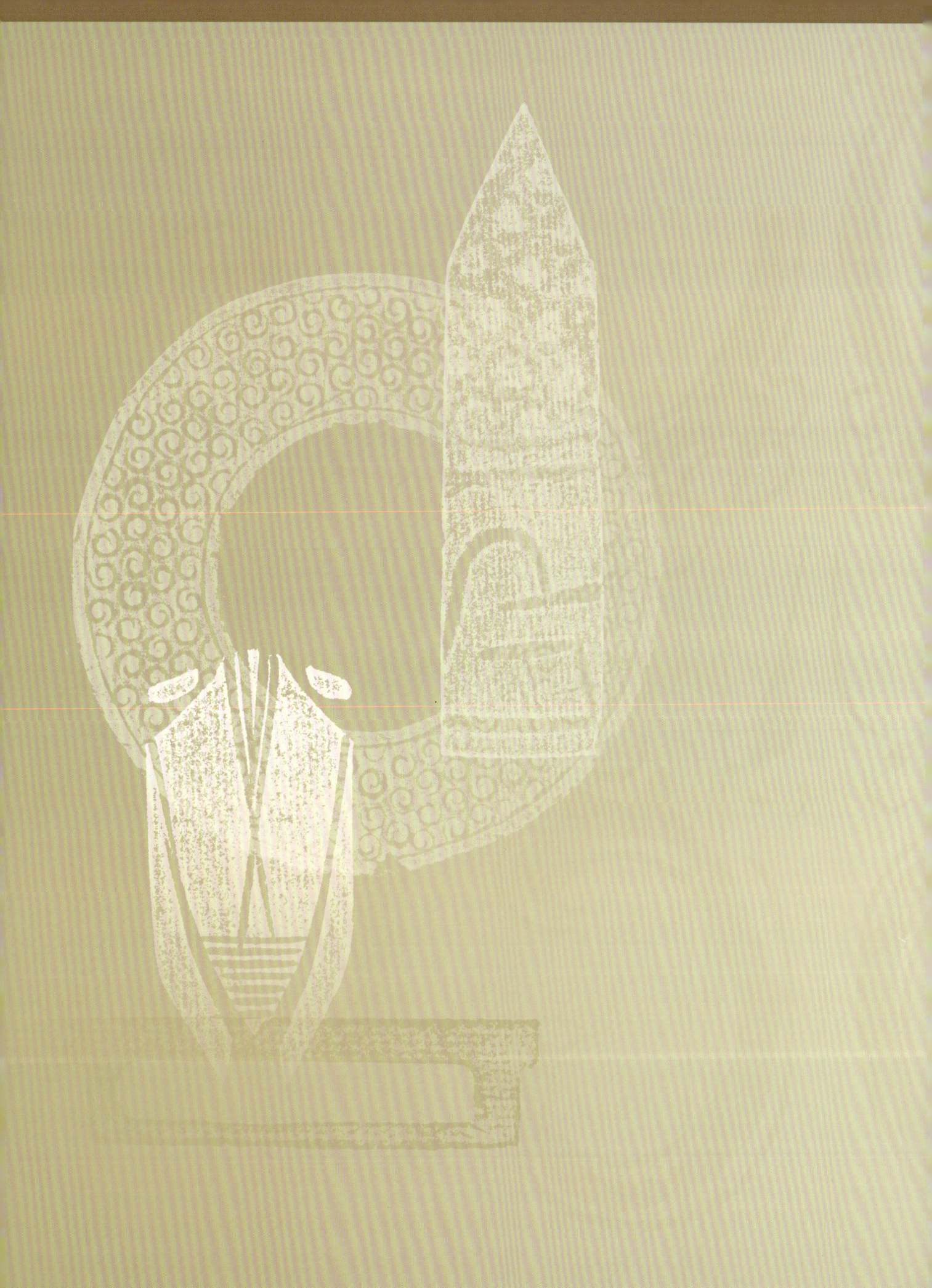

第五单元

如琢如磨

"有匪君子,如切如磋,如琢如磨,瑟兮僩兮,赫兮咺兮",这是《诗经·卫风·淇奥》的诗句,是卫国人赞美其第十代国君卫武公高风美德的诗赋。古人常赞美君子"温润如玉",可见玉是纯洁、美德的代名词。

玉器自新石器时代就进入人们的生活,中国的玉文化贯穿了中国历史进程的始终,经久不衰。学界认为我国的辽宁西部和内蒙古东部可能就是中国玉器最早的发源地。考古资料证实,我国新石器时代玉器主要有红山文化玉器、良渚文化玉器、齐家文化玉器,分别代表了东北和华北、长江以南中部地区和西北地区的玉文化,三种文化互相影响,共同发展,形成了我国古代玉器发展的第一个高峰。

西周至两汉是玉器发展的第二个高峰,就使用而言,用途广泛,有瑞玉、礼玉、葬玉、装饰玉、实用玉、陈设玉等。两周时期,玉瑞和玉器的差异很大,《周礼·春官宗伯·典瑞》郑玄注:"人执以见曰瑞,礼神曰器",也就是说,瑞玉其实是一种符节。汉代玉器目前就数量来说,以葬玉为最多,这是因为所发现的玉器大多出自墓葬,包含九窍塞、玉衣、玉握、漆棺镶玉、玉枕、玉冥钱等。墓葬中出土的玉器除了葬玉以外,有一些也是装饰玉、实用玉,比如组玉佩、玉印章、玉剑具、玉簪、玉镯等,应当都是墓主生前所使用的佩饰、用印、剑饰、装饰用玉。

汉代用玉比较普遍,平民百姓一般仅有九窍塞中的部分玉器,诸如耳塞、鼻塞、口琀等,而且玉质都不佳,有的甚至以石代玉。但贵族用玉却非常讲究,特别是两汉丧葬制度中所规定的玉衣之使用,与墓主身份地位紧密相关,是寻常达官贵人所不能享用的。玉衣的使用实质上有着深刻的政治含义,是维持汉王朝分封制和刘姓统治集团利益的一种手段。而玉璧作为汉代的玉瑞也是维护汉王朝统治体系制度下的产物。

西安地区汉墓出土的玉器多为青玉,产地应为长安附近的蓝田。关于蓝田玉,东汉班固《西都赋》云西都封畿之内"其阳则崇山隐天,幽林穹谷,陆海珍藏,蓝田美玉",《汉书·地理志》也有"蓝田山出美玉"的记载。

蒲纹玉璧

西汉中期

直径 14.2、孔径 2、厚 0.4 厘米

重 192 克

2002年,西安市长安区茅坡村邮电学院一号大型汉代墓葬出土(M1217:20)

残断为两半,一面边缘有片状开裂层,黏接修复。青玉,不透亮,制作规整,孔较小。两面内外边缘各碾琢一周阴线弦纹界边,其内以横线条、60°角斜线条分割成若干小块,然后顺线条不断向下碾琢,从而形成密集的蒲格,蒲格内为六边形凸起。

A面

B面

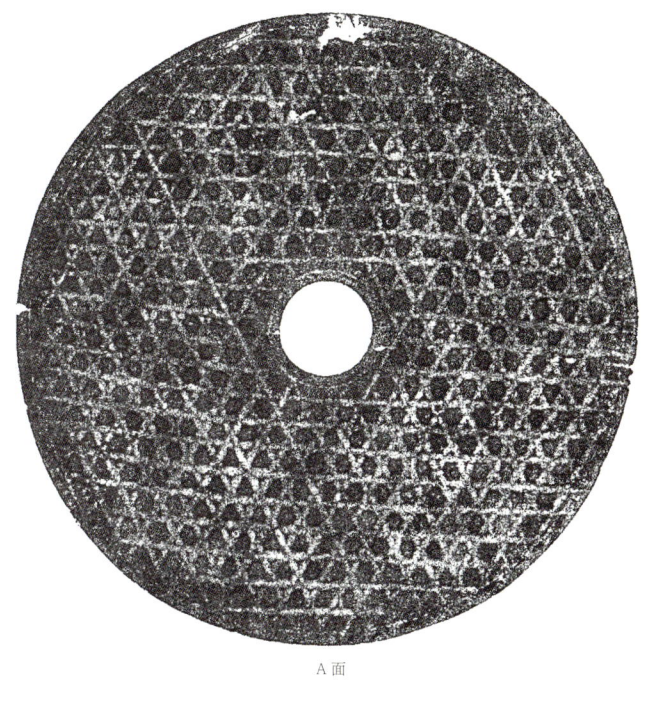

在古代人们思想中，天地和祖先是最重要的祭祀对象。祭天是人与天神的一种交流形式，通过祭天来表达君王的"君权神授"、天子的合法性以及天子对于上天滋养百姓、哺育万物的感恩之情，并祈求继续得到上天的护佑。祭天为大祀之首，常在郊野举行，称为"郊祀"，一般由天子亲祭，祭品除了用牺牲、五谷等饮食以外，也用玉帛。《周礼·春官宗伯·大宗伯》载："以玉作六器，以礼天地四方：以苍璧礼天，以黄琮礼地，以青圭礼东方，以赤璋礼南方，以白琥礼西方，以玄璜礼北方"。这一制度不但规定了祭祀的用玉类型，而且规定了祭祀用玉的颜色。可见玉璧是商周时期祭祀玉礼器的核心用玉。

著录：刘云辉：《陕西出土汉代玉器》，文物出版社、众志美术出版社，2009年，第91页，图版54。

蒲格涡纹玉璧

西汉中期

直径 13.5、孔径 4.3、厚 0.3 厘米

重 107 克

2002 年,西安市长安区茅坡村邮电学院一号大型汉代墓葬出土(M1217:18)

残断为三块,黏接修复。青白玉,表面呈青黄色和褐色,不透亮。制作规整,孔较大。两面内外各碾琢出一周阴线界边,其内横线条、60°角斜线条将其分为若干小块,然后不断向下碾琢形成凸起蒲格,然后在蒲格内凸起的平面上碾琢出阴线涡纹。

第五单元 如琢如磨

A面

B面

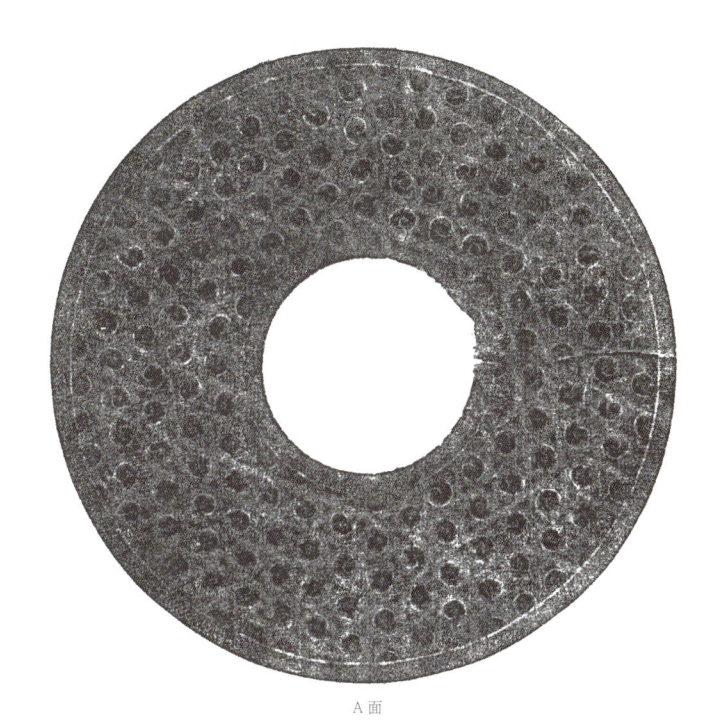

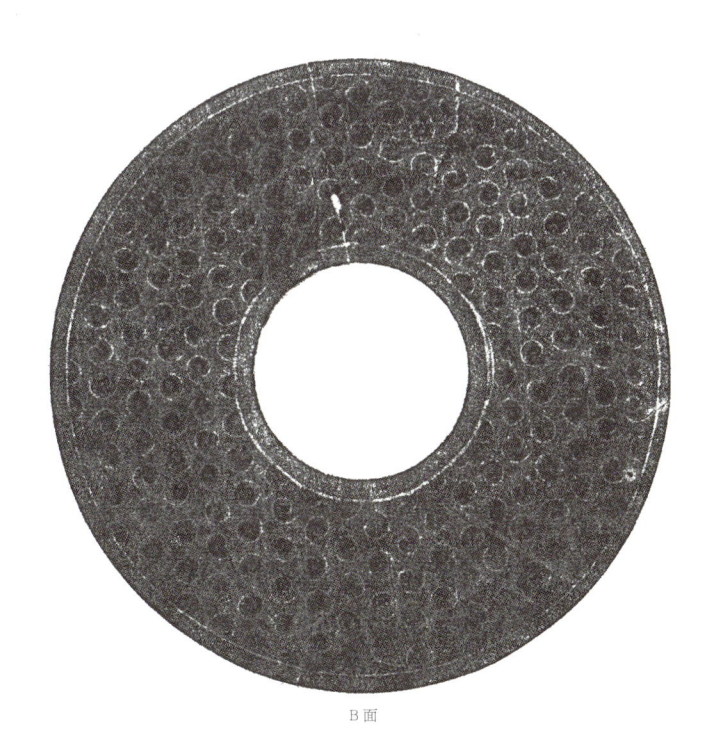

　　从文献记载可知，两周时期，玉璧除了用作祭祀天神的玉器以外，也常常作为瑞玉，用于辨方正位，体国经野。《说文解字》云："瑞，以玉为信也"，即玉质符信也，作凭证用。《周礼·春官宗伯·大宗伯》载："以玉作六瑞，以等邦国；王执镇圭，公执桓圭，侯执信圭，伯执躬圭，子执谷璧，男执蒲璧"。具体而言，"子执谷璧，男执蒲璧，缫皆二采再就。"可见在周代，玉璧作为瑞玉使用时，所代表的都是子、男等爵位较低之人。

著录：刘云辉《陕西出土汉代玉器》，文物出版社、众志美术出版社，2009年，第96页，图版64。

双身兽面涡纹玉璧

西汉中期

直径 18.6、孔径 5、厚 0.4 厘米

重 314 克

2002 年，西安市长安区茅坡村邮电学院一号大型汉代墓葬出土（M1217:21）

青玉，边缘有少量褐色浸斑，内含较多杂质，不透亮。制作规整，玉璧两面内外边缘各碾琢出一周阴线弦纹界边，中部一周绚纹圈带将其分为内外两区，内区先以横线条、60°角斜线条碾琢出凸起的蒲格，然后于格内凸起部分碾琢出涡纹，外区碾琢出四个对称双身兽面纹。

第五单元 如琢如磨

A面

B面

  玉璧作为瑞玉的制度一直延续至汉代，但从文献记载来看，在汉代，玉璧作为瑞玉已经不再局限于子、男，而是逐渐取代了玉圭，成为高级贵族朝觐的符节凭证。《汉旧仪》载："正月朝贺，三公奉璧上殿，向御座，北面"，《汉书·食货志》载："王侯宗室朝觐聘享，必以皮币荐璧，然后得行"，《后汉书·礼仪志》载："每月朔岁首，为大朝受贺。其仪：夜漏未尽七刻，钟鸣，受贺。及贽，公、侯璧"。可见两周之际，王公侯伯执圭，两汉之时，公侯执璧。

刘云辉：《陕西出土汉代玉器》，文物出版社、众志美术出版社，2009年，第102页，图版68。

涡纹玉璧

西汉中期

直径14、孔径4、厚0.4厘米

重155克

2002年，西安市长安区茅坡村邮电学院一号大型汉代墓葬出土（M1217:32）

青玉，内含较多杂质，不透亮，部分呈灰黄色，部分呈灰黑色。形制规整，两面内外边缘均琢出一周界边细阴线纹，阴线纹内碾琢出细线涡纹，涡纹横成排，斜成列，布局规整。可见碾琢时的跑线痕迹。

A 面

B 面

玉璧除了用作瑞节、祭祀礼玉以外，也用作葬玉。《周礼·春官宗伯·典瑞》载："疏璧琮以敛尸"。考古资料证实，玉璧作为殓尸玉多放在墓主身下或胸腹上，如河北满城汉墓中，西汉中山靖王刘胜玉衣内置玉璧 18 块（前胸 13 块，后背下 5 块），刘胜妻窦绾玉衣内置玉璧 15 块（前胸 11 块：胸部正中竖列 3 块、两侧竖列各 4 块，后背下竖列 4 块）[1]。玉璧作为葬玉、装饰玉常被镶嵌于漆棺外壁上，如刘胜妻窦绾漆棺外共镶嵌 26 块玉璧[2]。玉璧有时也被作为财富的象征随葬在墓葬内，多用丝绢包裹置于墓主的棺椁头箱或足箱中，广州西汉南越王赵眜墓的棺椁头箱中，就在盛放珍珠的漆盒上叠置了 7 块玉璧，足箱的陶璧下还放置了 2 块玉璧，而且玉璧表面存有包裹丝绢痕迹[3]。

著录：刘云辉：《陕西出土汉代玉器》，文物出版社、众志美术出版社，2009 年，第 86 页，图版 44。

[1] 中国社会科学院考古研究所、河北省文物管理处：《满城汉墓发掘报告（上）》，文物出版社，1980 年，第 37、245-246 页。
[2] 中国社会科学院考古研究所、河北省文物管理处：《满城汉墓发掘报告（上）》，文物出版社，1980 年，第 242 页。
[3] 广州市文物管理委员会、中国社会科学院考古研究所、广东省博物馆：《西汉南越王墓（上）》，文物出版社，1991 年，第 152 页。

素面石圭

西汉中期

长 25.4、宽 3.6、厚 0.5 厘米

重 86 克

2006 年，西安市长安区西柞路南段 M28 出土（M28:2）

从中部偏上处断裂为两节，黏接修复。汉白石，石质感强。细长条形，圭首呈尖三角形。上半部呈白色，下半部呈黑色，中部为灰白过渡色。

两周时期，玉圭既是实用器，也是礼器，用作符信和祭器。关于玉圭用作符信，《周礼·冬官考工记·玉人》对其使用者、尺寸、名称等有详细记载，其云"镇圭尺有二寸，天子守之；命圭九寸，谓之桓圭，公守之；命圭七寸，谓之信圭，侯守之；命圭七寸[1]，谓之躬圭，伯守之"。可见，玉圭作为实用玉瑞使用时分为四等：镇圭、桓圭、信圭、躬圭。镇圭，天子守之，余则依照爵位为公、侯、伯分别守之，这说明玉圭作为符信时，其大小尺寸皆有定制，因此玉圭也是使用者爵等身份地位的一种反映。

汉代一尺约合今 23.1 厘米，如此则这件玉圭应在镇圭和命圭之间。但从墓葬规模及随葬器物来看，该墓葬规模很小，为竖穴土圹墓，长 3.2，宽 1.8 米，出土物除石圭以外，另有陶圭 1 件，口琀 1 件，铜铃 8 件，墓主级别不高。实际上，用圭方面，除了尺寸的等级差别外，玉质、玉色也有等级差别，《周礼·冬官考工记·玉人》："天子用全，上公用龙，侯用瓒，伯用将。"就是对玉质、玉色的规定。

1　亦可能为五寸之误。

素面玉圭

西汉中期

残长 7.5、宽 2.3、厚 0.5 厘米

重 21 克

2002 年，西安市长安区茅坡村西安邮电学院一号大型汉代墓葬出土（M1217:31）

底端残缺。青玉，内含较多黑色杂质，略透亮，有丝裂纹。圭首呈三角形，尖端尖突，下部呈长方形。光素无纹。

考古出土资料显示，以残断废弃的玉璧改制玉圭的现象十分常见。改制时，会视残存玉璧的情况酌情处理，一般玉璧两面不再进行纹饰加工，仅将残玉块改成圭形。改制后的玉圭仍保留着玉璧的局部纹样，因此这些玉圭纹样走向没有定式。此类玉圭受制于玉璧残料大小所限，一般都比较小，长度多在 10 厘米以内，宽度在 2.2—2.5 厘米。

玉作为一种稀有矿石材料，非常珍贵，但因其质地较脆，在使用中遇磕碰、坠落也容易断裂，将残断废弃玉璧改制为玉圭，是对废弃资源的有效利用，也体现了古代人们节约资源及旧物改造利用的可持续发展生存观念。

A面　　B面

琢纹玉圭

西汉中期

长 9.3、宽 2.3、厚 0.5 厘米

重 28 克

2002 年，西安市长安区茅坡村邮电学院一号大型汉代墓葬出土（M1217:16）

从中部偏下处断裂为两节，黏接修复。青玉，不透亮，局部颜色较深。圭首呈三角形，下端呈长方形。一面有谷纹和螭龙纹，中间夹一周绚纹，另一面为素面，应为残断废弃的玉璧改制而成。出土于墓室椁板上填土中。

玉圭作为瑞玉，是古代维持宗法制、分封制统治的一种载体。《周礼·春官宗伯·大宗伯》载："以玉作六瑞，以等邦国；王执镇圭，公执桓圭，侯执信圭，伯执躬圭，子执谷璧，男执蒲璧"。具体而言，《周礼·春官宗伯·典瑞》："王晋大圭，执镇圭，缫藉五采五就，以朝日。公执桓圭，侯执信圭，伯执躬圭，缫皆三采三就。子执谷璧，男执蒲璧，缫皆二采再就。以朝、觐、宗、遇、会，同于王。诸侯相见，亦如之。"五采意即杂采、多采，三采即朱、白、苍，二采即朱、绿。分封的诸侯朝见王，春见曰朝，夏见曰宗，秋见曰觐，冬见曰遇，时见曰会，殷见曰同。

《周礼·春官宗伯·典瑞》："珍圭以征守，以恤凶荒"，珍圭即镇圭，王使人征诸侯、尤凶荒之国，则授使者以镇圭，令使者执镇圭前往，以传达王命，行事后执之返朝复命，如同汉代使者所持之符节。

著录：刘云辉：《陕西出土汉代玉器》，文物出版社、众志美术出版社，2009 年，第 76 页，图版 27-C。

A面 B面

琢纹玉圭

西汉中期

长 9.3、宽 2.5、厚 0.5 厘米

重 36 克

2002 年，西安市长安区茅坡村南一号大型汉代墓葬出土（M1217:25）

  青玉，不透亮，有玻璃光泽。圭首呈三角形，下端呈长方形。两面纹饰均为螭龙纹，据此判断应为一残碎废弃玉璧改制而成。出土于墓室椁板上填土中。

  土圭，用作观测节气、度量土地。《周礼·冬官考工记·玉人》载："土圭尺有五寸，以致日，以土地"，《周礼·春官宗伯·典瑞》载："土圭以致四时日月，封国则以土地"，即用土圭以致四时日月，度其景至不至，以知其行得失也。冬夏以致日，春秋以致月。分封诸侯时，以土圭度日景（即日影），观分寸长短，以致其域所封也。

  玉圭也做其他王使之瑞节使用，其名称、大小各有差异，有谷圭、琬圭、琰圭等。

  谷圭，用于聘礼、和难。《周礼·冬官考工记·玉人》："谷圭七寸，天子以聘女"，《周礼·春官宗伯·典瑞》："谷圭以和难，以聘女"，和难即指两诸侯间相与为怨仇，王使人和之，则执谷圭以往也。谷有善之意，谷圭也可称之善圭，寓意吉祥，故而执之用于和难，用于纳征。

著录：刘云辉《陕西出土汉代玉器》，文物出版社、众志美术出版社，2009 年，第 76 页，图版 27-A。

A面　B面

琢纹玉圭

西汉中期

残长 7.4、宽 2.4、厚 0.5 厘米

重 20 克

2002 年，西安市长安区茅坡村西安邮电学院一号大型汉代墓葬出土（M1217:7）

底端残缺，中部断裂，黏接修复。青玉，略泛黄，不透亮。顶端呈三角形，下端呈长方形。从纹饰看，应由残断废弃玉璧改制而成，原玉璧内区为圆涡纹，外区为双身兽面纹，内外区之间为一周绚纹。

琬圭，用以治德、册命、结好。《周礼·冬官考工记·玉人》："琬圭九寸而缫，以象德"。《周礼·春官宗伯·典瑞》："琬圭以治德，以结好"，即诸侯有德，王命赐之，使者执琬圭以行王命。若诸侯使大夫来聘，既而为坛会之，王则使大夫执琬圭以行事。郑玄注引郑司农（郑众）云"琬圭无锋芒，故治德以结好。"

琰圭，用以去除恶行。《周礼·冬官考工记·玉人》："琰圭九寸，判规，以除慝，以易行"。《周礼·春官宗伯·典瑞》："琰圭以易行，以除慝"，郑玄注引郑司农（郑众）云"琰圭有锋芒，伤害征伐诛讨之象，故以易行除慝。易恶行令为善者，以此圭责让喻告之也。"若诸侯使大夫来覜，王则使大夫执琰圭行命于坛。

著录：刘云辉：《陕西出土汉代玉器》，文物出版社、众志美术出版社，2009 年，第 76 页，图版 27-D。

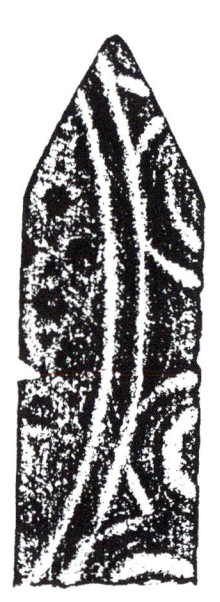

素面玉圭

西汉中期

残长 6.5、宽 2.2、厚 0.5 厘米

重 16 克

2002 年，西安市长安区茅坡村西安邮电学院一号大型汉代墓葬出土（M1217:17）

底端残缺。青玉，内含较多杂质，不透亮。圭首呈三角形，尖端尖突，下部呈长方形。光素无纹。

玉圭除了作为实用符信，还常常作为祭祀礼玉。祭祀用玉圭因祭祀对象之不同也有名称、大小差异，有四圭、两圭、祼圭及圭璧等。

四圭，用以祀天、旅五帝。《周礼·冬官考工记·玉人》："四圭尺有二寸，以祀天"。《周礼·春官宗伯·典瑞》："四圭有邸，以祀天、旅上帝"，其用法为中央置璧，圭著其四面，一玉俱成。1978—1980 年咸阳原汉昭帝平陵陵园内曾出土两组玉圭、玉璧组合[1]，这些玉圭尺寸均在 10 厘米以内，配以直径 4.5 厘米左右的小玉璧，出土时，玉璧居中，周围均匀分布 7 件或 8 件尖端朝内的玉圭，从组合来看，应当为祀天、旅上帝祭祀所用，但与文献记载不能完全相合。除此以外，汉景帝阳陵宗庙建筑基址[2]、汉武帝茂陵李夫人墓园内[3]也出土过这种小型石璧和石圭，为 2 璧 4 圭，应为两组祭祀玉器，可能一组祭祀上天，一组祭祀日月星辰。邮电学院 M1217 玉圭与此相近，应当也是祭祀玉圭。

1 刘云辉：《陕西出土汉代玉器》，文物出版社、众志美术出版社，2009 年，第 71 页。
2 陕西省考古研究所：《汉阳陵》，重庆出版社，2001 年，第 151 页。
3 陕西省考古研究院、咸阳市文物考古研究所、茂陵博物馆：《汉武帝茂陵考古调查、勘探简报》，《考古与文物》2011 年第 2 期。

A面　　B面

琢纹玉圭

西汉中期

残长7.1、宽2.4、厚0.5厘米

重16克

2002年，西安市长安区茅坡村西安邮电学院一号大型汉代墓葬出土（M1217:58）

底端残缺。青玉，内含较多杂质，不透亮。圭首呈三角形，尖端尖突，下部呈长方形。一面碾琢出互相缠绕的螭龙纹，边缘有阴线弦纹及短斜线纹，另一面为素面，应为利用一残断废弃玉璧外部改制而成，尖端应当直接利用玉璧外缘切割形成。

两圭，用以祀地、旅四望。《周礼·春官宗伯·典瑞》："两圭有邸，以祀地、旅四望"，郑玄注云此"祀地"指祭祀北郊神州之神，与四圭郊天相对应，"以黄琮礼地"之地则指夏至祭祀昆仑大地，二者所指不同。祭祀时两圭亦两足相向，用二圭以象地数二也。祭祀日期可能在七月。

祼圭，用以祭祀祖庙、先王。《周礼·冬官考工记·玉人》："祼圭尺有二寸，有瓒，以祀庙"。《周礼·春官宗伯·典瑞》："祼圭有瓒，以肆先王，以祼宾客"。

圭璧，用以祭祀日月星辰。《周礼·冬官考工记·玉人》："圭璧五寸，以祀日月星辰。"此圭璧谓以璧为邸，旁有一圭。日月星辰为天之佐，故用一圭，是取杀于上帝也。

242

A 面　　B 面

琢纹玉圭

西汉中期

残长 7.2、宽 2.4、厚 0.5 厘米

重 20 克

2002 年，西安市长安区茅坡村西安邮电学院一号大型汉代墓葬出土（M1217:19）

底端残缺。青玉，内含较多杂质，不透亮。圭首呈三角形，尖端尖突，下部呈长方形。两面均碾琢出涡纹，应为一残断废弃玉璧改制而成。

关于玉器的使用，周代有专门的职能部门进行管理，即典瑞。《周礼·春官宗伯·典瑞》："典瑞，掌玉瑞、玉器之藏，辨其名物与其用事，设其服饰"，典瑞属的人员设置，有中士二人，府二人，史二人，胥一人，徒十人，共 17 人，专门负责玉瑞、玉器的使用和管理。

凡大祭祀（即兼有天地宗庙）、大旅（即兼有上帝四望），凡宾客之事，则供其玉器而奉送至行礼之处。凡大丧，包括王丧，兼有后、世子在内，则供饭玉、含玉、赠玉。凡玉器出，即王赐大臣玉器，则供奉之，近则直接送至王所在，远则交与使者。在玉瑞、玉器管理方面，一般情况下，玉之质量上乘者入天府藏之，质量平平者仍在典瑞藏之。《周礼·春官宗伯·天府》载：天府职责之一即"掌祖庙之守藏与其禁令。凡国之玉镇、大宝器藏焉。若有大祭、大丧，则出而陈之。既事，藏之"。

涡纹玉环

西汉中期

直径 15、孔径 7.5、厚 0.4–0.7 厘米

重 299 克

2002 年，西安市长安区茅坡村西安邮电学院一号大型汉代墓葬（M1217:14）

微残。青玉，灰黑色，局部有白色钙化浸斑。孔径大，肉薄厚不一。环两面内外边缘各碾琢出一周阴线弦纹界边，内外弦纹内碾琢出阴线涡纹，涡纹大小不一，排列成行。

A面

B面

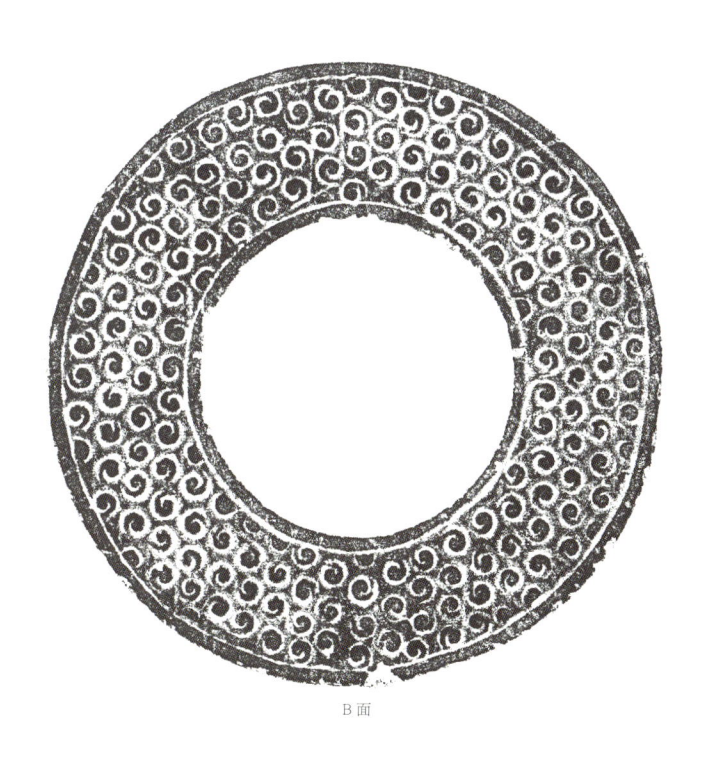

此器在《陕西出土汉代玉器》中称之为涡纹玉璧。关于玉璧等器的命名，《尔雅·释器》云："肉倍好谓之璧，好倍肉谓之瑗，肉好若之谓之环"，好即孔也，肉即边也。以此来衡量，则该器应名环为妥。

玉环一般作为佩饰，用于系结他物。用于组玉佩的玉环一般直径较小，直径大的玉环应当用以系结大型物件。

玉环除了作为佩饰，因环与还音同，据说也被作为一种信物。

著录：刘云辉：《陕西出土汉代玉器》，文物出版社、众志美术出版社，2009年，第85页，图版43。

第五单元 如琢如磨

玉环

秦代

直径 4.4、孔径 2.2、厚 0.6 厘米

重 16 克

2003 年，西安市雁塔区潘家庄村世家星城住宅小区 M180 出土（M180:4）

青白玉，青中泛黄，玉质温润，较透亮，一侧表面有褐色浸斑。平面呈圆形，环内外侧边缘较薄，中部凸起，有两道棱脊，断面呈八棱形，通体打磨光滑。出土时与铜印章、铜带钩、铜剑一起置于墓主头部正上方。

此件玉环出土于世家星城 M180，该墓为坐西朝东的竖穴墓道土洞墓，共出土器物 20 件，同出器物有陶鼎、盒、蒜头壶、大口罐、双系罐、缶、钵、盂、鍪、瓿、铜盆、带钩、镜、剑、印，玉剑首、摽（珌）。根据墓葬和器物形制、器物组合判断该墓年代为秦代。

著录：西安市文物保护考古所：《西安南郊秦墓》，陕西人民出版社，2004 年，第 583、585 页，图 107-4，彩版 14-1。

小石璧

战国晚期

直径 2.9、孔径 0.5、厚 0.5 厘米

重 9 克

2001 年，西安市长安县茅坡村西安邮电学院 M36 出土（M36:3）

微残。白色石质，制作不太规整。圆形，中心有一小孔，素面，表面打磨光滑。出土时置于墓主头部右下方，可能用作佩饰。

著录：西安市文物保护考古所：《西安南郊秦墓》，陕西人民出版社，2004 年，第 343-344 页，图 151-4，图版 68-6。该报告称之为玉饼。

玉卮

西汉中期

口径 5.8、高 10 厘米

重 446 克

2007 年,西安临潼区新丰街道长条村取土场 M13 出土（M13:22）

一侧有裂纹。青玉,玉质温润有光泽,局部有褐色和白色浸斑。由卮身、底两部分组成。卮身为圆筒形,一次制成,表面打磨光滑,一侧有鋬,鋬中部有竖向铆槽,两侧有穿孔,用以系盖。底部内凹,有碾琢兽面纹,系用一废弃青玉璧改制成圆饼,然后卡入卮身底部。

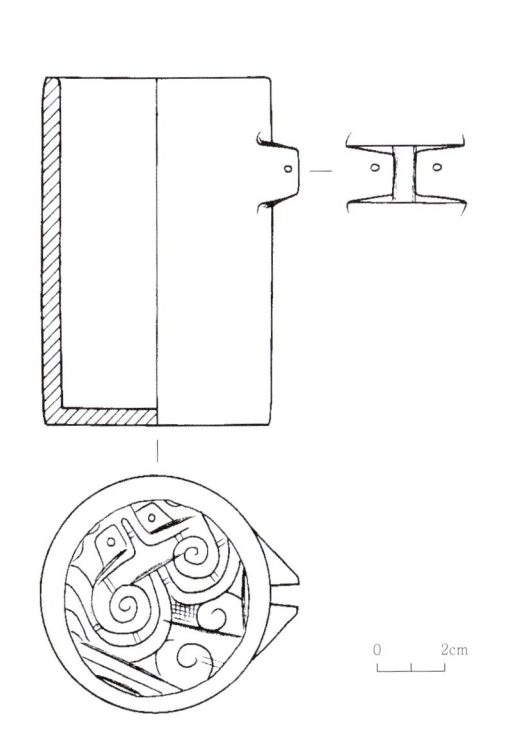

玉剑摽

战国晚期—秦代

长 3.5、宽 4.6-5.2、厚 1.4 厘米

重 44 克

2003 年，西安市雁塔区潘家庄世家星城住宅小区 M180 出土（M180:8）

青玉，表面有白色钙化斑和铁锈色浸斑。正面近梯形，上小下大，两腰微内曲，两端平直，横截面呈棱形，中间厚，两边薄。通体打磨光滑，上端正中钻有一直径 0.8、深 0.8 厘米的圆孔，圆孔两侧钻有小穿孔，与中心大圆孔相通，孔内残存有绿锈，底端封闭。

两汉时期，特别是西汉，墓葬内随葬铜剑、铁剑、弩机等兵器的现象非常多见。大多数铁剑出土时剑柄上有丝麻缠绕痕迹，另外剑身上也黏附有朽木残迹，说明这些铁剑随葬时其外都有木制剑鞘。

一套完整的剑具除了剑身、木制剑鞘外，还有剑首、剑格（又称剑镗）、剑摽（又称剑珌）、剑璏等兼实用与装饰为一体的剑具，其中剑首用于剑柄（又称剑茎）末端，剑格用于剑柄与剑身之间，剑摽装饰于剑鞘末端，剑璏附于剑鞘中部，以便将剑悬挂于身上。除此以外，考古发现还于战国晚期至秦代墓葬出土的剑柄上发现玉环，这种玉环应是仿照铜剑柄中部高凸的铜箍而制。

著录：西安市文物保护考古所：《西安南郊秦墓》，陕西人民出版社，2004 年，第 583、585 页，图 107-6，彩版 14-4。

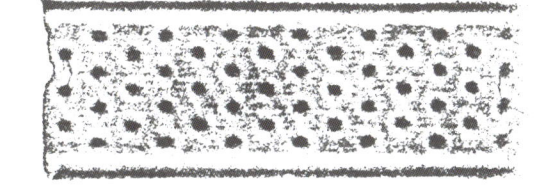

玉剑璏

西汉早期

残长 6.6、宽 2.5 厘米

重 40 克

2001 年，西安市长安县荆寺二村西户高速 M1 出土（M1:9）

　　一端残缺。白玉，表面呈白瓷质感，不透亮，局部呈青色。正面为长方形，两端出檐，末端内卷，背面有长方形銎。正面碾琢一阴线边框，其内碾琢出阴线涡纹，涡纹成排分布。

　　汉代佩剑十分流行，佩剑与当时官僚贵族的身份地位密切相关，是佩者权力与身份地位的昭示，同时也是当时成年男子追求的一种风尚。考古发掘的许多汉代墓葬中都出土有铁剑。但是玉剑具却非一般人可以使用。《晋书·舆服志》记载："汉制，自天子至于百官，无不佩剑，其后惟朝带剑。晋世始代之以木，贵者犹用玉首，贱者亦用蚌、金银、玳瑁为雕饰"，这一记载说明汉代佩剑非常流行，百官皆可佩剑，没有太多的限制，而汉以后，则只有参加朝会的高级官员才能佩剑，而且玉剑具只有贵族才能使用。《汉书·匈奴传》就记载了匈奴呼韩邪单于甘露三年（前 51 年）正月在甘泉宫朝见汉宣帝时，宣帝给予呼韩邪特殊礼遇，让其位居诸侯王之上，所赐除了冠带衣裳、黄金玺綟绶（汉制诸侯王为金印綟绶）、车马、黄金等物之外，还有玉具剑、佩刀、弓等物。

　　M1 为坐东朝西的斜坡墓道土洞墓，出土器物 14 件（组），同出器物有陶鼎、壶、罐、盆、甑、铜镜、带钩、车马器、半两钱。根据墓葬和器物形制、器物组合判断该墓年代为西汉早期。

著录：西安市文物保护考古所：《西安南郊荆寺二村西汉墓发掘简报》，《考古与文物》2009 年第 4 期。

玉蝉（口琀）

西汉中期

长 6、宽 3、厚 0.6 厘米

重 22 克

2007 年，西安市未央区张家堡东区汉墓 M42 出土（M42:7）

  青玉，质温润，局部有白色浸斑。扁平体，背部隆起，底部较平，头部略呈弧形，双目外凸，弧线形双翼覆盖蝉身，腹肚中部微露。背部阴线刻画出头颈、双翼、尾部，底部阴线刻画出蝉的腹部轮廓及腹部上的横向纹饰。

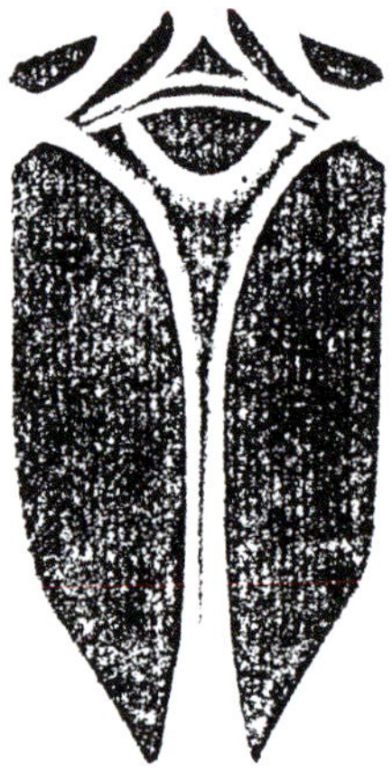

  玉蝉作为口琀是古代葬玉之一种，属于九窍塞玉。九窍指人体之两眼、两耳、两鼻孔、口、肛门等。玉窍塞是汉代人死后用以覆盖和堵塞人体九窍的玉制品，属于玉殓具。东晋葛洪《抱朴子》："金玉在九窍，则死人为之不朽"，这是时人对于九窍塞作用的认识。

  汉代口琀之仪继承于古代饭含丧仪，"饭"是根据死者身份之不同将谷、贝等物放入死者口中，"含"是把珠、玉等物放在死者口中。《周礼·地官司徒·舍人》载："丧纪，共饭米、熬谷"，郑玄注："饭所以实口，不忍虚也。君用粱，大夫用稷，士用稻。"关于含，汉刘向《说苑·修文》云"天子含食以珠，诸侯以玉，大夫以玑，士以贝，庶人以谷实"，因此玉口琀又称饭玉。饭含意在生者希望死者在另一世界中继续享受生前的食禄。将玉做成蝉形含于死者口中，也蕴含着生者借蝉之脱壳重生，希冀死者精神不灭，转世再生的美好愿望。

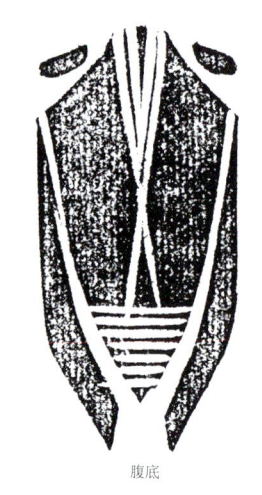

背面　　　腹底

方形圆孔玉饰

西汉中期

长 7、宽 6.2、孔径 2.2、厚 0.6 厘米

重 70 克

2002 年，西安市长安区茅坡村西安邮电学院一号大型汉代墓葬（M1217:8）

  一角微残缺。青玉，浅灰色，表面有白色和铁锈色浸斑。长方形片状，通体抛光，中部有一直径 2 厘米的圆孔，光素无纹。出土于墓室椁底板上。

著录：刘云辉：《陕西出土汉代玉器》，文物出版社、众志美术出版社，2009 年，第 236 页，图版 212-A。

方形圆孔玉饰

西汉中期

长 6.8、宽 5.7-6、孔径 2.2、厚 0.6 厘米

重 64 克

2002 年，西安市长安区茅坡村西安邮电学院一号大型汉代墓葬（M1217:17）

微残。青玉，墨绿色，局部颜色较浅，不透亮。长方形片状，通体抛光，中部有一直径 2 厘米的圆孔，光素无纹。出土于墓室椁底板下填土中。

著录：刘云辉：《陕西出土汉代玉器》，文物出版社、众志美术出版社，2009 年，图版 212-B，第 236 页。

长方形玉衣片

西汉中期

长 4.2、宽 3-3.3、厚 0.5 厘米

重 17 克

2002 年，西安市长安区茅坡村西安邮电学院一号大型汉代墓葬（M1217:52）

一角微残。青玉，表面钙化为白色，不透亮。长方形片状，通体抛光，光素无纹，四角各钻一小孔。出土于墓室椁底板上。

考古资料中，汉代高等级墓葬常常出土有小型玉片，有的因墓葬被盗出土量少，有的保存较好出土量多，此类玉片一般在边缘钻有小孔，3—5 孔最为常见，这些玉片都是玉衣片。目前西安地区汉长安城周边就有数座墓出土有玉衣片，包括杨家湾西汉早期墓[1]、枣园村西汉早期墓[2]、张家堡西汉中晚期墓[3]、羊头镇西汉中晚期墓[4]、财政干校西汉晚期墓[5]等，此外新近发掘的灞桥区栗家村一号西汉早期墓也出土了玉衣片，其数量多达两千余片[6]。

玉衣是汉代皇帝和高级贵族死后的一种殓服，又称玉匣或玉柙。发掘出土的玉衣有的用金丝或银丝编缀，故而又称金缕玉衣或银缕玉衣，有的用铜丝或丝编缀，又称铜缕玉衣和丝缕玉衣，其编缀用丝及玉片质量因墓主级别不同而有差异。目前所见最著名的莫过于河北满城中山靖王刘胜及其妻窦绾墓的 2 件金缕玉衣[7]。

著录：刘云辉：《陕西出土汉代玉器》，文物出版社、众志美术出版社，2009 年，第 288 页，图版 249-A。

1 陕西省文管会、博物馆，咸阳市博物馆杨家湾墓发掘小组：《咸阳杨家湾汉墓发掘简报》，《文物》1977 年第 10 期。
2 西安市文物保护考古所：《西安北郊枣园大型西汉墓发掘简报》，《文物》2003 年第 12 期。
3 西安市文物保护考古研究院：《西安市张家堡两座西汉墓葬的发掘》，《考古》2019 年第 2 期。
4 西安市文物保护考古研究院：《西安南郊曲江羊头镇西汉墓发掘简报》，《文博》2013 年第 6 期。
5 西安市文物保护考古所：《西安财政干部培训中心汉、后赵墓葬发掘简报》，《文博》1997 年第 6 期。
6 朱连华、郭昕：《西安灞桥区栗家村汉墓》，《2019 年中国重要考古发现》，文物出版社，2020 年，第 118-123 页。
7 中国社会科学院考古研究所、河北省文物管理处：《满城汉墓发掘报告》，文物出版社，1980 年。

长方形玉衣片

西汉中期

长 5.8、宽 4.6、厚 0.4 厘米

重 32 克

2002 年，西安市长安区茅坡村西安邮电学院一号大型汉代墓葬（M1217:54）

青玉，墨绿色，不透亮，表面有铁锈色浸斑。长方形片状，通体抛光，光素无纹，四边中部各钻一小孔。出土于墓室椁底板上。

玉衣约出现于西汉文景之时，其使用下限应在东汉末年到三国时期。目前，发掘出土的金缕玉衣有十多件已经成功复原，包括河北满城西汉中山靖王刘胜及其妻窦绾 2 件[1]、河北定州西汉中山怀王刘修 1 件[2]、广东番禺西汉南越王赵眜 1 件[3]、江苏徐州西汉楚王 1 件[4]、河南永城西汉梁共王刘买 1 件[5]、河南永城西汉梁夷王刘遂 1 件[6]、江苏高邮西汉广陵厉王刘胥 1 件[7]、江苏盱眙西汉江都易王刘非 1 件[8] 等。

受墓主身高及玉片大小等因素影响，玉衣的大小、所用玉片数量不尽相同。其中刘胜玉衣长 1.88 米，用玉片 2498 片，金丝 1100 克，窦绾玉衣长 1.72 米，用玉片 2160 片，金丝 700 克。徐州狮子山楚王玉衣长 1.75 米，用玉片 4248 片，金丝 1576 克，是目前所见玉片最多、玉质最好、工艺最精的一件。

著录: 刘云辉：《陕西出土汉代玉器》，文物出版社、众志美术出版社，2009 年，第 288 页，图版 249-C。

[1] 中国社会科学院考古研究所、河北省文物管理处：《满城汉墓发掘报告》，文物出版社，1980 年。
[2] 河北省文物研究所：《河北定县 40 号汉墓发掘简报》，《文物》1981 年第 8 期。
[3] 广州市文物管理委员会、中国社会科学院考古研究所、广东省博物馆：《西汉南越王墓》，文物出版社，1991 年。
[4] 狮子山楚王陵考古发掘队：《徐州狮子山西汉楚王陵发掘简报》，《文物》1998 年第 8 期。
[5] 河南省商丘市文物管理委员会、河南省文物考古研究所、河南省永城市文物管理委员会：《芒砀山西汉梁王墓地》，文物出版社，2001 年。
[6] 商丘博物馆：《永城芒山发现西汉梁国王室墓葬》，《文物报》1986 年 10 月 31 日第 1 版。
[7] 梁白泉：《高邮天山汉墓发掘的意义》，《梁白泉文集·博物馆卷》，文物出版社，2013 年。
[8] 南京博物院、盱眙县文化广电和旅游局：《大云山：西汉江都王陵 1 号墓发掘报告》，文物出版社，2020 年。

菱形玉衣片

西汉中期

长 3、宽 2.5、厚 0.4 厘米

重 9 克

2002 年，西安市长安区茅坡村西安邮电学院一号大型汉代墓葬（M1217:2）

其中 2 件基本完整，1 件残缺。青玉，两块玉质较透亮、温润，一块内含较多杂质，不透亮，有白色浸斑。形状呈不规则菱形，四角边缘钻有小孔。

玉衣按部位可分为头罩、上身、袖子、手套、裤筒、鞋子等六部分。比较特殊的是 1978 年山东临沂刘疵墓玉衣仅有头罩、两个手套、两个足套等五部分，用玉 1140 片，应是玉衣的简化、象征形式[1]。

玉衣的使用制度至东汉时形成定制。据《后汉书·礼仪志》记载，皇帝使用金缕玉衣，诸侯王、列侯始封、贵人、公主用银缕，大贵人、长公主用铜缕。由此可见，玉衣是汉代皇帝、诸侯王、列侯、贵人、公主等皇室成员专用的殓服，乃当时丧葬礼仪制度所规定。其他重臣、外戚、宠臣、非刘姓诸侯等，只有皇帝特赐方可使用。据文献记载特赐玉衣的有西汉博陆侯霍光、西汉哀帝宠臣董贤、东汉美阳侯耿秉、东汉褒亲愍侯梁竦、东汉乘氏侯梁商等。

除了玉衣的编缀缕线有区别外，玉衣的玉片也多种多样。有正方形、长方形、梯形、多边形、三角形、盾形等。

[1] 临沂地区文物组：《山东临沂西汉刘疵墓》，《考古》1980 年第 6 期；尹世娟、杨锡开：《刘疵墓与金缕玉衣》，《黑龙江史志》2013 年第 15 期。

附 录

附录 1

秦汉历史年表

秦（公元前221年—前206年 共15年）

周赧王59年乙巳（前256年），秦灭周。自次年（秦昭襄王52年丙午，前255年）起至秦王政25年己卯（前222年），史家以秦王纪年。秦王政26年庚辰（前221年）完成统一，称始皇帝。

帝王称号	帝王原名	在位时间
始皇帝	嬴政	前246—前210年
二世	胡亥	前209—前207年
	子婴	前206年

汉（公元前206年—公元220年 共426年）

帝王称号	帝王原名	在位时间
西汉（公元前206—公元8年 共214年）		
高帝	刘邦	前206—前195年
惠帝	刘盈	前194—前188年
高后	吕雉	前187—前180
文帝	刘恒	前179—前157年
景帝	刘启	前156—前141年
武帝	刘彻	前140—前87年
昭帝	刘弗陵	前86—前74年
废帝/海昏侯	刘贺	前74年
宣帝	刘询	前73—前49年
元帝	刘奭	前48—前33年
成帝	刘骜	前32—前7年
哀帝	刘欣	前6—前1年
平帝	刘衎	1—5年
孺子婴		6—8年
新（公元9—23年 共15年）		
王莽		9—23年

东汉（公元25—220年 共196年）		
光武帝	刘秀	25—57 年
明帝	刘庄	58—75 年
章帝	刘炟	76—88 年
和帝	刘肇	89—105 年
殇帝	刘隆	106 年
安帝	刘祜	107—125 年
顺帝	刘保	126—144 年
冲帝	刘炳	145 年
质帝	刘缵	146 年
桓帝	刘志	147—167 年
灵帝	刘宏	168—189 年
献帝	刘协	190—220 年

附录2

"秦风汉韵　盛世长安"展览历程

4月13日，由西安市文物保护考古研究院与无锡吴都阖闾城遗址管理委员会联合主办的"秦风汉韵　盛世长安——西安新出土文物精品展"在无锡阖闾城遗址博物馆拉开帷幕。

西安地处关中平原中部，古称长安、镐京，历史文化资源极其丰富。本次展览以近年来西安市文物保护考古研究院新发掘出土的春秋至秦汉时期文物精品为主，展出文物超150件，质地有青铜器、陶器、玉器等，内容涵盖礼器、明器和日常生活用品。展览从"青铜余韵""烧陶制瓷""秦雕汉刻""整衣鉴容""如琢如磨"五个单元为观众呈现秦汉时期长安城的繁华风貌，更有"与秦俑合影""穿着秦汉服饰拍照留念""一起来玩古代文体活动"等互动项目供观众体验。

太湖国家旅游度假区、立人小学及部分市民朋友参加了开幕式。展厅位于阖闾城遗址博物馆一楼。

"秦风汉韵 盛世长安"展开幕式

无锡吴都阖闾城遗址博物馆馆长陈立新致辞

时任西安市文物保护考古研究院副院长王自力致辞

主办方嘉宾共同启动

全国政协原副主席，农工党中央常务副主席 陈宗兴参观"秦风汉韵　盛世长安"展

时任江苏省无锡市政府副市长、党组成员刘霞，江苏省文化和旅游厅副厅长、省文物局局长吴晓林参观"秦风汉韵　盛世长安"展并指导工作

行知大学堂无锡市"缤纷的冬日"未成年人冬令营活动

"立人小学"成长礼活动带领学生参观"秦风汉韵　盛世长安"展

接待团体参观

西安市考古研究院154件（组）文物赴无锡参加"秦风汉韵 盛世长安"特展

　　为加强无锡、西安两地的文化交流与合作，同时为方便无锡市民近距离感受西安历史文化之美，无锡阖闾城遗址博物馆拟于2017年10月24日至2018年10月23日举办"秦风汉韵 盛世长安"特展。

　　接到无锡方面的借展邀请后，我院高度重视，精心挑选了154件（组）具有代表性的战国至汉代陶器、玉器、青铜器等精品文物参加此次特展，此外，我院还派遣专业技术人员赴无锡对布展方案进行现场指导。

　　目前，该批文物已经运抵无锡。届时，无锡市民将在"秦风汉韵 盛世长安"特展上一窥盛世长安的风采。

（西安市文物保护考古研究院 郭辉）

媒体采访"秦风汉韵 盛世长安"展（介绍人：丁兰兰女士）

【关注·无锡滨湖】秦风汉韵来滨湖啦！

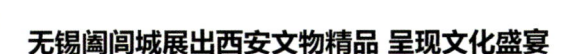

作者：滨湖传播 / 公众号：xinbinhunews 发布时间：2018-04-17

阖闾城展出西安新出土精品文物

4月13日，由西安市文物保护考古研究院与无锡吴都阖闾城遗址管委会主办，无锡阖闾城遗址博物馆承办的《秦风汉韵 盛世长安——西安新出土文物精品展》正式揭幕。

"为了响应习近平总书记让文物活起来的号召，提升博物馆的社会服务能力，博物馆自成立以来，一直积极寻求对外合作，努力为无锡市民呈现丰富多彩的文化盛宴。"无锡市阖闾城遗址博物馆负责人介绍，此次"秦风汉韵 盛世长安—西安新出土文物精品展"的举办，是无锡太湖国家旅游度假区利用阖闾城的文博资源，跨区域弘扬中华传统文化，推动区域文博事业专业化、合作化发展的一次积极尝试。本次展览以近年来西安市文物保护考古研究院新发掘出土的春秋至秦汉时期文物精品为主，分青铜余韵、烧陶制瓷、秦雕汉刻、整衣敛容、如琢如磨五个展厅，共展出文物150多件，质地有青铜器、陶器、玉器等，内容涵盖礼器、明器和日常生活用品。

此次展出的秦汉精品均为实物，展览中配有大量图文，可方便观众从多方面接受信息。此外馆内还准备了一些互动项目，如穿汉服、照汉镜、玩古代游戏等，供广大观众朋友体验、留念。

点击右上角将"滨湖传播"发送给朋友或分享到朋友圈
微信扫一扫二维码即可关注"滨湖传播"或在添加朋友查找微信公众账号搜索：滨湖传播，就可以找到我们啦～

特别报道

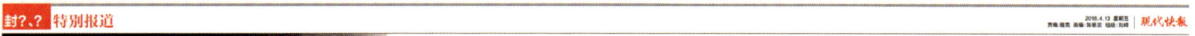

秦风汉韵 盛世长安
西安新出土文物精品展在阖闾城开幕

第一单元 青铜余韵

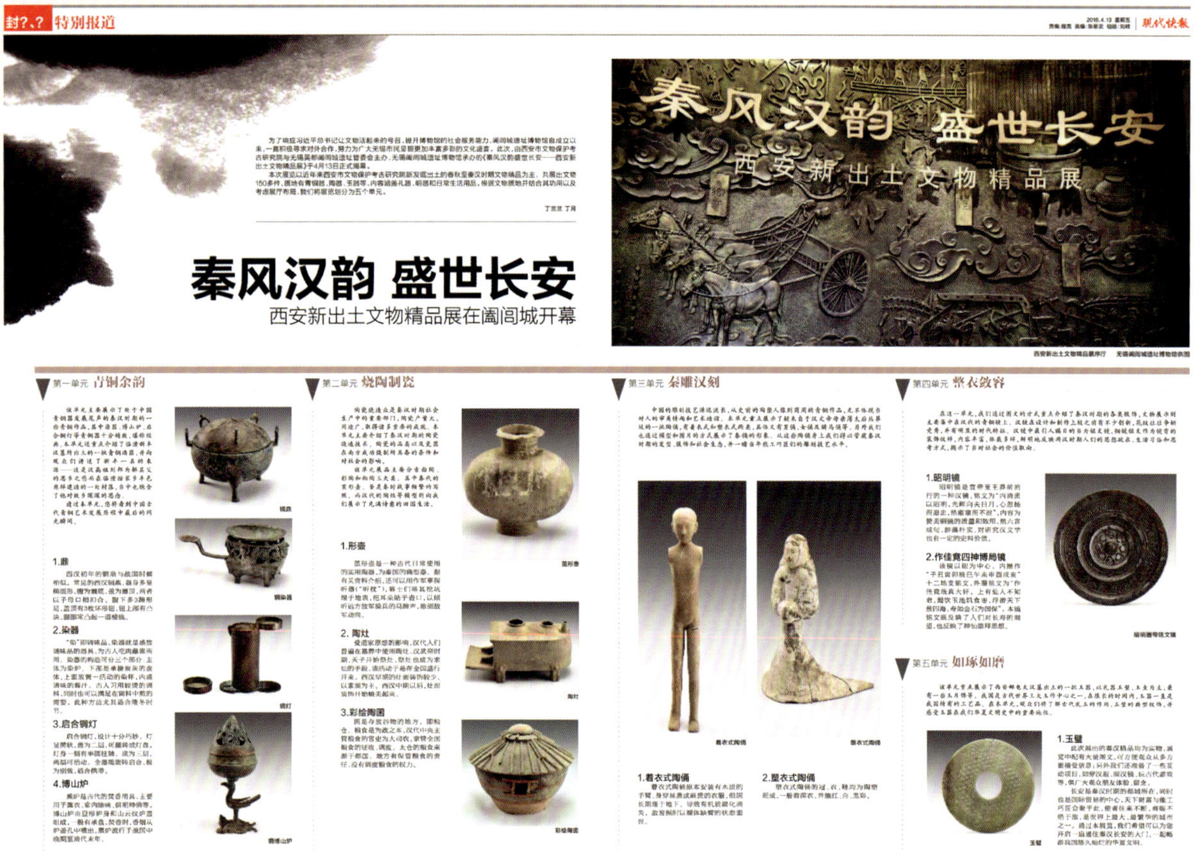

1. 鼎
2. 染器
3. 合合铜灯
4. 博山炉

第二单元 烧陶制瓷

1. 茧形壶
2. 陶灶
3. 彩绘陶囷

第三单元 秦俑汉剑

1. 着衣式陶俑
2. 塑衣式陶俑

第四单元 整衣敛容

1. 昭明镜
2. 作佳竟四神博局镜

第五单元 如琢如磨

1. 玉璧

《秦风汉韵 盛世长安》——西安新出土文物精品展开幕

阖闾城遗址博物馆新展《秦风汉韵 盛世长安》将于4月13日举行展览开幕仪式。

此次展览的展品为西安近年来新出土的秦汉时期文物。西安地处关中平原中部，古称长安、镐京，历史文化底蕴极其丰富。本次共展出文物150余件，从"青铜余韵"、"烧陶制瓷"、"秦俑汉剑"、"整衣敛容"、"如琢如磨"五个单元为游客呈现秦汉时期长安城的繁华风貌。更有"与秦俑合影"、"穿着秦汉服跨拍摄留念"、古代文体活动等互动体验项目，欢迎广大爱好者前来参观学习。

閶闔城展出西安新出土精品文物

来源：故事无锡 [小中大]

上文物活起来的号召，提升博物馆的社会服务能力，无锡市
努力为无锡市民呈现丰富多彩的文化盛宴。4月13日，由
会主办，无锡阖闾城遗址博物馆承办的《秦风汉韵 盛世长

的举办，是无锡太湖国家旅游度假区利用阖闾城的文博资
化、合作化发展的一次积极尝试。本次展览以近年来西安市
物精品为主，共展出文物150多件，质地有青铜器、陶器、玉

可方便观众从多方面接受信息。此外馆内还准备了一些互动
众朋友体验、留念。

感受别样的秦风汉韵吧。

秦汉文物 即将亮相

阅读次数： 发布时间：2018-03-19

近日，阖闾城遗址博物馆新展《秦风汉韵 盛世长安——西安新出土文物精品展》开始了紧锣密鼓的布置。该展精选了西安地区近年来出土的秦汉时期文物共150多件，从青铜余韵、烧陶制瓷、秦雕汉刻等方面展示了秦汉长安的政治、经济、文化和日常生活，充分展示了当时的盛世繁华。展览开放日期将在近期公布，届时欢迎广大观众前来参观，敬请期待。

"秦风汉韵 盛世长安——西安新出土文物精品展"

阅读次数： 发布时间：2018-04-16

4月13日，由西安市文物保护考古研究院与无锡吴都阖闾城遗址管委会联合主办的"秦风汉韵 盛世长安——西安新出土文物精品展"在无锡阖闾城遗址博物馆拉开帷幕。本次展览以近年来西安市文物保护考古研究院新发掘出土的春秋至秦汉时期文物精品为主，展出文物超150多件。

阖闾城遗址博物馆一楼专门为展览设立了展厅，分为青铜余韵、烧陶制瓷、秦雕汉刻、整衣敛容、如琢如磨等五个单元，内容涵盖礼器、明器和日常生活用品。

此次展览为期两年半，展出的秦汉精品均为实物，博物馆在展区配备的大量图文，为市民游客观展和了解多方面信息提供了方便。欢迎广大市民游客前来参观。

展览第一单元：青铜余韵

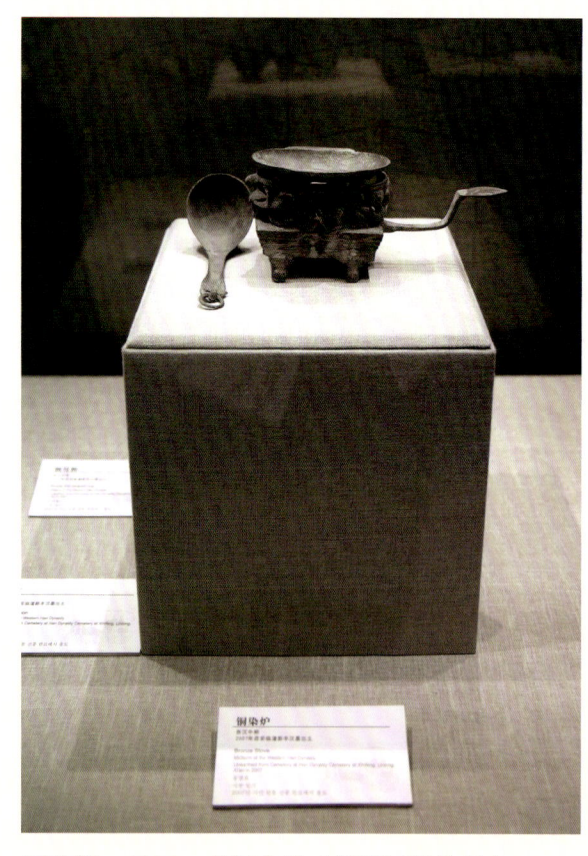

展览第一单元：青铜余韵（透雕四神染炉） 　　展览第一单元：青铜余韵（龟座凤鸟薰炉）

展览第二单元：烧陶制瓷（釉陶器）

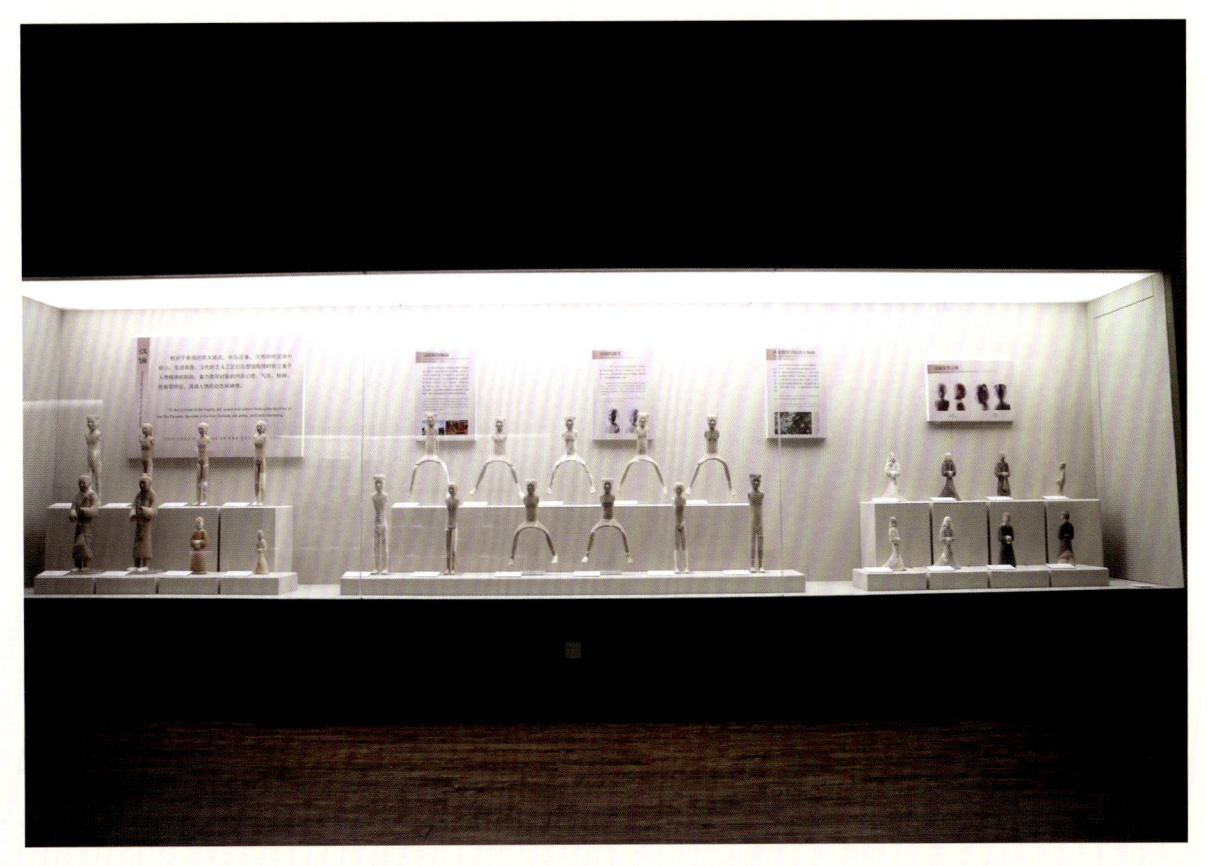

展览第三单元：秦雕汉刻（陶俑）

展览第四单元：整衣鉴容（铜镜）

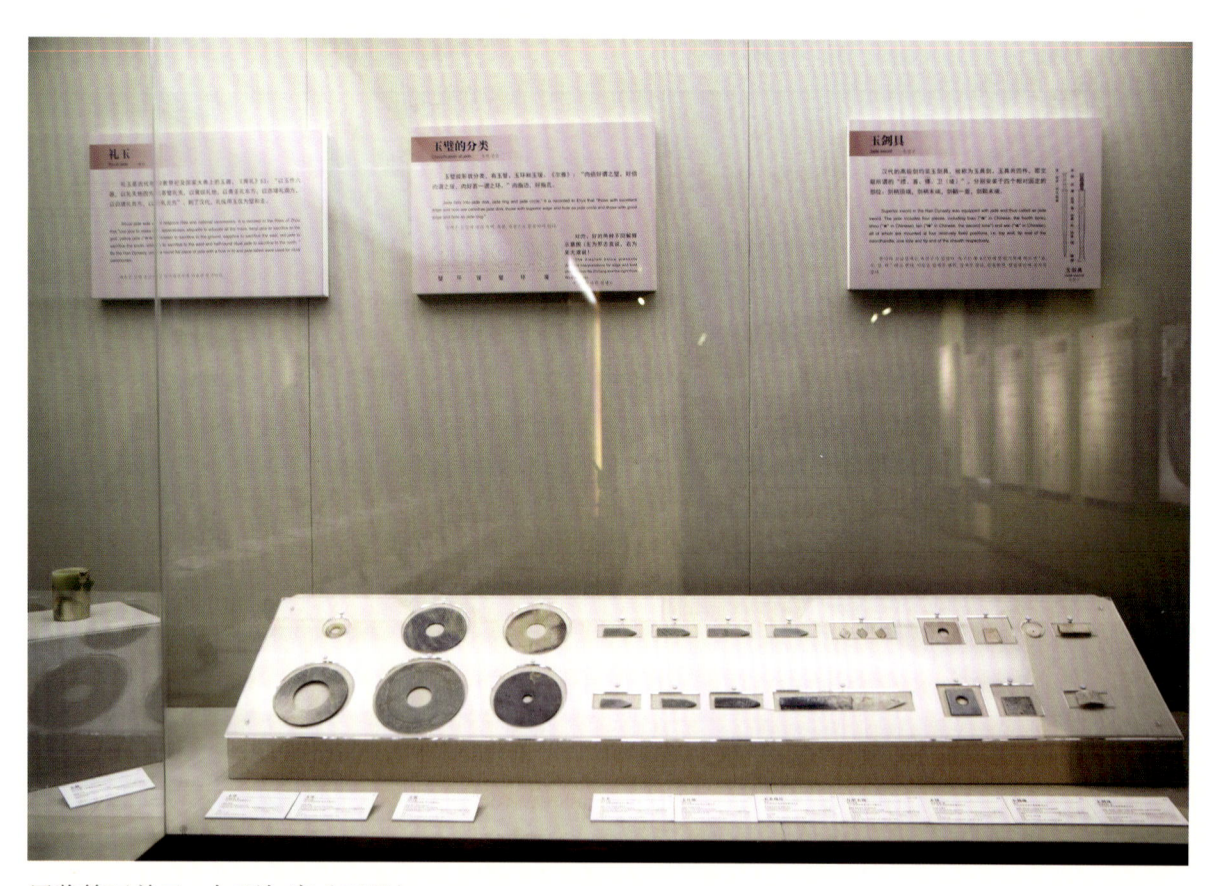

展览第五单元：如琢如磨（玉器）

"秦风汉韵　盛世长安"
展览结语

展览互动一：威武秦俑

展览互动二：贵族宴乐

展览之前的场馆

展陈大纲专家论证会

展陈文物点交

展陈文物装箱

第一单元釉陶文物布展

双方工作人员共同布展

展览场馆考察

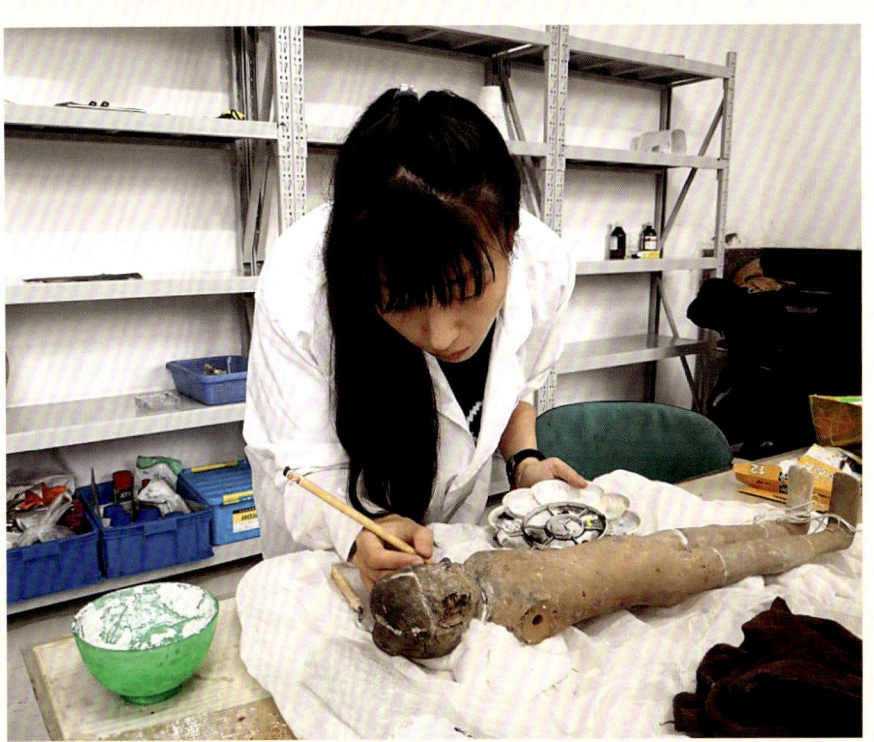

布展前西安考古院人员
对脆弱文物进行加固

附录3
展览文物清单

序号	名称	出土登记号	尺寸（厘米）	重量（克）	时代	保存概况	图片
1	铜鼎	2008 长安区长安十二中 M2:4	口径21.4、沿宽1.2、腹径22.6、腹深10、足高8.1、通高21.2	1847	西周晚期	基本完整	
2	铜鼎	2008 长安区长安十二中 M2:2	口径22、沿宽1.4、腹径22.9、腹深10.8、足高9.5、通高22.6	2303	西周晚期	基本完整	
3	铜盆	2008 长安区长安十二中 M2:7	口径21、沿宽2.2、腹径25、底径13.5、高16.5	2143	西周晚期	腹部近底有小孔洞	
4	铜鍪	2003 雁塔区潘家庄世家星城小区 M107:1	口径12、腹径16、高16	1012	战国晚期—秦代	基本完整	
5	铜鼎	2014 雁塔区上塔坡村清凉山居 M69:1	盖径19.6、盖高6.8、口径16、沿宽1.3、腹径19.5、腹深9.9、足高7.6、通高17.5	2226	西汉早期	鼎盖有裂缝，身完整	
6	铜鼎	2007 临潼区新丰街道长条村取土场 M11:35	盖径17.2、盖高3.8、口径14.4、沿宽1.2、腹径18.8、腹深8.9、足高6、通高16.5	2430	西汉中期	基本完整	

（续表）

序号	名称	出土登记号	尺寸（厘米）	重量（克）	时代	保存概况	图片
7	铜鼎	2007临潼区新丰街道长条村取土场M13:43	盖径18、盖高3.1、口径15.8、沿宽1、腹径19.6、腹深9.1、足高5.9、通高17	1874	西汉中期	残缺，腹部有孔洞，1厘米×2厘米	
8	铜鼎	2007临潼区新丰街道长条村取土场M13:44	盖径17.4、盖高5、口径15、沿宽1.2、腹径18.5、腹深9.5、足高6、通高15.5	1273	西汉中期	微残，腹部有一个绿豆大小孔洞（内有碳化物）	
9	铜鼎	2007临潼区新丰街道长条村取土场M13:42	口径23、通高20.5	2848	西汉中期	基本完整	
10	铜锺（壶）	2007临潼区新丰街道长条村取土场M11:38	口径13.4、腹径27.5、底径15、足径15.1、足高4.2、通高35.4	3800	西汉中期	基本完整	
11	铜锺（壶）	2007临潼区新丰街道长条村取土场M13:37	口径14.5、腹径28.2、底径15.4、足径18.2、足高4.5、通高39.5	5429	西汉中期	微残、底沿残、腹部有黄豆大小孔洞	
12	铜锺（壶）	2007临潼区新丰街道长条村取土场M13:34	盖径9.5、盖高2.8、口径9、腹径15、底径8.8、足径9.3、足高2、通高19.5	1100	西汉中期	基本完整	
13	铜钫	2007临潼区新丰街道长条村取土场M11:37	口径10.7、腹径21.4、底径11.3、足径13、足高5.3、通高39.5	3694	西汉中期	底部微残变形	

（续表）

序号	名称	出土登记号	尺寸（厘米）	重量（克）	时代	保存概况	图片
14	铜钫	2007临潼区新丰街道长条村取土场 M13:35	盖径7.8、盖高1.4、口径7.9、腹径11.8、底径7.5、足径8.3、足高1.9、通高21	1333	西汉中期	基本完整	
15	铜钫	2007临潼区新丰街道长条村取土场 M13:36	口径8.8、腹径16.2、底径10.8、足径10.7、足高2.7、通高27	1990	西汉中期	基本完整（有裂纹）	
16	铜钫	2007临潼区新丰街道长条村取土场 M13:38	口径9.2、腹径20、底径11.5、足径12.1、足高4.2、通高38	3129	西汉中期	微残、底沿残	
17	铜耳杯	2007临潼区新丰街道长条村取土场 M11:60	耳长6.8、宽1.4、口长径12.5、短径7.5、腹深2、高2.5	85	西汉中期	底部开裂变形	
18	铜执炉	2007临潼区新丰街道长条村取土场 M11:62	炉围长径23、短径7.5、高4.2、炉身口长11.9、宽7.7、高2.7、足高2.9、柄长12、通高9.6	783	西汉中期	基本完整	
19	铜勺	2007临潼区新丰街道长条村取土场 M11:70	勺体长径6.6、短径6.4、深2.4、柄长10.8、通长16.5	47	西汉中期	残缺有裂纹	
20	铜锅	2007临潼区新丰街道长条村取土场 M11:59	口径20.5、沿宽0.7、腹径21.2、底径11.6、高12.8	1173	西汉中期	基本完整	

274

（续表）

序号	名称	出土登记号	尺寸（厘米）	重量（克）	时代	保存概况	图片
21	铜釜	2007临潼区新丰街道长条村取土场M13:39	口径6.8、腹径16.8、高11.8	842	西汉中期	基本完整	
22	铜甗	2007临潼区新丰街道长条村取土场M13:40	口径15.3、沿宽1、底径7.6、足高1.2、高10	599	西汉中期	基本完整	
23	铜盆	2007临潼区新丰街道长条村取土场M13:41	口径15、沿宽1、底径8.4、高9	488	西汉中期	基本完整	
24	铜釜	2007临潼区新丰街道长条村取土场M11:67	口径9.5、腹径19.5、底径7、高18	625	西汉中期	微残	
25	铜朱雀玄武座博山熏炉	2007临潼区新丰街道长条村取土场M11:47	盖径9.2、盖高7.2、口径7.9、腹径9.8、柄长7.9、座长8.2、座宽7.3、通高23	1120	西汉中期	基本完整	
26	铜灯	2007临潼区新丰街道长条村取土场M11:1	盘径13.3、座径12、通高22	1504	西汉中期	基本完整	
27	铜灯	2007临潼区新丰街道长条村取土场M13:73	盘径13、盘深1.8、柄径3.1、座径9.2、座高1.2、通高19	996	西汉中期	基本完整	

（续表）

序号	名称	出土登记号	尺寸（厘米）	重量（克）	时代	保存概况	图片
28	铜卮豆组合灯	2007临潼区新丰街道长条村取土场 M13:68	直径6.9、高15.6	1305	西汉中期	基本完整	
29	铜卮豆组合灯	2007临潼区新丰街道长条村取土场 M11:66	直径6.8、高16	1276	西汉中期	基本完整	
30	陶鼎	2012雁塔区上塔坡村清凉山森林公园 M144:2	盖径17.1、盖高5.1、口径15.6、沿宽1.2、腹径17.6、腹深5.3、足高4.0、通高15.9	1387	战国晚期—秦代	基本完整	
31	陶盒	2012雁塔区上塔坡村清凉山森林公园 M147:6	捉手径7.3、盖径16.7、盖高4.8、口径13.6、沿宽1.1、腹径16.8、腹深7.2、底径7.2、通高12.3	846	战国晚期—秦代	基本完整	
32	陶盒	2003雁塔区潘家庄世家星城小区 M119:12	捉手径8.3、盖径15.8、盖高4.2、口径13.2、沿宽1.2、腹径16.0、腹深7.9、底径7.2、通高12.0	1078	西汉早期	盒身口沿微残	
33	陶罐形壶	2002长安区茅坡村邮电学院新校区基槽 M22:3	口径7.5、腹径13.3、底径6.4、高16.2	626	战国晚期	口沿微残	
34	陶罐形壶	2012雁塔区上塔坡村清凉山森林公园 M146:6	口径9.6、腹径14.4、底径7.2、高14.1	579	战国晚期—秦代	口沿微残	

（续表）

序号	名称	出土登记号	尺寸（厘米）	重量（克）	时代	保存概况	图片
35	陶高领双系罐	2012 雁塔区上塔坡村清凉山森林公园 M144:4	盖径 9.8、盖高 2.4、口径 8.8、腹径 16.8、底径 8.0、器身高 20.8、通高 22.0	1198	战国晚期—秦代	盖残缺，身基本完整	
36	陶茧形壶	2014 雁塔区上塔坡村清凉山居 M87:7	口径 8.2、沿径 1.6、颈径 8.4、腹长径 25.9、腹短径 17.7、足径 10.2、足高 2.8、通高 24.1	1431	秦代—西汉早期	口沿微残	
37	陶蒜头壶	2003 雁塔区潘家庄世家星城小区 M119:13	口径 5.6、蒜头径 8.0、颈径 5.1、腹径 16.8、底径 9.6、高 21.4	1345	西汉早期	基本完整	
38	陶囷	1989 长安县茅坡村光华胶鞋厂 M75:11	腹径 16、底径 10、高 18.9	1302	春秋晚期—战国早期	基本完整	
39	陶囷	1989 长安县茅坡村光华胶鞋厂 M43:2	檐径 21.7、底径 12.4、高 21	2015	战国早期	囷体有 1 长条孔洞	
40	陶方仓	2014 雁塔区上塔坡村清凉山居 M8:2	盖径 9.9、盖高 1.7、口径 9.5、腹长 13.5、腹宽 13、通高 25.3	2240	西汉早期	微残	
41	陶缶	2012 雁塔区上塔坡村清凉山森林公园 M127:9	口径 8.0、沿宽 1.6、腹径 25.6、底径 9.6、高 24.0	2295	战国晚期—秦代	口沿微残	

（续表）

序号	名称	出土登记号	尺寸（厘米）	重量（克）	时代	保存概况	图片
42	带盖陶罐	2014雁塔区上塔坡村清凉山居M99：7	盖径14.8、盖高6.0、口径10.8、腹径22.5、底径8.0、器身高21.5、通高25.0	3002	西汉早期	底残	
43	陶甗	1989长安县茅坡村光华胶鞋厂M95：1	甑口径16.4、底径4.5、高5.6、鬲口径13.8、腹径12.4、裆高0.8、高7.7、通高10.9	708	战国中期	微残	
44	陶釜	2002长安区茅坡村邮电学院新校区基槽M22：9	口径14.5、高14	1030	战国晚期	基本完整	
45	陶鍪	2014雁塔区上塔坡村清凉山居M78：6	口径13.6、颈径12.6、腹径19.2、高15.2	783	秦代—西汉早期	基本完整	
46	陶灶、盆、甑	2014雁塔区上塔坡村清凉山居M50：10—12	灶长19.4、宽18.4、高9.6，甑口径7.8、高3.3、盆口径8.5、高3.2	1367	西汉早期	基本完整	
47	陶灶	2007未央区张家堡市政府西院M15：9	长29.5、宽14.5、高16	2058	西汉晚期	基本完整	
48	陶盆（盂）	2001长安县茅坡村邮电学院新校区M36：1	口径22.7、沿宽0.9、足径9.8、足高0.9、通高11.4	1260	战国晚期—秦代	基本完整	

(续表)

序号	名称	出土登记号	尺寸（厘米）	重量（克）	时代	保存概况	图片
49	陶甑	2001 长安县茅坡村邮电学院新校区 M16:2	口径 15.4、底径 7、高 8.3	456	战国晚期—秦代	基本完整	
50	陶井	2014 雁塔区上塔坡村清凉山居 M58:15	井亭长 6.0、井架高 15.0、井口径 18.4、底径 14.2、通高 30.0、汲水罐口径 4.1、腹径 5.1、底径 3.0、高 5.2 厘米	1506	东汉中期	基本完整	
51	陶豆（灯）	2014 雁塔区上塔坡村清凉山居 M207:2	盘径 14、盘深 3.2、柄径 5.7、座径 9.3、座高 2.5、通高 7.3	593	西汉早期	基本完整	
52	陶灯	2014 雁塔区上塔坡村清凉山居 M164:8	盘径 11.8、盘深 1.4、柄径 3.4、座径 9.6、座高 2.5、通高 12.0	462	西汉早期	口沿微残，柄残缺	
53	陶灯	2007 未央区张家堡市政府东苑 M51	盘长 14.3、盘宽 11.3、盘深 1.3、柄径 7.1、座径 10.8、座高 1.4、通高 13	780	西汉晚期	底微残	
54	陶熏炉	2007 未央区枣园村市政枣园小区 M26:4	盖径 11、盖高 3.7、盘径 13、盘深 3.8、柄径 3.4、座径 7、座高 0.9、通高 14	562	西汉早期	基本完整	
55	彩绘陶簋	1989 长安区茅坡村光华胶鞋厂 M75:9	口径 16.4、腹径 17.8、底径 14.8、通高 12.9	1279	春秋晚期—战国早期	破裂拼合，底部残缺较多	

279

（续表）

序号	名称	出土登记号	尺寸（厘米）	重量（克）	时代	保存概况	图片
56	彩绘陶鼎	2014雁塔区上塔坡村清凉山居M37:4	盖径17.1、盖高4.2、口径14.7、沿宽1.5、腹径17.5、腹深3.8、足高5.6、通高15厘米	1190	西汉早期	拼合。彩绘微有脱落	
57	彩绘陶盒	2014雁塔区上塔坡村清凉山居M37:2	捉手径8.0、盖径17.7、盖高5.1、口径15.2、腹径18.6、腹深9.4、底径7.6、通高14.6	1083	西汉早期	基本完整，彩绘微有脱落	
58	彩绘陶盒	2014雁塔区上塔坡村清凉山居M50:16	捉手径8、盖径17.5、盖高5.3、口径14.4、腹径17.2、腹深8.2、底径7.6、通高13.4	1146	西汉早期	盖残缺修复，身基本完整。彩绘微有脱落	
59	彩绘陶茧形壶	2014雁塔区上塔坡村清凉山居M51:7	口径10.5、沿宽1.4、颈高10.7、腹长径36、腹短径24.1、底径12.5、足高3.4、通高30.5	3011	西汉早期	残缺修复，彩绘有脱落	
60	彩绘陶钫	2014雁塔区上塔坡村清凉山居M28:1	盖顶径6.0、盖底径11.7、盖高4、口径11.4、腹径19.0、底径11.8、足径12、足高4.3、通高39.0	2169	西汉早期	盖残缺，底微残，彩绘有脱落	
61	彩绘陶囷	2014雁塔区上塔坡村清凉山居M77:7	盖径16.0、檐径39.6、腹径33.6、底径23.6、通高30.0	8370	秦代—西汉早期	基本完整，彩绘有脱落	
62	彩绘陶囷	2014雁塔区上塔坡村清凉山居M69:2	盖径8.8、盖高2.8、檐径36.5、檐高10、腹径34、底径18、足高6.2、通高30	5533	秦代—西汉早期	微残	

（续表）

序号	名称	出土登记号	尺寸（厘米）	重量（克）	时代	保存概况	图片
63	彩绘陶囷	2014雁塔区上塔坡村清凉山居 M54:4	盖径11.0、盖高3.1、檐径32.4、檐高9.6、腹径26.8、底径16.2、足高2.4、通高28.9	4854	西汉早期	基本完整，彩绘有脱落	
64	彩绘陶囷	2014雁塔区上塔坡村清凉山居 M56:1	盖径11.3、盖高4.5、檐径31、檐高7.1、腹径26.9、底径15.4、足高2.2、通高31	3835	西汉早期	基本完整，彩绘有脱落	
65	酱黄釉陶鼎	2007未央区张家堡东区 M114:23	盖径24.4、盖高8.7、口径20、沿径2.3、腹径27、腹深13.9、足高11.3、通高27	3115	西汉中晚期	盖残缺修复，身完整	
66	酱黄釉陶鼎	2007未央区张家堡东区 M114:22	口径19、腹径24、通高27	3165	西汉中晚期	盖拼合，身基本完整	
67	酱黄釉陶盒	2007未央区张家堡东区 M114:27	捉手径9.7、盖径18.5、盖高5.1、口径14.7、沿宽2、腹径18.5、腹深7.8、底径10.2、通高13.4	1152	西汉中晚期	基本完整	
68	酱黄釉陶盒	2007未央区张家堡东区 M114:48	捉手径9.6、盖径18.7、盖高5.1、口径16.4、沿宽1.8、腹径19.6、腹深8.3、底径15.4、通高14	1238	西汉中晚期	基本完整	

(续表)

序号	名称	出土登记号	尺寸（厘米）	重量（克）	时代	保存概况	图片
69	酱黄釉陶盒	2007 未央区张家堡东区 M114:28	捉手径 8.9、盖径 19.1、盖高 5.6、口径 15.5、沿宽 2、腹径 19、腹深 8.2、底径 10、通高 14	1215	西汉中晚期	微残	
70	酱黄釉陶壶	2007 未央区张家堡东区 M114:35	口径 19.8、腹径 38.4、底径 25.8、高 45.3	8556	西汉中晚期	口沿微残	
71	酱黄釉陶壶	2007 未央区张家堡东区 M114:69	口径 20.5、腹径 38、底径 23、高 44.4	8601	西汉中晚期	口沿微残	
72	酱黄釉陶房形仓	2007 未央区张家堡东区 M114:60	顶长 16.2、檐长 33、檐宽 18、足高 5.9、通高 30	4574	西汉中晚期	基本完整	
73	黄釉陶房形仓	2007 未央区张家堡东区 M114:16	顶长 16.8、檐长 33.5、檐宽 19.6、檐高 7.1、底长 18.6、底宽 8.3、足高 5.9、通高 30.8	5605	西汉中晚期	微残	
74	酱黄釉陶囷	2007 未央区张家堡东区 M114:5	口径 12.5、檐径 33.5、檐高 7.4、腹径 33、底径 28.4、足高 8.2、通高 44.5	10528	西汉中晚期	基本完整	
75	酱黄釉陶囷	2007 未央区张家堡东区 M114:3	口径 11.6、檐径 33.7、檐高 7.1、腹径 33.7、底径 27.6、足高 7.3、通高 43.5	9985	西汉中晚期	微残	

（续表）

序号	名称	出土登记号	尺寸（厘米）	重量（克）	时代	保存概况	图片
76	酱黄釉陶罐	2007未央区张家堡东区 M114:43	口径17、腹径32、底径19、高29	3997	西汉中晚期	基本完整	
77	酱黄釉陶罐	2007未央区张家堡东区 M114:24	口径18.5、腹径34.5、底径18.5、高28	5190	西汉中晚期	基本完整	
78	酱黄釉陶罐	2007未央区张家堡东区 M114:30	口径6.5、腹径15.6、底径8.4、高15	703	西汉中晚期	基本完整	
79	酱黄釉陶盘	2007未央区张家堡东区 M114:66	口径30.8、沿宽1.9、底径16.3、高7.8	2012	西汉中晚期	基本完整	
80	酱黄釉陶盘	2007未央区张家堡东区 M114:37	口径27.4、沿宽1.7、底径16.4、高8	2538	西汉中晚期	微残	
81	酱黄釉陶樽	2007未央区张家堡东区 M114:45	盖径22.2、盖高15.8、口径22.8、器身高20.0、足高6.1、通高33.4	4239	西汉中晚期	基本完整	
82	酱黄釉陶熏炉	2007未央区张家堡东区 M114:10	盖径10.3、盖高7.8、盘径10.8、盘深7.1、柄径3.3、柄高8.4、座径21.2、底径13.2、通高20.2	1278	西汉中晚期	上部残缺，底盘沿残	

（续表）

283

(续表)

序号	名称	出土登记号	尺寸（厘米）	重量（克）	时代	保存概况	图片
83	着衣式骑马俑	2013灞桥区潘村西安财经学院行知学院J1:41	高54	2127	西汉早期	脖颈、右腿及其他三处残断，黏接修复，左腿大部残缺，石膏修补	
84	着衣式骑马俑	2013灞桥区潘村西安财经学院行知学院J1:1	高51	2515	西汉早期	数处残断，黏接修复，左小腿以下残缺，石膏修补	
85	着衣式骑马俑	2013灞桥区潘村西安财经学院行知学院J1:32	高51	2202	西汉早期	多处残断，黏接修复，左腿部分残缺，石膏修补	
86	着衣式骑马俑	2013灞桥区潘村西安财经学院行知学院J1:14	高52	2231	西汉早期	数处残断，黏接修复，左足残缺，石膏修补	
87	着衣式骑马俑	2013灞桥区潘村西安财经学院行知学院J1:17	高52	2410	西汉早期	多处残断，黏接修复	
88	着衣式骑马俑	2013灞桥区潘村西安财经学院行知学院J1:20	高50	2309	西汉早期	多处残断，黏接修复，左足残缺，石膏修补	
89	着衣式骑马俑	2013灞桥区潘村西安财经学院行知学院J1:21	高54	2414	西汉早期	腰部以下多处残断，黏接修复，右足残缺，石膏修补	

（续表）

序号	名称	出土登记号	尺寸（厘米）	重量（克）	时代	保存概况	图片
90	着衣式宦者立俑	2013 灞桥区潘村西安财经学院行知学院 J1:34	高 57	2767	西汉早期	残缺修复，左足修复	
91	着衣式宦者立俑	2013 灞桥区潘村西安财经学院行知学院 J1:35	高 57	2591	西汉早期	腹部、腿脚残断，黏接修复，残缺处石膏修补	
92	着衣式宦者立俑	2013 灞桥区潘村西安财经学院行知学院 J1:2	高 58	2435	西汉早期	腹部、左腿残断，右腿残缺，黏接修复，残缺处石膏修补	
93	着衣式女立俑	2013 灞桥区潘村西安财经学院行知学院 J1:16	高 53	1878	西汉早期	右肩、双腿残缺修复	
94	着衣式女立俑	2013 灞桥区潘村西安财经学院行知学院 J1:39	高 54	1788	西汉早期	双腿残缺修复	
95	着衣式女立俑	2013 灞桥区潘村西安财经学院行知学院 J1:5	高 54	1878	西汉早期	脖颈、右肩及双腿残断，黏接修复	
96	着衣式女立俑	2013 灞桥区潘村西安财经学院行知学院 J1:7	高 52	1871	西汉早期	左足、左膝等多处残缺修复	

(续表)

序号	名称	出土登记号	尺寸（厘米）	重量（克）	时代	保存概况	图片
97	着衣式女立俑	2013 灞桥区潘村西安财经学院行知学院 J1:40	高 54	1796	西汉早期	双腿残缺修复	
98	塑衣式男立俑	2013 灞桥区潘村西安财经学院行知学院 J1:28	高 59	4345	西汉早期	右肩、胸及衣袍下部残缺，石膏修补	
99	塑衣式男立俑	2013 灞桥区潘村西安财经学院行知学院 J1:3	高 59	4397.5	西汉早期	双足残缺，石膏修补	
100	塑衣式女立俑	2003 雁塔区潘家庄世家星城小区 M209:2	高 24.3	671	西汉早期	残缺拼合	
101	塑衣式男立俑	2004 雁塔区长延堡派出所 M1:3	高 32	1062	西汉晚期	残，黏接修复	
102	塑衣式男立俑	2004 雁塔区长延堡派出所 M2:9	高 32.6	1035	西汉晚期	部分残缺，石膏修补	
103	塑衣式男立俑	2004 雁塔区长延堡派出所 M2:23	高 34	1069	西汉晚期	微残，黏接修复	

（续表）

序号	名称	出土登记号	尺寸（厘米）	重量（克）	时代	保存概况	图片
104	塑衣式女立俑	2004 雁塔区长延堡派出所 M2:25	高 31	1148	西汉晚期	残缺修复	
105	塑衣式女立俑	2004 雁塔区长延堡派出所 M2:8	高 32	1196	西汉晚期	右侧裙角残缺	
106	塑衣式女立俑	2004 雁塔区长延堡派出所 M2:10	高 32	1132	西汉晚期	残缺修复	
107	塑衣式女立俑	2004 雁塔区长延堡派出所 M2:13	高 31.5	1146	西汉晚期	裙摆两侧下缘稍残缺，石膏修补	
108	塑衣式男立俑	2006 雁塔区曲江雁湖小区 M24:11	高 34.5	1194	西汉晚期	头顶残缺，彩绘部分脱落	
109	塑衣式女立俑	2006 雁塔区曲江雁湖小区 M24:36	高 26.5	533	西汉晚期	基本完整，彩绘有脱落	
110	蟠螭菱纹镜	1998 未央区尤家庄陕西省交通学校 M167:6	直径 18.35	405.5	西汉早期	基本完整	

（续表）

序号	名称	出土登记号	尺寸（厘米）	重量（克）	时代	保存概况	图片
111	蟠螭连弧纹镜	1999未央区郑王庄雅荷城市花园M78：13	直径14.3	196.5	西汉中期	有裂纹	
112	"常乐未央"四乳铭文镜	1999未央区郑王庄雅荷城市花园M10：2	直径8.8	62.2	西汉早期	有裂纹	
113	四乳八草叶纹镜	2000长安县上塔坡村华杰健身体育M27：3	直径17.6	528	西汉中期	基本完整	
114	"日光"铭四乳八草叶纹镜	2003雁塔区潘家庄世家星城小区M96：1	直径15.8	514	西汉中期	镜钮黏接修复	
115	"清明"铭四乳八草叶纹镜	1999未央区郑王庄雅荷城市花园M9：2	直径13.5	221	西汉中期	镜钮裂开	
116	星云纹镜	1991未央区范南村西北医疗设备厂福利区M95：24	直径15.8	575.9	西汉中期	残断，黏接修复	
117	星云纹镜	2000未央区郑王庄雅荷城市花园M168：3	直径9.8	168.5	西汉中期	基本完整	
118	四乳四虺镜	2000灞桥区纺织城西北国棉五厂M5：1	直径8	135	新莽时期	基本完整	

（续表）

序号	名称	出土登记号	尺寸（厘米）	重量（克）	时代	保存概况	图片
119	"昭明"铭圈带镜	1999 未央区郑王庄雅荷城市花园 M92:1	直径 10.9	233	西汉中晚期	基本完整	
120	"昭明"铭圈带镜	1998 未央区尤家庄陕西省交通学校 M224:2	直径 9.9	171.3	西汉中晚期	镜钮有裂纹	
121	"日光"铭圈带镜	2000 未央区陕西移动公司西安分公司 M36:10	直径 10.8	231.1	西汉中期	基本完整	
122	"见日之光"镜	1996 未央区尤家庄西安市电信局第二长途通信大楼 M14:17	直径 6.8	34.4	西汉晚期	有小裂纹	
123	"见日之光"四乳铭文镜	1998 未央区尤家庄陕西省交通学校 M13:10	直径 8.2	61	西汉中期	残损，黏接修复	
124	七乳瑞兽禽鸟镜	2000 未央区尤家庄荣海住宅小区 M2:20	直径 16.5	763.2	西汉晚期	基本完整	
125	"日有熹"连弧铭带镜	1991 未央区范南村西北医疗设备厂福利区 M135:8	直径 17.65	761	西汉晚期	断裂，黏接修复	
126	"家常富贵"四乳铭文镜	1999 未央区尤家庄陕西省交通学校 M281:2	直径 9.1	143	西汉中期	基本完整	

（续表）

序号	名称	出土登记号	尺寸（厘米）	重量（克）	时代	保存概况	图片
127	"作佳竟"四神博局镜	1997未央区乡镇企业培训中心M2:2	直径16.65	619.4	新莽时期	基本完整	
128	云纹博局镜	1998未央区薛家寨西航公司家属区M5:7	直径6.65	42.5	东汉中晚期	基本完整	
129	双龙（翼兽）对峙镜	1995未央区中国机械进出口公司西北分公司采集:1	直径11.35	182.4	东汉中晚期	基本完整	
130	变形四叶纹镜	1992未央区西北医疗设备厂M158:8	直径10.7	108.5	东汉晚期	基本完整	
131	蒲纹玉璧	2002长安区茅坡村邮电学院M1217:20	直径14.2、孔径2、厚0.4	192	西汉中期	残断，黏接修复	
132	蒲格涡纹玉璧	2002长安区茅坡村邮电学院M1217:18	直径13.5、孔径4.3、厚0.3	107	西汉中期	残断，黏接修复	
133	双身兽面涡纹玉璧	2002长安区茅坡村邮电学院M1217:21	直径18.6、孔径5、厚0.4	314	西汉中期	基本完整	

290

(续表)

序号	名称	出土登记号	尺寸（厘米）	重量（克）	时代	保存概况	图片
134	涡纹玉璧	2002长安区茅坡村邮电学院M1217:32	直径14、孔径4、厚0.4	155	西汉中期	基本完整	
135	素面石圭	2006长安区西柞路南段M28:2	长25.4、宽3.6、厚0.5	86	西汉中期	断裂，黏接修复	
136	素面玉圭	2002长安区茅坡村邮电学院M1217:31	残长7.5、宽2.3、厚0.5	21	西汉中期	底端残缺	
137	琢纹玉圭	2002长安区茅坡村邮电学院M1217:16（椁板填土）	长9.3、宽2.3、厚0.5	28	西汉中期	残断，黏接修复	
138	琢纹玉圭	2002长安区茅坡村邮电学院M1217:25（椁板填土）	长9.3、宽2.5、厚0.5	36	西汉中期	基本完整	
139	琢纹玉圭	2002长安区茅坡村邮电学院M1217:7	残长7.4、宽2.4、厚0.5	20	西汉中期	底端残缺，中部断裂，黏接修复	
140	素面玉圭	2002长安区茅坡村邮电学院M1217:17	残长6.5、宽2.2、厚0.5	16	西汉中期	底端残缺	

(续表)

序号	名称	出土登记号	尺寸（厘米）	重量（克）	时代	保存概况	图片
141	琢纹玉圭	2002长安区茅坡村邮电学院 M1217:58	残长7.1、宽2.4、厚0.5	16	西汉中期	底端残缺	
142	琢纹玉圭	2002长安区茅坡村邮电学院 M1217:19	残长7.2、宽2.4、厚0.5	20	西汉中期	底端残缺	
143	涡纹玉环	2002长安区茅坡村邮电学院 M1217:14	直径15、孔径7.5、厚0.4-0.7	299	西汉中期	微残	
144	玉环	2003雁塔区潘家庄世家星城小区 M180:4	直径4.4、孔径2.2、厚0.6	16	秦代	基本完整	
145	小石璧	2001长安区茅坡村邮电学院 M36:3	直径2.9、孔径0.5、厚0.5	9	战国晚期	微残	
146	玉卮	2007临潼区新丰街道长条村取土场 M13:22	口径5.8、高10	446	西汉中期	基本完整	
147	玉剑摽	2003雁塔区潘家庄世家星城小区 M180:8	长3.5、宽4.6-5.2、厚1.4	44	战国晚期—秦代	基本完整	

292

（续表）

序号	名称	出土登记号	尺寸（厘米）	重量（克）	时代	保存概况	图片
148	玉剑璲	2001长安县西户高速 M1:9	残长6.6、宽2.5	40	西汉早期	一端残缺	
149	玉蝉（口琀）	2007未央区张家堡东区 M42:7	长6、宽3、厚0.6	22	西汉中期	基本完整	
150	方形圆孔玉饰	2002长安区茅坡村邮电学院 M1217:8（椁底板上）	长7、宽6.2、孔径2.2、厚0.6	70	西汉中期	微残	
151	方形圆孔玉饰	2002长安区茅坡村邮电学院 M1217:17（椁板下填土）	长6.8、宽5.7–6、孔径2.2、厚0.6	64	西汉中期	微残	
152	长方形玉衣片	2002长安区茅坡村邮电学院 M1217:52（椁底板上）	长4.2、宽3–3.3、厚0.5	17	西汉中期	一角微残	
153	长方形玉衣片	2002长安区茅坡村邮电学院 M1217:54（椁底板上）	长5.8、宽4.6、厚0.4	32	西汉中期	基本完整	
154	菱形玉衣片	2002长安区茅坡村邮电学院 M1217:2（椁板填土）	长3、宽2.5、厚0.4	9	西汉中期	2片基本完整，1片残缺	

附录 4
部分展览文物出土情况

张家堡 114 号西汉墓南耳室

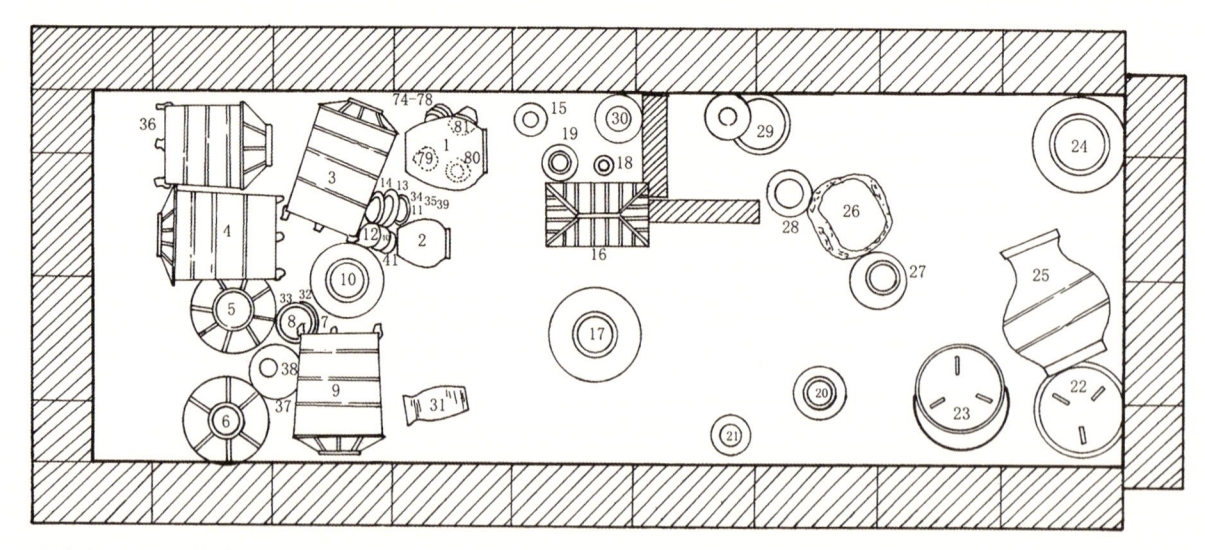

张家堡 114 号墓南耳室平面图
1、2、15、17、19、21、24、30. 釉陶罐 3-6、9、36. 釉陶仓 7、8、74、75、77、78. 陶罐 10. 釉陶熏炉 11、13. 陶甑 12、14、32-35、39、40、76. 陶盆 16. 釉陶房形仓 18、80. 陶釜 20、27-29. 釉陶盒 22、23. 釉陶鼎 25. 釉陶壶 26、79、81. 铁釜 31. 陶瓶 37. 釉陶盘 38. 铜釜 41. 铁权

张家堡 114 号
西汉墓南耳室
出土釉陶仓

张家堡 114 号
西汉墓南耳室
出土釉陶器

张家堡 114 号
西汉墓南耳室
出土釉陶器和
陶器

张家堡 114 号西汉墓北耳室

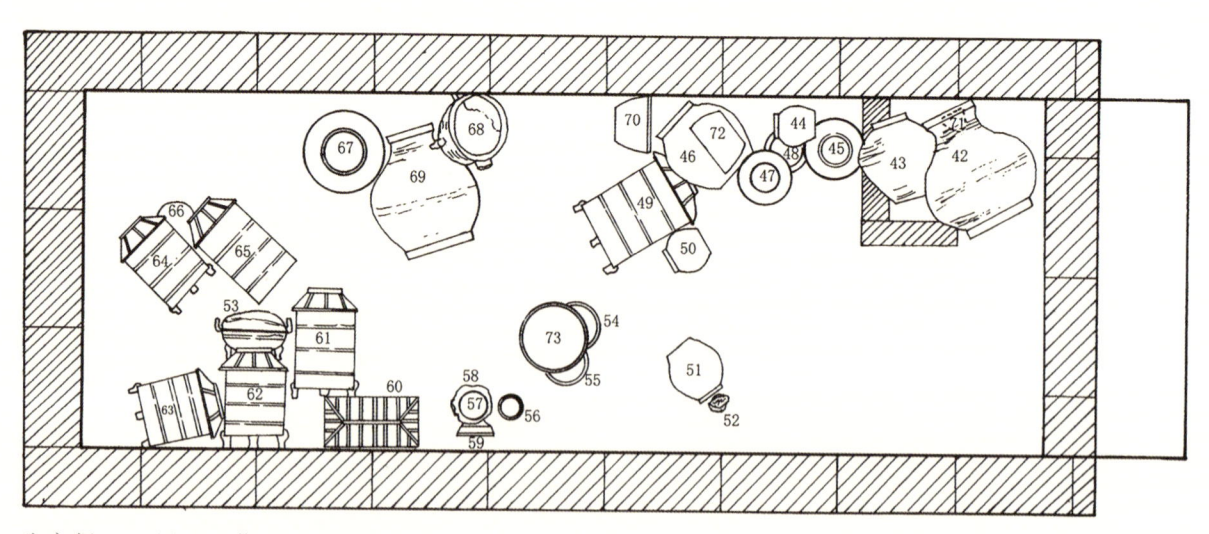

张家堡 114 号西汉墓北耳室平面图
42、69.釉陶壶 43、44、46、50、51、67.釉陶罐 45.釉陶樽 47、48、70、72.釉陶盒 49、61-65.釉陶仓 52.铁器 53、68.釉陶鼎 54、55.陶罐 56.陶釜 57.陶甑 58.铁釜 59、71.陶盆 60.釉陶房形仓 66、73.釉陶盘

张家堡114号
西汉墓北耳室
出土釉陶仓

张家堡114号
西汉墓北耳室
出土釉陶鼎、
壶、罐

张家堡114号
西汉墓北耳室
出土釉陶器

附录5
西安市文物保护考古研究院简介

西安是我国古代建都王朝最多、建都历史最长的城市，是我国的文物大市之一。西安市文物保护考古研究院坐落于风景优美的历史文化名胜古迹小雁塔（唐代荐福寺）院内，原名西安市文物保护考古所，成立于1994年，是西安市政府下设的正处级科研事业单位，隶属于西安市文物局。2011年12月，为进一步加强西安市的文物保护与研究工作，推动西安市文化遗产保护事业与世界的交流，增强西安在国际文化遗产保护领域的影响力，根据西安市政府常务会议精神，经西安市机构编制委员会办公室批准，更名为西安市文物保护考古研究院，同时加挂西安市古迹遗址保护研究中心牌子，增设古迹遗址保护研究部，现隶属于西安市文物局。

作为基层事业科研单位，西安市文物保护考古研究院主要负责西安地区历史文化遗产的保护与研究工作，以配合国家基本建设为主进行考古调查、勘探和发掘，对西安地区出土的文物进行保护管理和考证研究。自成立以来，配合城市基本建设完成了5000余项文物勘探与考古发掘项目，发掘古遗址数万平方米，清理古墓葬逾万座，抢救、保护了一大批重要历史文化遗存。同时，与中国社会科学院考古研究所合作对秦阿房宫、秦汉上林苑、渭河古桥、秦汉昆明池、秦代栎阳城、汉代锺官铸币遗址等进行了考古调查与发掘，与陕西省考古研究院合作对蓝田吕氏家族墓地、西汉帝陵进行了考古调查和发掘，同时还承担了国家重点项目南水北调中线工程——河南淇县、荥阳两处古墓群的发掘工作。其中多个项目入选全国年度重要考古新发现和全国年度十大考古新发现。文物保护技术部门相继完成了关中地区寺观壁画调查、西安出土汉墓、唐墓壁画的修复、钟鼓楼彩绘壁画病害调查等项目。国际古迹遗址保护中心负责完成了丝绸之路长安—天山廊道申遗工作，还创刊了丝绸之路跨国系列申遗简报。

科研是西安市文物保护考古研究院发展的命脉，在做好田野考古发掘和文物保护工作的同时，单位高度重视对考古发掘资料的整理与研究。先后整理出版考古发掘报告、专著、图录30部，在《考古》《文物》《考古学报》《考古与文物》等专业期刊上刊发简报、论文数百篇。其中《长安汉墓》获"郭沫若历史学奖三等奖"，《西安东汉墓》《唐金乡县主墓》获年度"全国最佳考古发掘报告"，《元代壁画墓》获年度"十佳文博考古图书"，《长安汉镜》获"第四届

西安市文物保护考古研究院

中国社会科学院考古研究所夏鼐考古学研究成果奖提名奖"。

在国家文物局、陕西省文物局的大力支持下,在西安市文物局的直接领导下,西安市文物保护考古研究院要继续贯彻落实"保护第一、加强管理、挖掘价值、有效利用、让文物活起来"的文物工作方针,拓展思路,勇于创新,做好西安市的文物保护和考古研究工作,同时积极加强对外交流与合作,利用好国际古迹遗址保护中心这个平台,开创西安市文化遗产保护与利用的新局面。

附录6
无锡阖闾城遗址博物馆简介

阖闾城遗址是无锡市极为珍贵的历史文化遗产，是春秋五霸之一阖闾的都城。该城始建于阖闾元年（周敬王六年，公元前514年），距今已有2500多年的历史。

早在1956年，阖闾城遗址就被江苏省政府命名为省级文物保护单位；在2008年召开的全国专家论证会上，因阖闾大城的发现，该遗址被认定为是吴王阖闾的都城，获评当年"全国十大考古新发现"；2011年，阖闾城遗址被公布为"江苏大遗址"；2013年3月，其被国务院命名为第七批全国重点文物保护单位，入选国家"十二五"期间150处重点大遗址保护名录；12月，阖闾城遗址进入国家文物局公布的国家考古遗址公园立项名单。

阖闾城遗址博物馆于2014年2月开馆，2016年获评国家4A级旅游景区，博物馆建筑造型舒缓流畅，恍若破壳而出的凤凰，寓意着"凤凰涅槃"，象征着阖闾城在2500年后获得重生，再现辉煌。遗址博物馆集文物展示、考古研究、科普教育及文化休闲于一体，分主楼展览区和附楼吴文化交流研究中心两大部分。展览区通过文物、3D影院和多媒体厅《伟哉·阖闾》，展示了阖闾城遗址的考古过程和吴王阖闾励精图治、清廉亲民、任人唯贤的人文精神。吴文化交流研究中心主要满足吴文化研究和交流的传播功能。

阖闾城遗址博物馆是中国吴文化博览园阖闾都城总体项目的核心工程，是中国吴文化发源地标志性工程，是中国吴文化的传承中心、展示中心、研究中心和体验中心。

无锡阖闾城遗址博物馆远景

后 记

"秦风汉韵　盛世长安"展览结束一年了，因为事先没有计划编撰展陈文物图录，所以前期也没有作充分的准备工作。展览开始之后，我们才临时决定编撰一本图录。幸而布展之前，无锡阖闾城遗址博物馆因制作文物说明牌需要，拍摄了所有展品照片，并将其发给了我们。但没有事先计划和准备的事情施行起来，总是有诸多无法弥补的缺憾！

本图录由西安市文物保护考古研究院张小丽、郭昕撰写文物文字资料、统筹全稿，由无锡阖闾城遗址博物馆丁兰兰撰写前言、提供展览有关图片，由西安市文物保护考古研究院马志敬绘制器物线图，刘聪娥、姚卫群制作器物拓片。为了全面展现这次展览，我们将与展览有关的其他内容，诸如文物统计表、秦汉建元表、出土墓葬图片、展览开幕式、展览工作照片等，作为附件一并附后。在撰写文字资料时，除文物本体介绍，也涉及一些相关知识点。我们希望这本图录不仅仅是一本图录，更是一本传播考古文物知识的书籍。

记得C. W. 策拉姆在《神祇、陵墓与学者：考古学传奇》一书中曾说，考古学家的艰巨任务就是"让干涸的泉源恢复喷涌，让被人忘却的东西为人理解，让死去的转世还魂，让历史的长河重新流淌"。这几句话说起来容易做起来难，经过漫长岁月的阻隔，我们常常还停留在"物"本身的层面，还停留在"知其然不知其所以然"的阶段，对于晦涩难懂的文献资料，面目全非的古文字，支离破碎的文化遗存，我们又能准确还原多少信息？

这本图录不仅仅是一本图录，但又只能是一本图录。她的内容依然是表面的、只知其然的，甚或有的连这一点也达不到。譬如我们将临潼新丰编组站取土场西汉墓出土的两件筒形、组件多样、结构复杂的铜器称之为灯，并无文献和理论依据，只是我们自己的一种认知和推测，不知正确与否。

正是基于此，加之编者水平有限，本图录存在的疏漏也是在所难免的，敬请学者不吝指正。

编　者

2022年12月